本书受中央高校基本科研业务费专项基金项目(3142021011)资助

安 全 法 学 系 列 研 究

安全生产法导读

杨慧丽 ◎ 著

知识产权出版社
全国百佳图书出版单位
—北京—

图书在版编目（CIP）数据

安全生产法导读/杨慧丽著. —北京：知识产权出版社，2023.8
ISBN 978-7-5130-8267-9

Ⅰ.①安…　Ⅱ.①杨…　Ⅲ.①安全生产法-中国　Ⅳ.①D922.54

中国版本图书馆 CIP 数据核字（2022）第 134952 号

责任编辑：韩婷婷　　　　　　　责任校对：潘凤越
封面设计：臧　磊　　　　　　　责任印制：孙婷婷

安全生产法导读

杨慧丽　著

出版发行：	知识产权出版社有限责任公司	网　　址：	http://www.ipph.cn
社　　址：	北京市海淀区气象路 50 号院	邮　　编：	100081
责编电话：	010-82000860 转 8359	责编邮箱：	176245578@qq.com
发行电话：	010-82000860 转 8101/8102	发行传真：	010-82000893/82005070/82000270
印　　刷：	北京九州迅驰传媒文化有限公司	经　　销：	新华书店、各大网上书店及相关专业书店
开　　本：	720mm×1000mm　1/16	印　　张：	14.25
版　　次：	2023 年 8 月第 1 版	印　　次：	2023 年 8 月第 1 次印刷
字　　数：	234 千字	定　　价：	79.00 元
ISBN 978-7-5130-8267-9			

出版权专有　侵权必究
如有印装质量问题，本社负责调换。

序

  按照习近平总书记关于总体国家安全观的战略部署，在安全生产领域贯彻落实习近平法治思想，本书结合新修正的《安全生产法》，对安全生产实践中的疑难问题进行了有一定价值的探讨，并提出了可供参照的解决方案。

  从法学理论出发，对安全生产法律规范条文的立法旨意、价值和技术进行解读，同时针对具体法律规范，分析学界对其理论研究的主流观点，并以此为基础阐释作者的学术观点和倾向。较同类释法类著作，本书有更丰富的学术内涵和理论沉淀。

  选取新近发生的案例，用于解读法律规范并做法律适用的延伸分析，完成了安全生产法学理论、安全生产法律规范、安全生产法律适用的闭环研究，是密切联系实践的理论探讨，亦是理论支撑下的实践分析。

目录 Contents

第一章 总则

1. 什么是"安全生产"？ ……………………………………………… 001
2. 什么是"生产安全事故"？ ………………………………………… 002
3. 生产安全事故等级是如何划分的？ ……………………………… 002
4. 什么是"生产经营活动"？ ………………………………………… 004
5. 什么是"生产经营单位的主要负责人"？ ………………………… 004
6. 新《安全生产法》的适用范围？ ………………………………… 005
7. 新时代我们为什么要修改《安全生产法》？ …………………… 006
8. 新时代对安全生产工作有何新要求？ …………………………… 007
9. 我国规范安全生产的法律法规有哪些？ ………………………… 007
10. 安全生产管理是生产经营单位的法定职责吗？ ………………… 008
11. 生产经营单位必须强制执行安全生产的国家标准吗？ ………… 009
12. 安全生产的指导思想、工作方针和工作机制是什么？ ………… 009
13. 工会组织在单位安全生产工作中发挥什么作用？ ……………… 009
14. 我国安全生产工作的监督管理体制是什么？ …………………… 011
15. 地方各级人民政府在安全生产工作中的总体职责有哪些？ …… 012
16. 各级人民政府在安全生产的宣传方面有什么责任？ …………… 013
17. 发生安全生产事故后，责任单位及责任人员要承担什么责任？ ……… 014
18. 生产经营单位能否因委托相关机构提供安全生产技术、管理服务，而减免其安全生产责任？ ……………………………………… 015

· i ·

第二章 生产经营单位的安全生产保障

19. 生产经营单位从事生产经营活动应当具备什么样的安全生产条件？ … 017
20. 生产经营单位的主要负责人在安全生产方面有哪些职责？ ………… 020
21. 什么是全员安全生产责任制？如何落实这一制度？ ……………… 022
22. 生产经营单位的安全生产资金投入应当符合什么条件？提取和使用安全生产费用有哪些要求？ ……………………………… 025
23. 哪些生产经营单位应当设置安全生产管理机构或者配备安全生产管理人员？ …………………………………………………… 027
24. 生产经营单位的安全生产管理机构以及安全生产管理人员应当履行哪些职责？ ………………………………………………… 028
25. 哪些单位安全生产管理人员的任免应当告知主管的负有安全生产监督管理职责的部门？ ……………………………………… 031
26. 生产经营单位的主要负责人和安全生产管理人员应当具备什么样的安全生产知识和能力？ ……………………………………… 031
27. 生产经营单位负有什么样的安全生产教育培训义务？ …………… 033
28. 生产经营单位采用新工艺、新技术、新材料、新设备有什么要求？ ……………………………………………………………… 036
29. 对特种作业人员进行安全作业培训的要求是什么？ ……………… 038
30. 什么是建设项目安全设施的"三同时"制度？如何落实这一制度？ ……………………………………………………………… 040
31. 哪些建设项目必须进行安全评价？由哪个部门来进行安全评价？ … 043
32. 如何确定建设项目安全设施设计中的责任？ ……………………… 044
33. 如何确定矿山、金属冶炼建设项目和用于生产、储存、装卸危险物品的建设项目的安全设施设计施工及验收的责任？ ………… 045
34. 生产经营单位在什么情况下应当设置安全警示标志？ …………… 047
35. 对安全设备进行经常性维护、保养的注意事项有哪些？ ………… 048
36. 安装可燃气体报警装置有哪些注意事项？ ………………………… 050
37. 对生产、检测、检验的要求有哪些？ ……………………………… 052

38. 如何对落后的、严重危及生产安全的工艺、设备实行淘汰制度？ … 054
39. 《安全生产法》第39条第1款所依照的法律法规有哪些？ …… 056
40. 生产经营单位在生产、经营、运输、储存、使用危险物品或处置废弃危险物品时，应履行的义务有哪些？ …………… 057
41. 企业针对重大危险源的管理措施有哪些？ ……………… 059
42. 对重大危险源安全措施、应急措施如何进行备案？ ………… 061
43. 如何建立安全风险分级管控制度？ ……………………… 062
44. 如何进行事故隐患排查？ ………………………………… 063
45. 对员工宿舍有哪些安全要求？ …………………………… 064
46. 爆破、吊装、动火、临时用电的安全管理要求有哪些？ …… 065
47. 其他危险作业有哪些？ …………………………………… 065
48. 生产经营单位对从业人员有哪些相关安全管理义务？ …… 067
49. 什么是劳动防护用品？ …………………………………… 070
50. 安全检查的内容有哪些？ ………………………………… 071
51. 如何落实安全生产管理人员的报告义务？ ………………… 073
52. 签订安全生产管理协议的要求有哪些？ …………………… 075
53. 矿山、金属冶炼建设项目和用于生产、储存、装卸危险物品的建设项目的施工单位有何特殊义务？ ……………… 076
54. 生产经营单位发生生产安全事故时，单位的主要负责人应当承担哪些义务？ ………………………………………… 077
55. 根据法律法规，关于投保安全生产责任保险有哪些要求？ …… 078

第三章 从业人员的安全生产权利义务

56. 用人单位与从业人员签订的劳动合同应当包括哪些内容？ …… 081
57. 某些生产单位与劳动者订立的"生死合同"效力如何？ …… 082
58. 企业应该如何保障员工的安全知悉权？ …………………… 083
59. 企业是否有义务保障员工的批评建议权？ ………………… 084
60. 什么是违章指挥、强令冒险作业？ ………………………… 085

61. 对从业者随意打击报复，企业和主管责任人需要承担什么法律责任？ ·················· 086
62. 什么样的情况下从业人员才可以行使紧急撤离权？ ·················· 086
63. 生产经营单位的从业人员不服从管理，违反安全生产规章制度或者操作规程的，将承担什么法律责任？ ·················· 087
64. 因安全事故受到损害的从业人员有权获得什么样的赔偿？ ·················· 089
65. 单位发生安全事故时，生产经营单位的主要负责人应如何应对？ ·················· 089
66. 生产经营单位的从业人员享有哪些权利？ ·················· 090
67. 生产经营单位的从业人员必须履行哪些安全生产方面的义务？ ·················· 090
68. 为什么从业人员必须遵章守制、服从安全管理？ ·················· 091
69. 被派遣劳动者是否享有《安全生产法》规定的从业者相关权利？ ·················· 092
70. 《安全生产法》对用于配备劳动防护用品，进行安全生产培训的经费有哪些规定？ ·················· 093
71. 为什么要对从业人员进行安全生产教育和培训？ ·················· 094
72. 对从业人员安全生产教育和培训的内容、方式包括哪些？ ·················· 094
73. 从业人员是否有义务主动报告发现的不安全因素？ ·················· 096
74. 工会在保护从业者安全方面可行使哪些权利？ ·················· 096

第四章　安全生产的监督管理

75. 县级以上地方各级人民政府如何组织有关部门开展安全生产监督检查？ ·················· 099
76. 应急管理部门如何履行监督检查职责？ ·················· 100
77. 负有安全生产监督管理职责的部门如何对涉及安全生产的事项进行审批、验收？ ·················· 101
78. 负有安全生产监督管理职责的部门拥有哪些法定职权？ ·················· 102
79. 负有安全生产监督管理职责的部门可以对存在重大事故隐患的生产经营单位采取哪些行政强制措施？ ·················· 105
80. 如何监督安全生产执法人员依法履行法定职责？ ·················· 107

81. 承担安全评价、认证、检测、检验职责的中介机构的资格条件
    及其责任有哪些？ ………………………………………………… 109
82. 负有安全生产监督管理职责的部门应该如何建立举报制度？ ……… 110
83. 负有安全生产监督管理职责的部门受理举报事项后需要形成书
    面材料吗？ ………………………………………………………… 112
84. 对不属于本部门职责的举报事项应该如何处理？ ………………… 113
85. 涉及人员死亡的举报事项由什么部门处理？ ……………………… 113
86. 哪些主体有权向负有安全生产监督管理职责的部门报告或者
    举报？ ……………………………………………………………… 114
87. 哪些情况下人民检察院可以提起公益诉讼？ ……………………… 114
88. 居民委员会、村民委员会发现其所在区域内的生产经营单位存
    在事故隐患或者安全生产违法行为时应该如何处理？ …………… 116
89. 报告事故隐患或者举报安全生产违法行为的人员是否会得到
    奖励？ ……………………………………………………………… 117
90. 如何处理生产经营单位的安全生产违法行为信息？ ……………… 118

第五章 生产安全事故的应急救援与调查处理

91. 如何在重点行业、领域建立应急救援基地和应急救援队伍？ …… 121
92. 生产经营单位和其他社会力量如何加强生产安全事故应急能力
    建设？ ……………………………………………………………… 123
93. 如何建立应急救援信息系统？ ……………………………………… 125
94. 什么是生产安全事故应急救援预案？ ……………………………… 126
95. 哪些主体应当负责制定生产安全事故应急救援预案？ …………… 128
96. 生产经营单位需要进行哪些应急救援准备工作？ ………………… 129
97. 高危行业如何履行应急救援义务？ ………………………………… 132
98. 生产经营单位发生生产安全事故后如何处理？ …………………… 134
99. 行政机关接到事故报告后如何处理？ ……………………………… 137
100. 事故抢救过程中有哪些注意事项？ ……………………………… 139
101. 如何进行事故调查处理？ ………………………………………… 142

102. 如何对生产经营单位和有关行政部门的生产安全事故责任进行追责？ ……… 144

103. 单位和个人阻挠或干涉对事故依法调查处理的，如何处置？ ……… 147

104. 对于本行政区域内发生生产安全事故的情况应当进行统计和公布吗？ ……… 149

第六章　法律责任

105. 安全生产管理领域是否确立了尽职免责制度？ ……… 153

106. 安全生产领域内的刑事犯罪有哪些？ ……… 156

107. 新《安全生产法》对违法行为处罚力度是如何加强的？ ……… 156

108. 安全生产监管部门工作人员批准或验收通过了不符合法定安全生产条件的事项，应当承担什么法律责任？ ……… 157

109. 安全生产监管部门工作人员不依法履行或拖延履行法定职责，应如何处理？ ……… 159

110. 安全生产监管部门工作人员存在滥用职权、玩忽职守、徇私舞弊行为构成犯罪的，承担什么刑事责任？ ……… 161

111. 安全生产监管部门要求生产经营企业购买其指定的安全设备或违规收取审查费用的，应如何处理？ ……… 163

112. 安全检评机构出具了失实报告，应当如何处理？ ……… 164

113. 安全检评机构出现租借资质、挂靠、出具失实报告等违法行为的，是否可对相关人员实行终身职业禁入？ ……… 165

114. 生产经营单位不按规定投入安全生产资金怎么办？ ……… 166

115. 生产经营单位不按规定投入安全生产资金，导致发生生产安全事故，应如何处理？ ……… 167

116. 单位主要负责人未履行安全生产管理职责应如何处理？ ……… 169

117. 单位主要负责人未履行安全生产管理职责导致生产安全事故发生的，应急管理部门根据什么标准进行罚款？ ……… 171

118. 企业的安全生产管理人员未履行安全生产管理职责应如何处理？ …… 172

119. 生产经营单位未按规定设置安全生产管理人员并对其进行考核、教育、培训的，应承担什么法律责任？ …………………… 174
120. 在矿山、金属冶炼建设项目或用于生产、储存、装卸危险物品的高危建设项目实施过程中未按规定开展安全评价或违规施工的，应如何处理？ …………………………………………………… 176
121. 生产经营单位未在有较大危险要素的生产经营场所和设施上设置安全警示标志应如何处理？ ………………………………… 177
122. 生产经营单位未按规定安装、使用和维护安全设备的，应如何处理？ ………………………………………………………… 178
123. 生产经营单位未为从业人员提供符合国家标准或行业标准的劳动防护用品的，应承担什么法律责任？ ……………………… 181
124. 未经批准擅自生产、经营、运输、使用和处置危险物品的，应如何处理？ …………………………………………………… 183
125. 生产经营单位未依法对危险物品、危险源和危险作业活动的应急处理采取管控措施的，应如何处理？ ………………………… 184
126. 生产经营单位未建立安全风险分级管控制度的，应如何处理？ …… 185
127. 生产经营单位不采取措施消除事故隐患的，应如何处理？ ………… 186
128. 生产经营单位存在违法发包、出租，未进行安全生产管理的，应如何处理？ …………………………………………………… 187
129. 矿山、金属冶炼建设项目和用于生产、储存、装卸危险物品的建设项目的施工单位未依法对项目进行安全管理的，应如何处理？ ……………………………………………………… 188
130. 同一作业区域内两个以上生产经营单位进行可能危及对方的生产经营活动的，应如何处理？ …………………………………… 189
131. 生产经营单位未依法对员工宿舍与生产经营场所合理布置或未设有紧急疏散通道的，应如何处理？ ………………………… 191
132. 生产经营单位与员工签订的安全事故伤亡免责协议是否有效？ …… 192
133. 生产经营单位违法与员工签订安全事故伤亡免责协议应承担什么法律责任？ ………………………………………………… 193
134. 从业人员违反安全生产规章制度进行操作的，应如何处理？ ……… 193

135. 生产经营单位拒绝、阻碍安全生产监管部门依法实施检查的，应承担什么法律责任？ …………………………………… 194

136. 生产经营单位拒绝、阻碍安全生产监管部门依法实施检查，可能承担刑事责任吗？ ……………………………………… 194

137. 高危行业的生产经营单位未按照国家规定投保安全生产责任保险的，应如何处理？ ………………………………………… 197

138. 单位发生生产安全事故的，主要负责人不立即组织抢救或擅离职守、逃匿的，应如何处理？ …………………………… 198

139. 单位发生生产安全事故，主要负责人隐瞒不报、谎报或迟报的，应如何处理？ ………………………………………… 199

140. 政府部门对生产安全事故隐瞒不报、谎报或迟报的，应如何处理？ …………………………………………………………… 203

141. 生产经营单位被有关部门责令改正，拒不改正违法行为的，应如何处理？ …………………………………………………… 205

142. 什么情形下应当关闭、吊销违法生产经营单位的有关证照？ …… 206

143. 应急管理部门对事故责任单位应当按照什么标准进行罚款？ …… 207

144. 生产安全领域相关行政处罚应由哪个政府部门作出决定？ ……… 207

145. 企业对监管部门作出的安全生产行政处罚决定不服的，有哪些监督救济途径？ …………………………………………………… 208

146. 生产安全事故造成人员伤亡、他人财产损失的，应如何确定损害赔偿责任？ …………………………………………………… 210

147. 生产安全事故责任人未依法承担赔偿责任的，是否可申请人民法院强制执行？ …………………………………………………… 212

第一章　总则

1. 什么是"安全生产"？

【答】所谓"安全生产"，是指在生产经营活动中，为避免发生造成人员伤害和财产损失的事故而采取相应的事故预防和控制措施，以保证从业人员的人身安全，保证生产经营活动得以顺利进行的相关活动。"安全生产"一词中所讲的"生产"，是广义的概念，不仅包括各种产品的生产活动，也包括各类工程建设和商业、娱乐业以及其他服务业的经营活动。

【示例】游乐场变"失乐园"？安全事故谁该来担责？[1]

近年来，随着游乐场以及公共场所的游乐设施越来越多，游乐场所的安全事故越来越多。2019年1月，家住河北省石家庄市的90后女孩胡某与朋友一起来到市内一家运动场蹦床馆玩，在攀岩区跳下海绵池时受伤，经诊断为胸12椎体压缩骨折。随后，胡某将蹦床馆经营者某休闲健身服务有限公司及涉事保险公司诉上法庭。

【解析】在民法典的侵权责任编中，明确规定宾馆、商场、银行、车站、机场、体育场馆、娱乐场所等经营场所、公共场所的经营者、管理者或者群众性活动的组织者，未尽到安全保障义务，造成他人损害的，应当承担赔偿责任。

【提示】游乐场也是安全生产的重要场所，无论是经营者还是游客，在游玩的同时不能忽视安全的重要性。安全第一，别让游乐场变"失乐园"！

---

[1] 苏州普法. 游乐场变"失乐园"？安全事故谁该来担责？[EB/OL]. [2022-05-05]. https://mp.weixin.qq.com/s/2NhcOGP-FWAdO7EHLk-ImA.

2. 什么是"生产安全事故"?

【答】所谓生产安全事故,是指生产经营单位在生产经营活动(包括与生产经营有关的活动)中突然发生的,伤害人身安全和健康、损坏设备设施或者造成直接经济损失,导致生产经营活动暂时中止或永远终止的意外事件。

【示例】盛某福重大劳动安全事故罪案[1]

2020年8月15日上午,被告人盛某福安排被害人陈某等7名工人进行524国道常熟莫城至辛庄段改扩建工程施工项目(S2标段)84号墩墩身模板安装作业。8时45分许,陈某在墩身北侧紧固完东北角上的模板螺丝,准备到西北角上继续紧固模板螺丝时,在移动过程中从脚手架内侧坠落至墩身承台上(高度3.7米左右),经送医院抢救无效于当日中午死亡。

经法医学鉴定,被害人陈某死亡原因系高坠致胸腹部外伤死亡。经侦查,被告人盛某福作为木工班组长,未对施工人员进行书面安全技术交底和安全教育培训,在组织工人拆除防坠网进行墩身模板安装后,未及时恢复,导致发生生产安全事故。

【解析】被告人盛某福在生产作业中是直接负责的主管人员,安全生产条件不符合国家规定,发生致1人死亡的重大事故,其行为已构成重大劳动安全事故罪,应依法予以惩处。据此,依照《刑法》及《中华人民共和国刑事诉讼法》《中华人民共和国安全生产法》[2]之规定,判决如下:被告人盛某福犯重大劳动安全事故罪,判处有期徒刑8个月,缓刑1年。

【提示】安全生产事关重大,无论是生产从业者还是相关企事业负责人都务必高度重视。

3. 生产安全事故等级是如何划分的?

【答】根据《生产安全事故报告和调查处理条例》第3条规定,生产

---

[1] 江苏省常熟市人民法院(2021)苏0581刑初1194号刑事判决书。
[2] 以下简称《安全生产法》。若无特别说明,本书案例中的法律版本为法院判决时依据的生效版本。

安全事故（以下简称事故）造成的人员伤亡或者直接经济损失，事故一般分为以下等级：

（一）特别重大事故，是指造成 30 人以上死亡，或者 100 人以上重伤（包括急性工业中毒，下同），或者 1 亿元以上直接经济损失的事故；

（二）重大事故，是指造成 10 人以上 30 人以下死亡，或者 50 人以上 100 人以下重伤，或者 5000 万元以上 1 亿元以下直接经济损失的事故；

（三）较大事故，是指造成 3 人以上 10 人以下死亡，或者 10 人以上 50 人以下重伤，或者 1000 万元以上 5000 万元以下直接经济损失的事故；

（四）一般事故，是指造成 3 人以下死亡，或者 10 人以下重伤，或者 1000 万元以下直接经济损失的事故。

国务院安全生产监督管理部门可以会同国务院有关部门，制定事故等级划分的补充性规定。

本条第一款所称的"以上"包括本数，所称的"以下"不包括本数。

示例 江苏响水天嘉宜化工有限公司"3·21"特别重大爆炸事故❶

2019 年 3 月 21 日 14 时 48 分许，位于江苏省盐城市响水县生态化工园区的天嘉宜化工有限公司（以下简称天嘉宜公司）发生特别重大爆炸事故，造成 78 人死亡、76 人重伤，640 人住院治疗，直接经济损失 19.86 亿元。后经事故调查组查明，事故的直接原因是天嘉宜公司旧固废库内长期违法贮存的硝化废料持续积热升温导致自燃，燃烧引发爆炸。事故调查组认定，天嘉宜公司无视国家环境保护和安全生产法律法规，刻意瞒报、违法贮存、违法处置硝化废料，安全环保管理混乱，日常检查弄虚作假，固废仓库等工程未批先建。相关环评、安评等中介服务机构严重违法违规，出具虚假失实评价报告。

【解析】江苏响水天嘉宜化工有限公司"3·21"特别重大爆炸事故造成 78 人死亡、76 人重伤，640 人住院治疗，直接经济损失 19.86 亿元，符合《生产安全事故报告和调查处理条例》第 3 条第 1 款的规定：造成 30 人以上死亡，或者 100 人以上重伤（包括急性工业中毒），或者 1 亿元以上直接经济损失的事故，属于本法规定的特别重大安全事故。

---

❶ 人民政协报. 国务院调查组认定，这是一起特别重大生产安全责任事故！[EB/OL]. [2022-05-05]. https://mp.weixin.qq.com/s/ggSsr6wwu0uUedBuVGtCeA.

【提示】 安全生产事关重大，无论是生产从业者还是相关企事业负责人都务必高度重视。

4. 什么是"生产经营活动"？

答 这里讲的"生产经营活动"，既包括资源的开采活动、各种产品的加工制作活动，也包括各类工程建设和商业、娱乐业以及其他服务业的经营活动。生产经营活动应当定义为经济性活动，生活活动、党政活动、军事外交活动、公益活动等不属于我们这里所讲的生产经营活动。

5. 什么是"生产经营单位的主要负责人"？

答 这里所称的生产经营单位的主要负责人，对企业而言，不同组织形式的企业有所不同。对于公司制的企业，按照《中华人民共和国公司法》的规定，有限责任公司（包括国有独资公司）和股份有限公司的董事长是公司的法定代表人，经理负责"主持公司的生产经营管理工作"。因此，有限责任公司和股份有限公司的主要负责人应当是公司董事长和经理（总经理、首席执行官或其他实际履行经理职责的企业负责人）。对于非公司制的企业，主要负责人为企业的厂长、经理、矿长等企业行政"一把手"。如《全民所有制工业企业法》规定："企业实行厂长（经理）负责制"，"厂长是企业的法定代表人"，对企业"负有全面责任"。

生产经营单位的主要负责人具备以下特征：第一，是本单位日常生产经营活动的最高负责人，负有生产经营的决策权和指挥权；第二，是日常生产经营活动的直接指挥者，即生产经营单位是其日常工作的地点；第三，在生产经营单位的日常经营活动中能够有效地实施指挥和决策；第四，生产经营单位的主要负责人可能同时包括几个高层决策者。由于生产经营单位的主要负责人在生产经营单位中处于决策者、指挥者的重要地位，因此，其是否重视安全生产，对本单位的安全生产具有至关重要的意义。为了搞好安全生产，必须明确生产经营单位的主要负责人是安全生产的第一责任人，对本单位的安全生产负责。这样才能促使生产经营单位的主要负责人切实负起责任，既管生产又管安全,而不能重生产、轻安全。

6. 新《安全生产法》❶的适用范围?

答案 法律的适用范围,是指一部法律实施所及的效力范围,它包括三个方面,即法律对人的效力范围、在空间上的效力范围以及在时间上的效力范围。《安全生产法》的适用范围在该法的第 2 条中作了明确规定:"在中华人民共和国领域内从事生产经营活动的单位(以下统称生产经营单位)的安全生产,适用本法;有关法律、行政法规对消防安全和道路交通安全、铁路交通安全、水上交通安全、民用航空安全以及核与辐射安全、特种设备安全另有规定的,适用其规定。"

(1)《安全生产法》对人的效力范围

《安全生产法》对人的效力范围,是指《安全生产法》对哪些人适用,"人"包括自然人和法人。根据《安全生产法》第 2 条的规定,《安全生产法》适用于所有从事生产经营活动的单位,我们认为应当包括各种所有制类型的企业、各种形式的公司、外商投资企业、个体经营组织等的法人单位或者非法人单位。此外,负责安全生产监督管理的各级人民政府及安全生产监督管理部门以及承担为安全生产提供技术、管理服务的机构,也要遵守《安全生产法》的有关规定。

(2)《安全生产法》在空间上的效力范围

《安全生产法》在空间上的效力范围,即《安全生产法》的地域适用范围,是指《安全生产法》在多大的地域内适用。《安全生产法》在中华人民共和国领域内适用。

(3)《安全生产法》在时间上的效力范围

《安全生产法》在时间上的效力范围,是指其生效和效力终止的时间,以及对其公布以前的行为是否有追溯既往的效力问题。《安全生产法》新修改部分的生效时间为 2021 年 9 月 1 日,而未作修改部分的生效时间仍为 2002 年 11 月 1 日,没有明确终止生效时间。我国法律的终止时间一般有两种情况:

---

❶ 指《中华人民共和国安全生产法》(2021 年修正)。

一是制定新的同类法律，新法律生效时间就是旧法律的终止时间；二是立法机关明令宣布废止某部法律。《安全生产法》一般是新法生效之后旧法自动失效。至于《安全生产法》的追溯力问题，应当理解为与其他多数法律一样，没有溯及既往的效力。

此外，在理解《安全生产法》适用范围的规定时，还应当注意的是，《安全生产法》规定本法适用于在中华人民共和国境内从事生产经营活动的单位的安全生产。一是，主要考虑到要将生产安全与国家安全和社会治安区别开来，即将适用范围限定在生产经营领域。至于国家安全和社会治安，虽然同样是政府的职责，但与安全生产的性质不同，管理的方法、手段、制度也有很大的不同。因此，国家安全和社会治安不在本法的调整范围之内。二是，消防安全和道路交通安全、铁路交通安全、水上交通安全、民用航空安全以及核与辐射安全、特种设备安全等，《中华人民共和国消防法》《中华人民共和国道路交通安全法》《中华人民共和国铁路法》《中华人民共和国海上交通安全法》《中华人民共和国民用航空法》《中华人民共和国特种设备安全法》等专门的法律、行政法规作出了特别规定，适用其规定。三是，有关法律、行政法规对安全生产没有作出特别规定的，仍然适用《安全生产法》。

7. 新时代我们为什么要修改《安全生产法》？

答案《安全生产法》于 2002 年公布施行，在本次修改前，历经 2009 年、2014 年两次修改。它作为我国安全生产领域的基础性、综合性法律，对依法加强安全生产工作、预防和减少生产安全事故、保障人民群众生命财产安全发挥了重要法治保障作用。

近年来，我国安全生产工作和安全生产形势发生了较大变化，全国生产安全事故数量在总体上虽呈下降趋势，但开始进入一个瓶颈期。当前我国正处在工业化、城镇化持续推进的过程中，生产经营规模不断扩大，传统和新型生产经营方式并存，各类事故隐患和安全风险交织叠加，安全生产基础薄弱、监管体制机制和法律制度不完善、企业主体责任落实不力等问题依然突出，生产安全事故易发多发，直接危及生产安全和公共安全。党的十八大以来，习近平总书记多次作出重要指示批示，强调各级党委政府务必把安全生产摆到重要位置，统筹发展和安全。新发展阶段、新发展理念、新发展格局对安全生产提出了更高要求，在这种背景下修改《安全生产法》，尤为迫切、十分重要。

8. 新时代对安全生产工作有何新要求？

答案 2021年《安全生产法》修正时专门增加规定，安全生产工作应当以人为本，坚持人民至上、生命至上，把保护人民生命安全摆在首位，树牢安全发展理念，坚持安全第一、预防为主、综合治理的方针，从源头上防范化解重大安全风险。人的生命是最宝贵的，人民群众的生命安全是其根本利益所在。从事生产，要把保证人民群众的生命安全放在各项工作的重要位置。保障安全是从事生产经营活动的基本条件，一切生产经营单位从事生产经营活动，首先必须确保安全，无法保证安全的，不得从事生产经营活动。

9. 我国规范安全生产的法律法规有哪些？

答案 《安全生产法》是我国综合规范安全生产的法律，该法于2021年6月10日经全国人大常委会审议进行了第三次修改，于2021年9月1日施行，它适用于所有生产经营单位，同时，另有专门规范某一领域安全生产或涵盖安全生产内容的法律，如《中华人民共和国矿山安全法》《中华人民共和国消防法》《中华人民共和国海上交通安全法》《中华人民共和国道路交通安全法》《中华人民共和国劳动法》《中华人民共和国建筑法》《中华人民共和国煤炭法》《中华人民共和国铁路法》等。另外，我国还就安全生产条件的保障、安全生产监督管理、安全事故救援与调查处理、安全生产法律责任等方面出台了一系列的法规、规范性文件，如《安全生产事故隐患排查治理暂行规定》《生产安全事故应急条例》《生产安全事故报告和调查处理条例》《国务院关于特大安全事故行政责任追究的规定》，还有各省根据自己情况制定的安全生产条例等法规规章。

10. 安全生产管理是生产经营单位的法定职责吗？

答案 《安全生产法》第4条规定："生产经营单位必须遵守本法和其他有关安全生产的法律、法规，加强安全生产管理，建立健全全员安全生产责任制和安全生产规章制度，加大对安全生产资金、物资、技术、人员的投入保障力度，改善安全生产条件，加强安全生产标准化、信息化建设，构建安全风险分级管控和隐患排查治理双重预防机制，健全风险防范化解机制，提高安全生产水平，确保安全生产。平台经济等新兴行业、领域的生产经营单位应当根据本行业、领域的特点，建立健全并落实全员安全生产责任制，加强从业人员安全生产教育和培训，履行本法和其他法律、法规规定的有关安全生产义务。"可见，安全生产管理是生产经营单位在生产经营活动全过程中必须遵守的制度，也是其必须履行的法定职责。

示例 天猫平台于2021年6月14日发布关于开展管制类刀具商品专项治理行动的公告❶

天猫将按照法律法规的要求，进一步加强对管制刀具的排查和整治，针对商品SKU属性等商品信息及不良交互信息进行专项整治，并严格依据《淘宝平台违禁信息管理规则》"三、管制器具类"中的"（二）管制类刀具"，对违规刀具相关商品信息及不良交互信息采取删除商品或信息等措施。其中，电击器及辣椒或胡椒成分的防狼喷雾会给人身体带来极大的伤害，国家禁止发布电击器、防狼喷雾等危险品，因此不可以在淘宝上发布。刀具可以发布，但是必须注明比例、刃长，刃长不得超过100mm，宝剑等武术产品必须注明未开刃。

【解析】天猫平台作为新兴经济平台，依据《对部分刀具实行管制的暂行规定》《人民警察使用警械和武器条例》《武器、警械管理制度》《管制刀具认定标准》《安全生产法》等相关法律规定的要求，有义务自觉落实关于管制类刀具的安全工作部署。

---

❶ 淘宝网平台规则．关于开展管制类刀具商品专项治理行动的公告［EB/OL］．［2022-05-05］．https://rule.tmall.com/?type=detail&ruleId=11004120&cId=1162#/rule/detail?ruleId=11004120&cId=1162.

【提示】淘宝、天猫、拼多多、美团外卖平台等新兴行业、领域的生产经营单位应当根据本行业、领域的特点，建立健全并落实安全生产责任，履行《安全生产法》和其他法律、法规规定的有关安全生产义务。

11. 生产经营单位必须强制执行安全生产的国家标准吗？

答 根据《安全生产法》第 11 条的规定，"国务院有关部门应当按照保障安全生产的要求，依法及时制定有关的国家标准或者行业标准。"这里讲的"依法"主要是指依照《中华人民共和国标准化法》（以下简称《标准化法》）的规定。根据《标准化法》的规定，国家标准、行业标准分为强制性标准和可以自愿采用的推荐性标准。保障人身健康和生命财产安全、国家安全、生态环境安全以及满足经济社会管理基本需要的技术要求的标准为强制性标准，其他标准为推荐性标准。同时，《安全生产法》第 11 条第 2 款亦规定，"生产经营单位必须执行依法制定的保障安全生产的国家标准或者行业标准"。生产经营单位如果不严格执行保障安全生产的国家标准或者行业标准，单位及其主要责任人轻则受到行政处罚，重则需要承担刑事责任。

12. 安全生产的指导思想、工作方针和工作机制是什么？

答 安全生产工作首先应坚持中国共产党的领导。

安全生产工作应以人为本，坚持人民至上、生命至上，把保护人民生命安全摆在首位，树牢安全发展理念，坚持安全第一、预防为主、综合治理的方针，从源头上防范化解重大安全风险。

安全生产工作实行管行业必须管安全、管业务必须管安全、管生产经营必须管安全，强化和落实生产经营单位主体责任与政府监管责任，建立生产经营单位负责、职工参与、政府监管、行业自律和社会监督的机制。

13. 工会组织在单位安全生产工作中发挥什么作用？

答 《安全生产法》第 7 条规定："工会依法对安全生产工作进行监督。生产经营单位的工会依法组织职工参加本单位安全生产工作的民主管理和民主监督，维护职工在安全生产方面的合法权益。生产经营单位制定或者修改有关安全生产的规章制度，应当听取工会的意见。"

工会是职工自愿结合的工人阶级的群众组织，工会组织代表职工的利益，依法维护职工的合法权益，包括依法维护职工在安全生产方面的合法权益。维护职工合法权益是工会的基本职责，工会要在维护全国人民总体利益的同时，代表和维护职工的合法权益。安全生产直接涉及职工的生命安全与身体健康，是职工根本利益的具体体现。工会依法维护职工的合法权益，主要表现在通过组织职工参加本单位安全生产工作的民主管理和民主监督，维护职工在安全生产方面的合法权益。根据《中华人民共和国工会法》的规定，工会主要通过以下具体工作来参加本单位安全生产工作的民主管理和民主监督，维护职工在安全生产方面的合法权益：

第一，生产经营单位违反劳动法律、法规规定，不提供劳动安全卫生条件的，工会应当代表职工与生产经营单位交涉，要求生产经营单位采取措施予以改正；生产经营单位应当予以研究处理，并向工会作出答复，生产经营单位拒不改正的，工会可以请求当地人民政府作出处理。

第二，工会依照国家规定对新建、扩建生产经营单位和技术改造工程中的劳动条件和安全卫生设施与主体工程同时设计、同时施工、同时投产使用进行监督。对工会提出的意见，生产经营单位应当认真处理，并将处理结果书面通知工会。

第三，工会发现生产经营单位违章指挥、强令工人冒险作业，或者生产过程中发现明显重大事故隐患和施工危害，有权提出解决问题的建议，生产经营单位应当及时研究答复；发现危及职工生命安全的情况时，工会有权向生产经营单位建议组织职工撤离危险现场，生产经营单位必须及时作出处理决定。

第四，工会有权对生产经营单位侵犯职工合法权益的问题进行调查，有关单位应当予以协助。

第五，涉及从业人员因工伤亡事故和其他严重危害从业人员健康问题的调查处理，必须有工会参加。工会应当向有关部门提出处理意见，并有权要求追究直接负责的主管人员和有关负责人员的责任。对工会提出的意见，有关部门应当及时研究，给予答复。

第六，工会通过平等协商和集体合同制度，协调劳动关系，维护生产经营单位的从业人员在安全生产方面的合法权益；通过职工代表大会或者其他形式，组织从业人员参加本单位的安全生产工作的民主管理和民主监督；通过密切联系从业人员，听取和反映从业人员在安全生产方面的意见和要求，帮助解决存在的具体问题，维护从业人员在安全生产方面的合法权益。

第七，生产经营单位制定或者修改有关安全生产的规章制度，应当充分听取工会的意见。

14. 我国安全生产工作的监督管理体制是什么？

答案 我国现行的安全管理体制是：

第一，综合监管与行业监管相结合、国家监察与地方监管相结合、政府监督与其他监督相结合的格局。

第二，国务院安全生产监督管理部门依照《安全生产法》，对全国安全生产工作实施综合监督管理。

第三，县级以上地方各级人民政府安全生产监督管理部门依照《安全生产法》，对本行政区域内的安全生产工作实施综合监督管理。

第四，国务院有关部门依照《安全生产法》和其他有关法律、行政法规的规定，在各自的职责范围内对有关行业、领域的安全生产工作实施监督管理；县级以上地方各级人民政府有关部门依照《安全生产法》和其他有关法律、法规的规定，在各自的职责范围内对有关行业、领域的安全生产工作实施监督管理。

第五，安全生产监督管理部门和对有关行业、领域的安全生产工作实施监督管理的部门，统称为负有安全生产监督管理职责的部门。

第六，我国的安全生产管理体制具体表现在：县级以上地方各级人民政府的监督管理；负有安全生产监督管理职责的部门的监督管理；监察机关的监督；工会、基层群众性组织的监督；新闻媒体的监督；社会公众的监督；有关协会组织依照法律、行政法规和章程，为生产经营单位提供安全生产方面的信息、培训等服务，发挥自律作用，促进生产经营单位加强安全生产管理。

15. 地方各级人民政府在安全生产工作中的总体职责有哪些？

答案　《安全生产法》第8条规定，"国务院和县级以上地方各级人民政府应当根据国民经济和社会发展规划制定安全生产规划，并组织实施。安全生产规划应当与国土空间规划等相关规划相衔接。

各级人民政府应当加强安全生产基础设施建设和安全生产监管能力建设，所需经费列入本级预算。

县级以上地方各级人民政府应当组织有关部门建立完善安全风险评估与论证机制，按照安全风险管控要求，进行产业规划和空间布局，并对位置相邻、行业相近、业态相似的生产经营单位实施重大安全风险联防联控。"

地方各级人民政府如果履职不当应当承担相应法律后果。

示例　江苏昆山"3·31"爆燃事故案件[1]

2019年3月31日7时12分左右，江苏昆山汉鼎精密金属有限公司（以下简称汉鼎公司）加工车间北墙外堆放镁合金废屑的集装箱发生爆燃事故，造成7人死亡、1人重伤、4人轻伤。12月2日下午，经江苏昆山"3·31"事故省市联合调查组调查认定，该爆燃事故系一起生产安全责任事故，昆山市委常委、常务副市长金某宏等10名党员干部被建议诫勉谈话、政务警告、党内警告或政务记大过处分。

【解析】分管昆山市安全生产、环保等工作的昆山市委常委、常务副市长金某宏对分管的部门贯彻执行上级部署的任务、法律法规要求及相关文件要求不扎实、不到位的问题存在失察，建议对其进行诫勉谈话。

昆山市委常委、昆山经济技术开发区党工委副书记、副主任沈某平贯彻落实上级安全生产决策部署和党政同责、一岗双责的工作要求不到位，建议对其进行诫勉谈话。

分管安全生产、环保、消防等工作的昆山经济技术开发区党工委委员、管委会副主任姚某宏，对分管的部门贯彻执行上级部署的任务、法

---

[1] 王继亮. 昆山"3·31"爆燃事故被认定为生产安全责任事故，调查组：建议对副市长等10人追责［EB/OL］.［2022-05-05］. https://mp.weixin.qq.com/s/CdxOVsi9Mbu_nLV0Whw79A.

经营单位之间是一种委托关系。根据《民法典》的规定，在委托范围之内，受托机构的一切行为后果都由委托的生产经营单位承担，生产经营单位委托相关机构为其安全生产提供技术、管理服务属于单位内部安全生产管理的一种方式。因此，对生产经营单位的安全生产责任本身没有任何影响，其安全生产责任并不因为委托相关机构就减轻或者免除。

人违章冒险作业罪，危险作业罪，重大劳动安全事故罪，大型群众性活动重大安全事故罪，危险物品肇事罪，工程重大事故罪，教育设施重大安全事故罪，消防责任事故罪，不报、谎报安全事故罪等罪名。

示例 山西潞安集团左权阜生煤业有限公司"10·20"较大瓦斯爆炸事故❶

2020年10月20日1时59分36秒，山西潞安集团左权阜生煤业有限公司（以下简称阜生煤业）1208回采安装工作面封闭的废弃切眼内发生瓦斯爆炸，产生的冲击波冲垮密闭墙，飞出的闭墙料石击中在闭墙外作业的人员，造成4人死亡、1人受伤，直接经济损失1133万元。

事故直接原因是废弃切眼两侧密闭墙漏风使局部区域内形成瓦斯爆炸气体条件；顶板突然垮落或剧烈变形，金属支护材料相互摩擦或与巷道内的金属物体撞击产生火花，引起瓦斯爆炸；瓦斯爆炸产生的冲击波，瞬间摧毁密闭墙，飞出的闭墙料石致人伤亡。

【解析】该起事故中，23人因为违反相关安全生产规定被追究责任，阜生煤业、晋中分公司、潞安集团公司、左权县应急管理局、左权县人民政府等公司、政府部门中共20人被给予党纪政务处分及行政处罚。

阜生煤业通防队副队长、阜生煤业安全员等3人被建议给予撤职、罚款等处分。

【提示】安全生产事关重大，发生安全生产事故后单位及责任人轻者承担行政、民事责任，重者需要承担刑事责任。

18. 生产经营单位能否因委托相关机构提供安全生产技术、管理服务，而减免其安全生产责任？

答案《安全生产法》第15条第2款特别强调："生产经营单位委托前款规定的机构提供安全生产技术、管理服务的，保证安全生产的责任仍由本单位负责。"接受生产经营单位的委托后，从事安全生产服务的机构与生

---

❶ 煤矿安全网. 山西潞安集团左权阜生煤业有限公司"10·20"较大瓦斯爆炸事故调查报告[EB/OL]. [2022-05-05]. http://www.mkaq.org/html/2021/11/26/598301.shtml.

生产知识掌握得比较全面、透彻，依托政府及其有关部门进行宣传，相对于其他主体来说有很大的优势。因此，《安全生产法》第13条规定，各级人民政府及其有关部门应当采取多种形式，加强对有关安全生产的法律、法规和安全生产知识的宣传，提高全社会的安全生产意识。主动宣传安全生产是各级人民政府及其有关部门不可推卸的责任。各级人民政府及其有关部门应当从思想上高度重视，从组织上切实保证，从财力上大力保障。同时，要根据本地的实际情况，采取多种形式，特别是人民群众喜闻乐见、通俗易懂的形式，加强对有关安全生产的法律、法规和安全生产知识的宣传，真正提高人民群众的安全生产意识，为做好安全生产工作打下良好的基础。

17. 发生安全生产事故后，责任单位及责任人员要承担什么责任？

答案 《安全生产法》第16条规定："国家实行生产安全事故责任追究制度，依照本法和有关法律、法规的规定，追究生产安全事故责任单位和责任人员的法律责任。"具体的责任形式包括：

（1）行政责任

一般分为政务处分和行政处罚。政务处分，是监察机关对违法的公职人员给予的惩戒。按照《公职人员政务处分法》的规定，政务处分的种类包括警告、记过、记大过、降级、撤职、开除等。行政处罚，是对有行政违法行为的单位或个人给予的行政制裁。按照《中华人民共和国行政处罚法》的规定，行政处罚的种类包括警告、通报批评，罚款、没收违法所得、没收非法财物，暂扣许可证件、降低资质等级、吊销许可证件，限制开展生产经营活动、责令停产停业、责令关闭、限制从业，行政拘留，等等。

（2）民事责任

这是指依照《中华人民共和国民法典》的规定，因安全事故造成人员、他人财产损失的，生产事故责任人应当承担的赔偿责任。赔偿责任主要包括造成人身损害和财产损害两方面的责任。例如，侵害他人造成人身损害的，应当赔偿医疗费、护理费、交通费等为治疗和康复支出的合理费用，以及因误工减少的收入。

（3）刑事责任

《刑法》"危害公共安全罪"一章中规定了重大责任事故罪，强令、组织他律法规要求及相关文件要求不扎实、不到位的问题存在失察，建议给予政务警告处分。

昆山市消防大队副大队长郭某安，对列为二级消防安全重点单位的汉鼎公司的消防监督检查不细致，对汉鼎公司消防安全重点部位的情况没有及时跟进督促整改，责任履行不到位，建议对其进行诫勉谈话。

昆山经济技术开发区安环局环境监察与监测科副科长冯某晖，对汉鼎公司未按划定场所贮存镁合金废屑的问题未发现并予制止，未发现汉鼎公司加工车间设备数量远多于环评审批数量的问题，日常执法检查工作不深入、不细致，建议给予政务记大过处分。

昆山市应急局基础科科长朱某生制发铝镁制品废弃物安全管理工作方案不全面、措施不到位，对相关排查治理工作跟踪检查不到位；未能有效督促指导昆山经济开发区安环局排查发现汉鼎公司贮存镁合金废屑的安全隐患；对开发区安环局开展镁合金废屑安全隐患排查工作督促检查不力，建议给予党内警告处分。

【提示】安全生产不仅是生产单位的责任，地方各级人民政府及其部门如果履职不当也应当承担相应法律责任。

16. 各级人民政府在安全生产的宣传方面有什么责任？

答案《安全生产法》第13条规定："各级人民政府及其有关部门应当采取多种形式，加强对有关安全生产的法律、法规和安全生产知识的宣传，增强全社会的安全生产意识。"这是对各级人民政府及其有关部门安全生产宣传教育责任的规定。安全生产意识的强弱，对于能否保障安全生产具有十分重要的影响。现实生活中的许多生产安全事故都与安全生产意识不强有直接的关系。因此，增强人民群众的安全生产意识，是减少或者杜绝生产安全事故、保障安全生产的关键所在，也是解决安全生产问题的基础性、长远性、根本性的工作。提高全社会安全生产意识的重要途径就是加强对有关安全生产的法律、法规和有关安全生产知识的宣传。在这方面，各级人民政府及其有关部门应当负有一定的职责。

同时，各级人民政府及其有关部门对有关安全生产的法律、法规和安全

第二章 生产经营单位的安全生产保障

19. 生产经营单位从事生产经营活动应当具备什么样的安全生产条件？

答案 生产经营单位要保证生产经营活动安全地进行，防止和减少生产安全事故的发生，必须在生产经营设施、设备、人员素质、管理制度、采用的工艺技术等方面达到相应的要求，具备必要的安全生产条件。生产经营单位必须具备《安全生产法》和有关法律、行政法规和国家标准或者行业标准规定的安全生产条件，否则不得从事有关生产经营活动。具体包括：

（1）《安全生产法》和有关法律、行政法规规定的安全生产条件

《安全生产法》和其他有关法律、行政法规对生产经营单位必须具备的安全生产条件作了规定。《安全生产法》第43条规定："生产经营单位进行爆破、吊装、动火、临时用电以及国务院应急管理部门会同国务院有关部门规定的其他危险作业，应当安排专门人员进行现场安全管理，确保操作规程的遵守和安全措施的落实。"除此之外，其他法律、行政法规也针对不同行业、领域安全生产的特点，对生产经营单位应当具备的安全生产条件作出了相应规定。例如，《安全生产许可证条例》规定，国家对矿山企业、建筑施工企业和危险化学品、烟花爆竹、民用爆炸物品生产企业实行安全生产许可制度。企业取得安全生产许可证，应当具备相应的安全生产条件。

（2）国家标准或者行业标准规定的安全生产条件

安全生产的国家标准或者行业标准是有关安全生产的技术性规范，是执行安全生产法律法规的具体保证，贯穿于企业生产经营活动的全过程，对于保障企业的安全生产起着重要的作用。《安全生产法》规定的安全生产的国家标准或者行业标准，是指依法制定的与安全生产有关的，对生产经营活动中

的设计、施工、作业、制造、检测等技术事项所作的一系列统一规定。目前，我国安全生产的国家标准或者行业标准主要包括安全生产技术、管理方面的标准，生产设备、工具的安全标准，生产工艺的安全标准，劳动防护用品标准等。据统计，涉及安全生产方面的国家标准有《爆破安全规程》《金属非金属矿山安全规程》《烟花爆竹作业安全技术规程》等；行业标准有《地质勘探安全规程》《尾矿库安全技术规程》等。

因此，《安全生产法》明确规定，生产经营单位的安全生产条件必须达到法律、行政法规和国家标准或者行业标准规定的要求，不具备安全生产条件的生产经营单位不得从事生产经营活动，从根本上防止生产安全事故的发生，是非常必要的。

示例 犁来山采石场于 2012 年 7 月 3 日取得上林县西燕镇覃浪村中富庄犁来山石灰岩采矿许可证，有效期至 2014 年 7 月 3 日。2014 年 2 月 7 日，定龙村村民到上林县信访局集体上访，反映犁来山采石场爆破施工造成该村多户村民楼房墙面、楼板震裂，要求政府部门责令犁来山采石场立即停工，赔偿损失。上林县政府立即由国土、安监、信访等单位组成调查工作组进行调查。2014 年 2 月 8 日，上林县安监局以犁来山采石场存在违法行为和事故隐患，并引发与周边村民矛盾纠纷为由，作出《现场处理措施决定书》，责令犁来山采石场立即暂停建矿工作，并于当天向上林县公安局通报该情况。上林县公安局展开调查，发现犁来山采石场借建矿之机，擅自进行炸石生产，决定停止对犁来山采石场供应民用爆炸物品。2014 年 4 月 23 日，上林县政府召开采石场布局工作会议，形成《上林县人民政府关于全县采石场规划布局工作会议纪要》（以下简称 31 号会议纪要），主要内容如下："1. 同意上林县白圩镇狮螺村山底庄山卡山采石场等 8 家采石场继续依法生产。2. 该县有关职能部门要尽快按照非煤矿山生产管理的相关要求，督促保留的 8 家采石场的法人代表尽快完善相关手续和许可证照，依法依规、安全有序生产。3. 县国土局、安监局、公安局等行政主管部门要加强对全县非煤矿山的管理，对不符合规划的非保留类非煤矿山，要停止办理延期手续，及时依法撤销相关证照，督促业主有序退出；对不符合规划、无证非法生产的非煤矿山，要严格依法取缔。"

2014年5月16日，上林县公安局作出《关于中富庄犁来山采石场请求供应民用爆炸物品的答复》，告知："1. 购买使用民用爆炸物具备以下条件及提供以下材料：安全生产许可证、采矿证、营业执照，爆破员、安全员、保管员委托材料及资质证书，安全管理各项规章制度，法人、经办人身份证。2. 犁来山采石场从建矿至今，借建矿之机，擅自生产，并且与覃浪村定龙庄存在纠纷尚未解决，而且一直没有办理安全生产许可证，不符合供应民用爆炸物品的条件，决定暂停对犁来山采石场供应民用爆炸物品。"

2014年6月26日，上林县国土资源局针对犁来山采石场是否还能建矿作业的《请求告知函》，作出《关于上林县西燕镇覃浪村中富庄犁来山采石场请求告知函的答复》，告知："根据31号会议纪要，犁来山采石场不属于上林县建议保留的8家采石场之一。"2014年7月2日，犁来山采石场向宾阳县人民法院起诉，诉请撤销上林县国土局作出的《关于上林县西燕镇覃浪村中富庄犁来山采石场请求告知函的答复》。2014年8月13日，宾阳县人民法院作出行政裁定，对犁来山采石场的起诉不予受理。犁来山采石场不服该裁定提起上诉，南宁市中级人民法院于2014年11月6日作出行政裁定，驳回犁来山采石场的上诉，维持一审裁定。2015年1月14日，犁来山采石场提起本案诉讼，请求判决确认上林县政府关停犁来山采石场的行为违法。❶

【解析】根据《安全生产法》第20条规定："生产经营单位应当具备本法和有关法律、行政法规和国家标准或者行业标准规定的安全生产条件；不具备安全生产条件的，不得从事生产经营活动。"上林县政府作出的31号会议纪要，主要内容是明确允许继续保留的非煤矿山的原则，并要求政府相关职能部门依法履职。上林县国土资源局、上林县安全生产监督管理局、上林县公安局作为具体的职能部门，除了要按照会议纪要的原则办理，还必须遵循法律、法规的具体规定，对于采石场相关条件是否成立进行审查。上述部门作为独立的行政主体，在遵循县政府的总体规划和要求的情况下，依法进行审查，并非一概依据政府的纪要而无须遵循法律法规的规定。

根据《安全生产许可证条例》第2条规定："国家对矿山企业、建筑

---

❶ 最高人民法院（2018）最高法行申2451号行政裁定书。

施工企业和危险化学品、烟花爆竹、民用爆炸物品生产企业（以下统称企业）实行安全生产许可制度。企业未取得安全生产许可证的，不得从事生产活动。"本案中，犁来山采石场并未向法庭提交证据证明其有合法的安全生产许可证，且其抗辩所称的未取得安全生产许可证的理由亦无法律依据。犁来山采石场无法继续采矿的原因在于两方面：一是其采矿许可证超期，二是没有安全生产许可证。犁来山采石场从开始生产时就未能获取安全生产许可证，其实体上并不符合开采条件。上林县政府作出31号会议纪要的行为，并非造成犁来山采石场关停的原因，并未侵犯其实体权益。犁来山采石场认为上林县政府作出的31号会议纪要导致其被关停，没有事实依据。

20. 生产经营单位的主要负责人在安全生产方面有哪些职责？

答案 安全生产工作是企业管理工作中的重要内容，涉及企业生产经营活动的各个方面。因此，生产经营单位的主要负责人，作为单位的主要领导者，对单位的生产经营活动全面负责，同时也必须对单位的安全生产工作负全面责任。作为生产经营单位安全生产的第一责任人，单位的主要负责人有义务、有责任在进行生产经营活动的同时，坚持安全发展，正确处理好安全与效益的关系。

生产经营单位的主要负责人对本单位安全生产工作负有以下几项职责：

（1）建立健全并落实本单位全员安全生产责任制，加强安全生产标准化建设

企业每一个部门、每一个岗位、每一个员工都不同程度地直接或者间接地影响安全生产。生产经营单位的主要负责人必须亲自带头自觉执行责任制的规定；从事具体生产经营活动的一线员工，也要自觉落实全员安全生产责任制，承担起安全生产的责任和义务。另外，生产经营单位主要负责人负有加强安全生产标准化建设的职责，要大力推进企业安全生产标准化建设，实现安全管理、操作行为、设备设施和作业环境的标准化。

（2）组织制定并实施本单位安全生产规章制度和操作规程

安全生产规章制度是保证生产经营活动安全、顺利进行的重要手段，主

要包括两个方面：一是安全生产管理方面的规章制度，包括全员安全生产责任制、生产安全事故报告、特殊区域内施工审批等；二是安全生产技术方面的规章制度，包括电气安全技术、建筑施工安全技术、矿山灾害治理等。安全操作规程是指在生产经营活动中，为消除能导致人身伤亡或者造成设备、财产破坏以及危害环境的因素而制定的具体技术要求和实施程序的统一规定。

（3）组织制定并实施本单位安全生产教育和培训计划

根据本单位安全生产状况、岗位特点、人员结构组成，单位主要负责人和其他负责人员有职责和义务，组织有关部门认真制订好本单位的安全生产教育和培训计划，做好统筹安排并保证计划的落实，包括经费保障、教育培训内容以及组织实施措施等内容，重点应当抓好新员工和调换工种的员工的安全生产教育和培训工作。

（4）保证本单位安全生产投入的有效实施

为了具备有关法律法规以及国家标准或者行业标准规定的安全生产条件，生产经营单位必须投入必要的安全生产资金，用于安全设施设备建设等。生产经营单位的主要负责人应当保证本单位有安全生产投入，并保证这项投入真正用于本单位的安全生产工作，促进安全生产经营。

（5）组织建立并落实安全风险分级管控和隐患排查治理双重预防工作机制

生产经营单位的主要负责人应当经常性地对本单位的安全生产工作进行督促、检查，对检查中发现的问题及时解决，对存在的生产安全事故隐患及时予以排除。

（6）组织制定并实施本单位的生产安全事故应急救援预案

生产经营单位针对可能发生的事故的类别、性质和范围等情况，应当制定生产安全事故应急救援预案，需要由单位主要负责人组织制定和实施，一旦发生事故，单位主要负责人也要亲自指挥、调度。

（7）及时、如实报告生产安全事故

生产经营单位的主要负责人应当按照《安全生产法》和其他有关法律法规的规定，及时、如实地报告生产安全事故，不得隐瞒不报、谎报或者迟报。

示例 2015 年 12 月 6 日，王某林、王某生在北京市昌平区科技园区龙山中医院广告牌安装工程现场进行作业时发生事故，造成 1 人死亡、1 人受伤。经调查，联合调查组形成的生产安全事故调查报告认定，亿源永泰公司在未与龙山中医院签订工程承包合同及安全生产管理协议的情况下，由该公司经理李某通安排王某林等人进行施工。事故发生的直接原因为王某林及王某生在冰雪覆盖的龙山中医院楼顶，违反《手拉葫芦安全规则》临边违规冒险进行起重作业。❶

【解析】根据《安全生产法》第21条的规定："生产经营单位的主要负责人对本单位安全生产工作负有下列职责：建立健全并落实本单位全员安全生产责任制，加强安全生产标准化建设；组织制定并实施本单位安全生产规章制度和操作规程；……组织建立并落实安全风险分级管控和隐患排查治理双重预防工作机制，督促、检查本单位的安全生产工作，及时消除生产安全事故隐患；组织制定并实施本单位的生产安全事故应急救援预案；及时如实报告生产安全事故。"第95条第1项规定，生产经营单位的主要负责人未履行本法规定的安全生产管理职责，导致发生一般生产安全事故的，由应急管理部门处上一年年收入百分之四十的罚款。本案中，昌平区安全生产监督管理局在涉案事故发生后，与相关部门组成联合调查组，经调查核实并对证据材料进行综合分析判断，认定事故发生时孙某某作为涉案工程承包单位亿源永泰公司的法定代表人，其未督促、检查本单位的安全生产工作，及时消除生产安全事故隐患；未制定安全生产责任制度、安全生产管理制度以及生产安全事故应急救援预案；未制定广告牌安装施工组织设计及施工方案；未对王某林、王某生进行安全生产教育和培训及安全技术交底。该起事故性质为一般生产安全责任事故，亿源永泰公司主要负责人孙某某对该事故的发生负有领导责任。

21. 什么是全员安全生产责任制？如何落实这一制度？

【答】全员安全生产责任制是根据安全生产法规建立的在生产经营活动中生产经营单位各级人员对安全生产层层负责的制度，是保证生产经营单

---

❶ 北京市高级人民法院（2019）京行申430号行政裁定书。

位的生产经营活动安全进行的重要基础。生产经营单位应当建立纵向到底、横向到边的全员安全生产责任制，以保证安全生产工作人人有责、各负其责。

全员安全生产责任制应当包括以下主要内容：

一是生产经营单位的各级负责生产和经营的管理人员，在完成生产或者经营任务的同时，对保证生产安全负责；二是各职能部门的人员，对自己业务范围内有关的安全生产负责；三是班组长、特种作业人员对其岗位的安全生产工作负责；四是所有从业人员应在自己本职工作范围内做到安全生产；五是各类安全责任的考核标准以及奖惩措施。

生产经营单位落实全员安全生产责任制，应当符合以下要求：

全员安全生产责任制应当做到"三定"（定岗位、定人员、定安全责任），根据岗位的实际工作情况，确定相应的人员，明确岗位职责和相应的安全生产职责，实行"一岗双责"。生产经营单位根据本单位实际，建立由本单位主要负责人牵头、相关负责人、安全生产管理机构负责人以及人事、财务等相关职能部门人员组成的全员安全生产责任制监督考核领导机构，协调处理全员安全生产责任制执行中的问题。主要负责人对全员安全生产责任制落实情况全面负责，安全生产管理机构负责全员安全生产责任制的监督和考核工作。生产经营单位应当建立完善全员安全生产责任制监督、考核、奖惩的相关制度，明确安全生产管理机构和人事、财务等相关职能部门的职责。全员安全生产责任制的落实情况应当与生产经营单位的安全生产奖惩措施挂钩。对于严格履行安全生产职责、未超出责任制考核标准要求的，应当予以奖励；对于弄虚作假、未认真履行安全生产职责或者存在重大事故隐患、发生生产安全事故等超出责任制考核标准要求的，给予严惩。另外，充分发挥工会的作用，鼓励从业人员对全员安全生产责任制落实情况进行监督。

示例 建投隧道公司作为榆中县夏纬四路改扩建工程的总承包人与榆中山河公司签订了《建设工程施工分包合同》，合同约定榆中山河公司作为分包人负责该工程的土方施工。榆中山河公司向陈某某租赁压路机从事土方作业。2018年7月25日21时20分，李某某作为陈某某雇佣的压路机司机将压路机停放至距施工现场50米外的夏经三路路边的拖挂平板车上，锁好压路机车门准备离开拖车时不慎跌落至地面，当场昏迷。李某某受伤后被送至榆中县人民医院救治，因伤情严重转院至甘肃省人民医院施行开颅去骨瓣减压术。诊断为：创伤性脑出血、多发性颅骨骨折、颅内感染、重症肺炎、手术后颅骨缺损、慢性硬膜下积液。2018 年 8 月 23 日至 2019 年 4 月 8 日在兰州大学第二医院住院治疗，诊断为：脑外伤综合征、颅骨骨折、创伤后硬脑膜下积液、脑积水、浅昏迷、四肢瘫痪、肺部感染。2019 年 3 月 13 日，甘肃方圆司法鉴定所出具司法鉴定意见书，鉴定李某某伤残程度为一级，属完全护理依赖。❶

【解析】本案中，李某某受伤系其将驾驶的压路机停至拖车上后，下拖车时不慎从拖车上跌落所致，李某某作为压路机的驾驶员，其自身安全意识淡薄且不具备压路机的特种车辆操作证，在驾驶及停放压路机的过程中未尽到审慎的安全注意义务，其对自身受伤的后果具有一定过错，由其自身承担 30% 责任。陈某某与李某某之间系雇主与雇员关系，根据法律规定，个人之间形成劳务关系，提供劳务一方因劳务自己受到损害的，根据双方各自的过错承担相应的责任。本案中，陈某某作为雇主，即接受劳务的一方，其在聘用压路机司机时未尽到合理谨慎的审查义务，聘用无特种车辆操作证的驾驶人员，且其安全意识淡薄，在压路机退出作业场所过程中未安排专人进行安全监护，未采取有效安全的技术措施，其对李某某受伤的后果亦具有较大的过错，对李某某受伤的后果承担 30% 的责任。榆中山河公司及建投隧道公司作为李某某驾驶压路机施工作业工程的分包方、总承包方，在施工作业过程中对租赁设备的操作人员未尽到审查义务，对施工现场作业人员未尽到安全培训义务，施工现场也未建立相应的安全生产操作规程及日常安全隐患排查制度。《安全生产法》第 22 条规定："生产经营单位的全员安全生产责任制应当明确各岗位的责任人员、责任范围和考核标准等内容。生产经营单位应当建立相应的机制，加强对全员安全生产责任制落实情况的监督考核，保证全员安全生产责任制的落实。"据此，建投隧道公司作为案涉工程的总承包方，其在承包工程时就应当针对承包的工程建立起完善的安全生产责任制及安全隐患排查机制，且其作为总承包方，对于工程的分包方亦负有

---

❶ 甘肃省兰州市中级人民法院（2020）甘 01 民终 2615 号民事判决书。

安全生产监督和管理的责任。在工程分包方的安全生产制度不到位的情形下，其应当履行监督管理职责，而其在涉案工程的施工过程中既未尽到应尽的安全生产责任，亦未尽到施工监督管理义务。综上，榆中山河公司对李某某受伤的后果承担10%的责任，建投隧道公司对李某某受伤的后果承担30%的责任。

22. 生产经营单位的安全生产资金投入应当符合什么条件？提取和使用安全生产费用有哪些要求？

答 安全生产资金投入，是生产经营单位的生产经营活动安全进行、防止和减少生产安全事故的重要前提和物质保障。生产经营单位从事生产经营活动要具备安全生产条件，必须有一定的资金保证，用于安全设施的建设、安全设备的购置、为从业人员配备劳动防护用品、对安全设备进行检测维护等。因此，《安全生产法》第23条规定："生产经营单位应当具备的安全生产条件所必需的资金投入，由生产经营单位的决策机构、主要负责人或者个人经营的投资人予以保证，并对由于安全生产所必需的资金投入不足导致的后果承担责任。"

（1）资金投入的最低要求

《安全生产法》第20条规定："生产经营单位应当具备本法和有关法律、行政法规和国家标准或者行业标准所规定的安全生产条件。"

（2）资金保证义务的承担主体

承担主体即生产经营单位的决策机构、主要负责人或者个人经营的投资人。例如，对于实行公司制的生产经营单位，就要由其决策机构如股东会、董事会，保证其安全生产的资金投入；个人经营的生产经营单位，如私营企业、合伙企业和个体户等，就要由投资人保证安全生产的资金投入。

（3）安全生产资金投入的保证主体与法律责任之间的关系

因安全生产所必需的资金投入不足导致生产安全事故发生，造成人员伤亡和财产损失的，生产经营单位的决策机构、主要负责人或者个人经营的投资人应当对后果负责，即承担相应的法律责任，包括民事赔偿责任、行政责任以及刑事责任。

同时，《安全生产法》第 23 条第 2 款规定："有关生产经营单位应当按照规定提取和使用安全生产费用，专门用于改善安全生产条件。"安全生产费用是指企业按照规定标准提取在成本中列支，专门用于完善和改进企业或者项目安全生产条件的资金。安全生产费用提取、使用和监督管理的具体办法由国务院财政部门会同国务院应急管理部门征求国务院有关部门意见后制定。《企业安全生产费用提取和使用管理办法》规定，从事煤炭生产、非煤矿山开采、石油天然气开采、建设工程施工、危险品生产与储存、交通运输、烟花爆竹生产、民用爆炸物品生产、冶金、机械制造、武器装备研制生产与试验（含民用航空及核燃料）、电力生产与供应的企业以及其他经济组织必须按照规定的标准提取安全生产费用，并专项用于规定的范围。

示例 2015 年 8 月 28 日 10 时 24 分，万顺物流公司雇用的驾驶员师某某驾驶该公司重型半挂车沿沈海高速由西向东行驶至陆丰市龙山路段，未与前车保持足以采取紧急制动措施的安全距离，致车头碰撞前方因车辆故障慢行的大货车尾部左侧，碰撞后未按照操作规范安全驾驶再碰撞中央护栏，冲过西行车道，与大客车迎头碰撞，造成三车不同程度损坏、5 人死亡、8 人受伤的道路交通事故，师某某承担这宗道路交通事故的主要责任。事故发生后，汕尾市人民政府成立了沈海高速陆丰龙山路段"8·28"道路交通事故调查组，经开展事故调查，认定该宗道路交通事故是一起生产安全责任事故，万顺物流公司未履行安全生产主体责任，建议由汕尾市安全生产监督管理局（以下简称安监局）对其实施行政处罚。汕尾市安监局于 2016 年 1 月 27 日对万顺物流公司进行立案调查，经调查认为万顺物流公司作为事故车辆车属单位，未按规定对驾驶员进行安全生产教育和培训，未建立健全安全生产责任制，未制定生产安全事故应急救援预案，未建立隐患排查制度，未提取和使用安全生产费用，对车辆检查、隐患治理建档不规范，消除隐患不到位，未按规定组织事故应急救援演练，且没有严格要求驾驶员遵守安全生产管理制度和操作规程，车辆违规超载，同时作为事故的责任单位，未履行安全生产管理职责，导致发生生产安全事故，其行为违反了《安全生产法》的规定。

2016年4月7日，汕尾市安监局对万顺物流公司作出《行政处罚决定书》。❶

【解析】根据《安全生产法》第23条规定："生产经营单位应当具备的安全生产条件所必需的资金投入，由生产经营单位的决策机构、主要负责人或者个人经营的投资人予以保证，并对由于安全生产所必需的资金投入不足导致的后果承担责任。有关生产经营单位应当按照规定提取和使用安全生产费用，专门用于改善安全生产条件。"万顺物流公司作为从事货物运输的生产经营单位，其所属车辆在运输途中发生事故，经事故发生地人民政府成立事故调查组调查，万顺物流公司对其车辆违规超载，驾驶员未按照操作规范安全驾驶，未提取和使用安全生产费用，造成事故的发生，负有安全生产管理责任，认定本次事故属于生产安全责任事故。汕尾市安监局依照《安全生产法》的有关规定对万顺物流公司作出行政处罚，有事实依据和法律依据。

23. 哪些生产经营单位应当设置安全生产管理机构或者配备安全生产管理人员？

【答案】"安全生产管理机构"是指生产经营单位内部设立的专门负责安全生产管理事务的独立的部门。"安全生产管理人员"是指在生产经营单位中专门负责安全生产管理工作的人员。对于从事一些危险性较大的行业的生产经营单位或者是从业人员较多的生产经营单位，应当有专门的人员从事安全生产管理工作，对生产经营单位的安全生产工作进行经常性检查，及时督促处理检查中发现的安全生产问题，及时督促排除生产事故隐患。

《安全生产法》第24条第1款规定："矿山、金属冶炼、建筑施工、运输单位和危险物品的生产、经营、储存、装卸单位，应当设置安全生产管理机构或者配备专职安全生产管理人员。"

根据《安全生产法》第24条第2款的规定，除矿山、金属冶炼、建筑施工、运输单位和危险物品的生产经营、储存、装卸单位外，其他生产经营单位，从业人员在100人以上的，应当设置安全生产管理机构或者配备专职安

---

❶ 广东省汕尾市中级人民法院（2017）粤15行终31号行政判决书。

全生产管理人员；从业人员在 100 人以下的，应当配备专职或者兼职的安全生产管理人员。从业人员超过 100 人的生产经营单位是规模比较大的生产经营单位，大多是人员密集的作业场所，如服装加工企业、人工装配、包装等场所。因此，必须在单位内成立专门从事安全生产管理工作的机构或者配备专职的人员从事安全生产管理工作。

【示例】 2017 年 1 月 18 日，彭某胜代表千正建设公司与双路镇政府签订了新修水池建设合同。2017 年 7 月 6 日 7 时许，受彭某胜的邀请，杜某军派遣其吊车驾驶员向某军到饮水池施工现场实施吊运混凝土作业。同时，彭某胜安排秦某华负责水泥罐车操作料斗接砼料。当日约 9 时许，向某军在进行吊运混凝土作业中，吊车将料斗放回到水泥罐车时，秦某华去扶料斗，同时踩到铁铲上，铁铲、料斗、吊车和秦某华没有接触地面的脚均冒出火花，秦某华随即倒地失去知觉。后经抢救无效死亡。经重庆市丰都县公安局物证鉴定室鉴定，秦某华系被电击造成的死亡。❶

【解析】 根据《安全生产法》第 24 条第 1 款："矿山、金属冶炼、建筑施工、运输单位和危险物品的生产、经营、储存、装卸单位，应当设置安全生产管理机构或者配备专职安全生产管理人员。"第 27 条第 1 款："生产经营单位的主要负责人和安全生产管理人员必须具备与本单位所从事的生产经营活动相应的安全生产知识和管理能力。"本案中，彭某胜违反上述规定，在生产经营活动中，吊运现场安全管理缺失，导致发生触电致 1 人死亡的生产安全事故，依法应当受到处罚。

24. 生产经营单位的安全生产管理机构以及安全生产管理人员应当履行哪些职责？

【答】 生产经营单位的安全生产管理机构以及人员履行下列职责：

第一，组织或者参与拟订本单位的安全生产规章制度、操作规程和生产安全事故应急救援预案。作为本单位具体负责安全生产管理事务的部门，安全生产管理机构以及人员，有义务负责组织或者参与拟订本单位安全生产规

---

❶ 重庆市涪陵区人民法院（2018）渝 0102 行初 215 号行政判决书。

章制度和操作规程、生产安全事故应急救援预案,以确保相关制度、规程和预案符合本单位安全生产的实际。

第二,组织或者参与本单位的安全生产教育和培训,如实记录安全生产教育和培训情况。安全生产管理机构负责组织拟订本单位的安全生产教育和培训计划,同时还应当详细记录本单位的安全生产教育和培训情况,及时掌握安全生产教育和培训计划的实施进展动向。

第三,组织开展危险源辨识和评估,督促落实本单位重大危险源的安全管理措施。安全生产管理机构以及人员应充分利用自身专业知识和技能,做好本单位生产经营活动中危险源的发现、辨别和评估工作。

第四,组织或者参与本单位的应急救援演练。安全生产管理机构应当积极组织本单位的应急演练,制定详细的工作方案,确保应急演练取得效果。对于有关主管部门组织的区域应急演练,其中要求本单位参加的应急演练活动,安全生产管理机构都应当积极参与,并积极配合做好相关工作。

第五,检查本单位的安全生产状况,及时排查生产安全事故隐患,提出改进安全生产管理的建议。安全生产管理机构以及人员应当根据本单位生产经营特点、危害因素等情况,制订检查工作计划,明确检查对象和频次,有步骤地检查本单位的每个作业场所、设备设施。在排查生产安全事故隐患的过程中,发现存在问题,上述机构和人员有责任及时提出改进的建议。

第六,制止和纠正违章指挥、强令冒险作业、违反操作规程的行为。安全生产管理机构以及人员对检查中发现的违章指挥、强令冒险作业、违反操作规程的行为,应当立即制止和纠正。

第七,督促落实本单位的安全生产整改措施。为了保证安全生产整改措施及时得到落实,安全生产管理机构以及人员应当加强对有关业务主管部门的监督;对不按照规定落实安全生产整改措施的应当及时向本单位主要负责人报告。

第八,生产经营单位可以设置专职安全生产分管负责人,协助本单位主要负责人履行安全生产管理职责。例如,生产经营单位可以设置安全总监等岗位,协助本单位主要负责人履行安全生产管理职责。

示例 2017年5月26日,渝东建司与养鹿镇政府签订"养鹿镇2016

年大中型水库移民后扶工程"的施工合同,后将工程交由公司项目负责人汪某伦组织工程建设。渝东建司在施工过程中,没有安排专职或兼职安全管理人员实施现场管理。2017年12月13日,铲车驾驶员曾某琼在作业过程中发生铲车侧翻事故,在该事故中死亡。事故发生后,云阳县政府成立事故调查组,认定事故的直接原因是施工单位使用的铲车驻车制动不良,后轴制动效能不良。同年5月10日,云阳县安监局认定渝东建司在养鹿镇宝寨村水池田间耕作便道工程施工中,没有安排专职或兼职安全管理人员实施现场管理,致使工地使用临时租用的铲车没有进行检查、维护、保养,带病运行,违章冒险作业,从业人员在作业过程中发生一起铲车侧翻事故,造成一人死亡的安全生产责任事故。根据《安全生产法》,法院决定给予渝东建司罚款30万元人民币的行政处罚。❶

【解析】关于渝东建司对本次事故的责任承担问题。在施工过程中,渝东建司及其项目负责人没有安排专职或兼职的安全管理人员现场管理,其委托现场管理的人员长期不在岗,并且对负责人经常不在岗的行为没有督促整改,致使施工现场违章冒险作业行为无人制止;对工地临时租用的铲车等机械设备没有进行保养、检查、维护,未及时排查生产安全事故隐患,让驻车制动不良、后轴制动效能不良的铲车带病运行;未对从业人员进行安全教育,未制止铲车驾驶员曾某琼违章冒险作业,生产经营单位安全管理不到位,造成本次生产安全责任事故。

根据《安全生产法》第24条第1款的规定,矿山、金属冶炼、建筑施工、运输单位和危险物品的生产、经营、储存、装卸单位,应当设置安全生产管理机构或者配备专职安全生产管理人员。根据《安全生产法》第25条的规定:"生产经营单位的安全生产管理机构以及安全生产管理人员履行下列职责:……检查本单位的安全生产状况,及时排查生产安全事故隐患,提出改进安全生产管理的建议;制止和纠正违章指挥、强令冒险作业、违反操作规程的行为;督促落实本单位安全生产整改措施。"本案中,渝东建司的行为违反了上述规定,是造成事故的主要原因,应承担本次事故的主要责任。虽然铲车车主对铲车的安全生产具有

---

❶ 重庆市第二中级人民法院(2019)渝02行终86号行政判决书。

管理责任，但事发期间，铲车并未在车主的可控范围内，而是受聘于渝东建司承包的工程施工项目中，此时铲车的安全监管责任应由铲车的实际使用方承担。

25. 哪些单位安全生产管理人员的任免应当告知主管的负有安全生产监督管理职责的部门？

答案 为了加强危险物品生产、储存以及矿山、金属冶炼单位安全管理，及时了解、掌握安全生产管理人员的配备及调整情况，《安全生产法》第26条规定："危险物品的生产、储存单位以及矿山、金属冶炼单位的安全生产管理人员的任免，应当告知主管的负有安全生产监督管理职责的部门。"这里讲的"告知"，是一种告知性备案，仅是向主管的负有安全生产监督管理职责的部门告知，不是审批。这样规定有利于加强生产经营单位和有关主管部门就安全生产工作方面的沟通。危险物品生产、储存以及矿山、金属冶炼单位有权任免安全生产管理人员，这是一项生产经营自主权利，主管的负有安全生产监督管理职责的部门不得干涉，更不能打击报复。

26. 生产经营单位的主要负责人和安全生产管理人员应当具备什么样的安全生产知识和能力？

答案 生产经营单位的主要负责人对本单位的安全生产工作负责，组织、领导本单位的安全生产管理工作，并承担保证安全生产的责任。生产经营单位的安全生产管理人员是本单位直接、具体承担本单位日常的安全生产管理工作的人员。这就要求生产经营单位的主要负责人和安全生产管理人员必须具备与本单位所从事的生产经营活动相应的安全生产知识和管理能力，一般来说，应当具备下列条件：

第一，熟悉并能认真贯彻国家有关安全生产的法律法规和方针政策，以及与本单位有关的安全生产规章制度、操作规程及相关的安全标准。

第二，掌握安全分析、安全决策及事故预测和防护知识，具有审查安全建设规划、计划、大中修施工方案的安全决策知识。

第三,具有一定文化程度,受过一定的安全技术培训,具有从事本行业的经验,熟悉和掌握对本单位所从事的生产经营活动必需的安全知识,并能够熟练地在安全生产管理工作中运用。

第四,具有一定组织管理能力,能够较好地组织和领导安全生产工作,具有较好的现场安全生产管理能力。

此外,由于危险物品的生产、经营、储存、装卸单位以及矿山、建筑施工、金属冶炼、运输单位专业性强、危险性大,属于事故多发的领域,因此对这类生产经营单位的主要负责人和安全生产管理人员,应当有更加严格的要求。根据《安全生产法》第 27 条第 2 款的规定,危险物品的生产、经营、储存、装卸单位以及矿山、建筑施工、金属冶炼、运输单位的主要负责人和安全生产管理人员,应当由主管的负有安全生产监督管理职责的部门对其安全生产知识和管理能力考核合格,考核不得收费。负有安全生产监督管理职责的部门发现这类单位的主要负责人和安全生产管理人员未按照规定考核合格的,将依法给予生产经营单位处罚。

危险物品的生产、储存、装卸单位以及矿山、金属冶炼单位应当有注册安全工程师从事安全生产管理工作。鼓励其他生产经营单位聘用注册安全工程师从事安全生产管理工作。注册安全工程师,是指经全国统一考试合格,取得中华人民共和国注册安全工程师执业资格证书和执业证,在生产经营单位从事安全生产管理技术工作或者在安全生产中介机构从事有关安全生产技术服务的人员。《注册安全工程师分类管理办法》规定,人力资源社会保障部、原国家安全生产监督管理总局负责注册安全工程师职业资格制度的制定、指导、监督和检查实施,统筹规划注册安全工程师专业分类。

示例 2018 年 5 月底,刘某祥作为刘师傅汽配修理店的负责人,在未办理工商注册变更登记、未按要求进行机动车维修经营备案、未组织制定安全生产规章制度和操作规程的情况下开始营业,且从业人员陈某茂没有经过安全生产教育和培训。2018 年 10 月 19 日 13 时,潘某祥驾驶东风大力神重型自卸货车至刘师傅汽配修理店更换变速箱气管时,刘某祥指派没有经过安全生产教育和培训的修理工陈某茂更换。陈某茂在更换气管过程中被落下的翻斗货箱挤伤后,经送医院抢救无效死亡。事故发生后,金川区人民政府成立事故调查组，对此次事故进行调查，认定该事故是一起生产安全责任事故。修理工陈某茂在进行维修作业时，未采取有效的安全防护措施，升起的翻斗货箱落下后压到陈某茂的盆骨和左大腿，造成失血性休克死亡是事故发生的直接原因。❶

【解析】《安全生产法》第27条第1款规定："生产经营单位的主要负责人和安全生产管理人员必须具备与本单位所从事的生产经营活动相应的安全生产知识和管理能力。"第28条第1款规定："生产经营单位应当对从业人员进行安全生产教育和培训，保证从业人员具备必要的安全生产知识，熟悉有关的安全生产规章制度和安全操作规程，掌握本岗位的安全操作技能，了解事故应急处理措施，知悉自身在安全生产方面的权利和义务。未经安全生产教育和培训合格的从业人员，不得上岗作业。"本案中，刘某祥作为刘师傅汽配修理店负责人，其行为违反了上述规定，未办理工商注册登记，未进行机动车维修经营备案，未建立和落实生产安全事故隐患排查治理制度，未制订汽修作业安全操作规程，未按要求对雇用的维修作业人员进行安全生产教育培训，维修作业现场无安全监护人员，对修理工陈某茂的违规作业行为未及时制止。其一系列经营行为违法，安全管理不到位，对事故的发生负有主要责任。

27. 生产经营单位负有什么样的安全生产教育培训义务？

【答】 安全生产教育和培训是安全生产管理的一项基础性工作。生产经营单位应当按照本单位安全生产教育和培训计划的总体要求，结合各个工作岗位的特点，科学、合理地安排教育和培训工作，采取多种形式开展教育和培训，包括组织专门的安全教育培训班、作业现场模拟操作培训、召开事故现场分析会等。通过安全生产教育和培训，生产经营单位要保证从业人员具备从事本职工作所应当具备的安全生产知识，熟悉并严格执行安全生产规章制度和安全操作规程，认识生产中的危险因素和掌握生产安全事故的发生规律，了解事故应急处理措施，并正确运用科学技术知识加强治理和预防，

---

❶ 甘肃省兰州市中级人民法院（2019）甘01行初18号行政判决书。

知悉自身在安全生产方面的权利和义务。对于没有经过安全生产教育和培训，包括培训不合格的从业人员，生产经营单位不得安排其上岗作业。

对于被派遣劳动者的教育和培训，生产经营单位应当将其纳入本单位从业人员统一管理，对被派遣劳动者进行岗位安全操作规程和安全操作技能的教育和培训。统一管理，是指生产经营单位将被派遣者与本单位的从业人员一样对待和管理，统一纳入安全生产教育和培训计划。生产经营单位应当统一组织包括对被派遣劳动者的安全生产教育和培训，保证相同岗位、相同人员（被派遣劳动者和从业人员）达到同等的水平。劳务派遣单位作为被派遣劳动者的管理单位，应当组织本单位的有关人员，或者聘请本单位以外的有关人员对被派遣劳动者进行必要的安全生产教育和培训。

对于中等职业学校、高等学校实习学生的安全生产教育和培训，生产经营单位接收实习学生实习的，应当根据本单位生产经营特点、危险性状况，对其进行相应的安全生产教育和培训，并提供必要的劳动防护用品。学校作为实习学生的管理方，应当协助和配合生产经营单位对实习学生进行安全生产教育和培训。

此外，安全生产教育和培训档案，不仅是了解从业人员是否掌握足够安全生产知识的重要参考，也是生产安全事故发生后追究相关人员责任的重要依据。生产经营单位应当指定专人负责本单位的安全生产教育和培训档案，详细记录每位从业人员参加安全生产教育培训的时间、内容、考核结果等情况。

示例 2014年5月8日，荔湾区综合执法局进行现场检查时发现艾美宾馆存在安全生产问题，遂作出责令改正指令书，责令艾美宾馆于2014年5月19日前将存在的问题整改完毕。2014年5月28日，荔湾区综合执法局对艾美宾馆的整改情况进行复查，并作出整改复查意见书，意见为未见安全生产管理制度，未对从业人员进行安全生产教育培训并建立安全生产教育培训档案，上述两项未按期整改。2014年5月31日，艾美宾馆到荔湾区综合执法局接受询问调查，说明其已于2014年5月15日建立了《广州市荔湾区艾美宾馆生产管理制度》，并于2014年5月8日、18日、28日对宾馆全体人员进行了消防安全人员培训，但未建立安全生产教育培训档案。同日，艾美宾馆向荔湾区综合执法局提交了 2014 年 5 月 8 日、18 日、28 日的《消防安全人员培训会议记录》以及《广州市荔湾区艾美宾馆生产管理制度》。2014 年 9 月 25 日，荔湾区综合执法局告知艾美宾馆未建立从业人员安全生产教育和培训档案从事生产经营的行为违反规定，拟作出罚款的行政处罚。2014 年 10 月 10 日，荔湾区综合执法局作出行政处罚决定，认为艾美宾馆未建立从业人员安全生产教育和培训档案从事生产经营，依据《广州市安全生产条例》第 60 条第 1 款，对其作出罚款 16000 元的行政处罚。艾美宾馆不服，提起行政复议。2014 年 12 月 15 日，广州市荔湾区人民政府作出行政复议决定，维持上述行政处罚决定。❶

【解析】《广州市安全生产条例》第 23 条规定："生产经营单位应当按照下列要求对从业人员进行安全生产教育和培训：……（五）建立从业人员安全生产教育和培训档案，记录从业人员安全生产教育和培训经历。"第 60 条第 1 款规定："生产经营单位违反本条例第二十三条第一款第五项、第六项规定，未建立从业人员安全生产教育和培训档案或者未承担安全生产教育和培训费用的，责令限期改正；逾期未改正的，处以五千元以上二万元以下的罚款。"荔湾区综合执法局经检查发现艾美宾馆未建立从业人员安全生产教育和培训档案，责令限期改正，但艾美宾馆逾期未改正，荔湾区综合执法局据此作出罚款 16000 元的行政处罚决定认定事实清楚、适用法律正确，程序合法。关于艾美宾馆认为其提交的《消防安全人员培训会议记录》内容实质就是安全培训档案的主张，建立档案应反映每一位从业人员进行安全生产教育和培训的时间、内容和考核结果等情况，而艾美宾馆提交的会议记录不能反映上述情况，因此艾美宾馆主张其已建立从业人员安全培训档案的理由不能成立。关于艾美宾馆认为荔湾区综合执法局未尽指导其建立档案义务的主张，荔湾区综合执法局作出的《整改复查意见书》已明确指出艾美宾馆在安全生产方面整改后仍存在"未对从业人员进行安全生产教育培训，并建立安全生产教育和培训档案"的问题，档案与会议记录存在明显差异，且安全生产培训也不应仅限于消防安全方面的教育培训，因此该项主张不能成立。

---

❶ 广东省广州市中级人民法院（2015）穗中法行终字第 1360 号行政判决书。

28. 生产经营单位采用新工艺、新技术、新材料、新设备有什么要求？

答 根据《安全生产法》第 29 条的规定，生产经营单位采用新工艺、新技术、新材料或者使用新设备，应当做到以下两点：

（1）必须了解、掌握其安全技术特性，并采取有效的安全防护措施

对采用的新工艺、新技术的原理、操作规程有清楚的把握，了解使用的新材料或者新设备的构成、性质，对生产过程中可能产生的危险因素的性质、可能产生的危害后果、如何预防这种危险因素造成事故的措施以及万一发生事故如何妥善处理等事项，都要了解和掌握。只有这样，生产经营单位才能有针对性地采取必要的预防措施，防止生产安全事故的发生。

（2）对从业人员进行专门的安全生产教育和培训

生产经营单位采用新工艺、新技术、新材料或者使用新设备后，应当对相关的从业人员进行专门的安全生产教育和培训，使其掌握相关的安全规章制度和安全操作规程，具备必要的安全生产知识和安全操作技能。有关部门规章也对此作了规定，例如《生产经营单位安全培训规定》第 17 条第 2 款规定，生产经营单位采用新工艺、新技术、新材料或者使用新设备时，应当对有关从业人员重新进行有针对性的安全培训。生产经营单位违反本条规定，采用新工艺、新技术、新材料或者使用新设备而未对从业人员进行专门的安全生产教育和培训的，将承担相应的法律责任。

示例 2019 年 3 月 4 日，兴宁市教育局妇女委员会主任黄某平电话联系行者公司（实际负责人为陈某宇），称计划在妇女节组织女职工开展户外活动，请行者公司设计一个活动方案。之后，陈某宇将此次户外活动转派给瀚博公司具体实施，并安排梅州市中国旅行社有限公司客都新村营业部为 27 名参加活动的人员向天安财产保险股份有限公司购买了"旅游者人身意外伤害保险"。3 月 12 日 9 时 30 分左右，瀚博公司负责人陈某宇接待黄某平等人并将其带到瀚博公司承租经营的户外拓展营地。3 月 12 日下午，陈某宇告知活动人员可以玩沙滩摩托车，并帮活动人员打火起动沙滩摩托车。15 时左右，参加活动的黄某驾驶沙滩摩托车在黄塘水库方向的道路行驶时不慎冲入路边鱼塘，在场人员赶紧救援。在休息区的李某伦教练听到呼救后迅速赶到事发

地点并跳进水库救人，稍后，陈某宇亦赶到现场下水救人，直到 17 时 30 分左右黄某、李某伦先后被打捞上来，但 2 人均已无生命体征，随后尸体被送往殡仪馆。

接到事故报告后，梅县区应急管理局成立事故调查组进行调查处理，于 4 月 4 日出具了《梅州瀚博教育咨询有限公司"3.12"淹溺死亡事故调查报告》。该调查报告认定事故的性质为一般生产安全责任事故。事故的责任及处理建议：瀚博公司不具备安全生产条件，安全生产主体责任落实不到位，公司经营户外拓展活动项目未向有关部门报备，未按法律相关规定对公司主要负责人及安全管理人员开展安全生产教育培训工作，未建立安全生产相关规章制度及应急管理预案；事发现场缺乏安全防护措施，未向游客说明安全注意事项，未对游客开展户外活动进行有效的现场安全监管工作，任由游客驾驶非活动策划方案规定项目内的沙滩摩托车进入危险区域；未对员工开展安全生产教育和培训，造成员工缺乏应急处置常识，对事故发生负有管理责任。建议按《安全生产法》规定，对瀚博公司依法作出行政处罚。行者公司将此次户外活动转派给不具备安全生产条件的瀚博公司具体实施，对本次生产安全事故负有责任。陈某宇是行者公司的投资人、瀚博公司的主要负责人，未依法履行安全生产工作职责，未组织并实施本单位安全生产教育培训计划等；其本人未按法律法规规定接受安全培训，不具备与本单位所从事的生产经营活动相应的安全生产知识和管理能力；事发现场缺乏安全防护措施，未对游客开展户外活动进行有效的现场安全监管工作，亲自帮活动人员把现场的沙滩摩托车启动打火，但未对活动人员说明相关注意事项，任由游客驾驶非活动策划方案规定项目内的沙滩摩托车进入危险区域，未对员工开展安全生产教育培训，员工缺乏应急处置常识，对事故发生负有管理责任。建议按《安全生产法》规定，对陈某宇依法作出行政处罚。❶

【解析】《安全生产法》第 21 条规定："生产经营单位的主要负责人对本单位安全生产工作负有下列职责：……（三）组织制定并实施本单位安全生产教育和培训计划；（四）保证本单位安全生产投入的有效实施；（五）组织建立并落实安全风险分级管控和隐患排查治理双重预防工

---

❶ 广东省高级人民法院（2020）粤行终 308 号行政判决书。

作机制，督促、检查本单位的安全生产工作，及时消除生产安全事故隐患；（六）组织制定并实施本单位的生产安全事故应急救援预案；……"第29条规定："生产经营单位采用新工艺、新技术、新材料或者使用新设备，必须了解、掌握其安全技术特性，采取有效的安全防护措施，并对从业人员进行专门的安全生产教育和培训。"第49条第1款规定："生产经营单位不得将生产经营项目、场所、设备发包或者出租给不具备安全生产条件或者相应资质的单位或者个人。"本案中，涉案户外拓展活动由行者公司承接、策划，转派给瀚博公司具体组织实施，在瀚博公司的经营场所范围内组织开展。瀚博公司在组织实施涉案户外拓展活动的过程中，发生了参加活动人员黄某和瀚博公司户外拓展营地教练李某伦两人溺亡的事故，属于《生产安全事故报告和调查处理条例》规定的生产安全一般事故。瀚博公司超出经营范围组织实施户外拓展活动，未按法律规定严格履行安全责任义务及安全责任措施，任由参加活动人员驾驶非活动策划方案规定项目内的沙滩摩托车进入危险区域，对事故发生负管理责任；行者公司将涉案户外拓展活动转派给不具备安全生产条件的瀚博公司具体实施，对事故发生亦负有责任；陈某宇作为行者公司的投资人、瀚博公司的主要负责人，未依法履行安全生产工作职责，其本人也未按照法律规定接受安全培训，不具备与本单位所从事的生产经营活动相应的安全生产知识和管理能力，其在事发现场缺乏安全防护措施的情况下，指引参加活动人员骑行公司尚未开放且在活动策划方案之外的沙滩摩托车，未尽到有效的安全监管义务，对事故发生负有管理责任。

29. 对特种作业人员进行安全作业培训的要求是什么？

答 特种作业，是指容易发生事故，对操作者本人、他人的安全健康及设备、设施的安全可能造成重大危害的作业。特种作业的范围由特种作业目录规定。根据现行特种作业目录，特种作业包括电工作业、焊接与热切割作业、高处作业、制冷与空调作业、煤矿安全作业、金属非金属矿山安全作业、石油天然气安全作业等。直接从事特种作业的从业人员，就是特种作业人员。特种作业人员所从事的工作，在安全程度上与其他工作有较大差别。

特种作业人员在工作中接触的危险因素较多，危险性较大，很容易发生生产安全事故。

根据《安全生产法》第30条的规定，生产经营单位的特种作业人员必须按照国家有关规定经专门的安全作业培训，取得相应资格，方可上岗作业。此外，《特种作业人员安全技术培训考核管理规定》第5条也规定，特种作业人员必须经专门的安全技术培训并考核合格，取得《中华人民共和国特种作业操作证》后，方可上岗作业。没有取得特种作业相应资格的，不得上岗从事特种作业。特种作业人员未按照规定经专门的安全作业培训并取得相应资格就上岗作业的，其所在的生产经营单位将根据规定承担相应的法律责任。

特种作业人员的范围由国务院应急管理部门会同国务院有关部门确定。有关部门应当相互协作，科学、合理、及时确定特种作业人员范围，满足实际工作需要。

【示例】2014年12月，广州铁路集团公司会同车站因货场改造，通知葛洲坝石门特种水泥有限公司（以下简称水泥公司），要求派人前来拆除其设在火车站货场的水泥中转站。2015年9月21日，水泥公司委派员工伍某恒到会同火车站办理水泥中转站的拆除业务，当天下午伍某恒以公司名义与彭某春签订了《购买协议》，彭某春出资收购水泥中转站的水泥罐及其附属设备（机电设备除外）。2015年9月23日9时，彭某春安排田某林、彭某清到会同火车站货场拆除中转站水泥罐及附属设备，伍某恒离开现场外出联系运输机电设备的车辆。16时，田某林、彭某清从水泥罐作业下来，彭某春安排田某林、彭某清去拆除变压器，田某林未采取安全防范措施爬上电杆，用扳手去拧跌落保险上桩头螺帽时触电坠落。田某林被电击伤后，在怀化市第一人民医院住院4个多月，花住院费64632.34元，右手拇指、食指、中指截指术后缺失，经鉴定已构成六级伤残。❶

【解析】《安全生产法》第30条第1款规定："生产经营单位的特种作业人员必须按照国家有关规定经专门的安全作业培训，取得相应资格，方可上岗作业。"第49条第1款规定："生产经营单位不得将生产经营项

---

❶ 湖南省怀化市中级人民法院（2018）湘12行终39号行政判决书。

目、场所、设备发包或者出租给不具备安全生产条件或者相应资质的单位或者个人。"《建设工程安全生产管理条例》第 11 条第 1 款规定，"建设单位应当将拆除工程发包给具有相应资质等级的施工单位"。同时，《关于特种作业人员安全技术培训考核工作的意见》中明确规定，特种作业及人员范围包括：电工作业；金属焊接、切割作业；起重机械（含电梯）作业；企业内机动车辆驾驶；登高架设作业等。同时，还规定了特种作业人员必须具备以下基本条件：年龄满 18 周岁；身体健康，无妨碍从事相应工种作业的疾病和生理缺陷；初中（含初中）以上文化程度，具备相应工种的安全技术知识，参加国家规定的安全技术理论和实际操作考核并成绩合格；等等。

本案中，伤者田某林无论是电工作业还是登高架设作业，都未具备特种作业人员基本条件，也没有特种作业操作证；上诉人葛洲坝石门特种水泥有限公司作为会同县火车站货场水泥中转站中的水泥罐和变压器的所有权单位，将拆除水泥罐和变压器的工作发包给并无特种作业经营资质的彭某春个人，彭某春个人并不具备涉案拆除工程的企业资质。

30. 什么是建设项目安全设施的"三同时"制度？如何落实这一制度？

答案 为确保生产经营单位建设项目安全设施的建设，《安全生产法》第 31 条对"三同时"制度作出了规定，是指生产经营单位的建设项目的安全设施，必须与主体工程同时设计、同时施工、同时投入生产和使用。建设项目安全设施，是指生产经营单位在生产经营活动中用于预防生产安全事故的设备、设施、装置、构（建）筑物和其他技术措施的总称。生产经营单位是建设项目安全设施建设的责任主体。"三同时"制度是我国安全生产实践中长期坚持的一项制度，有关法律也对该制度进行了规定，如《中华人民共和国矿山安全法》第 7 条规定："矿山建设工程的安全设施必须和主体工程同时设计、同时施工、同时投入生产和使用。"

生产经营单位建设项目的安全设施落实"三同时"制度，应当符合以下要求：

第一，建设项目的设计单位在编制投资计划文件时，应同时按照有关法律法规、国家标准或者行业标准以及设计规范，编制安全设施的设计文件。

第二，生产经营单位在编制建设项目投资计划和财务计划时，应将安全设施所需投资一并纳入计划，同时编报。

第三，对于按照有关规定项目设计需报经主管部门批准的建设项目，报批时应当同时报送安全设施设计文件；按照规定，安全设施设计需报主管的负有安全生产监督管理职责的部门审批的，应报有关部门批准。

第四，生产经营单位应当要求具体从事建设项目施工的单位严格按照安全设施的施工图纸和设计要求施工。安全设施与主体工程应同时进行施工，安全设施的施工不得偷工减料，降低建设质量。

第五，在生产设备调试阶段，应同时对安全设施进行调试和考核，并对其效果进行评价。

第六，建设项目验收时，应同时对安全设施进行验收。

第七，安全设施应当与主体工程同时投入生产和使用，不得只将主体工程投入使用，而将安全设施摆样子，不予使用。

示例 2018年1月25日，盈江县教育体育局通过招标的方式与元联公司就盈江县义务教育均衡发展小学阶段基础设施项目签署了《建设工程施工合同》。后因盈江县教育体育局资金不能按时到位，2018年7月10日盏西镇中心小学在建综合楼项目停工，施工人员撤离现场。2018年12月5日，元联公司派人员拆除在建综合楼外的脚手架，造成在建综合楼背面围挡不封闭。2019年3月18日，脚手架及木板被搬离施工场地，亦是元联公司及监理人员最终撤离之日，当日监理公司向元联公司送达了书面整改通知，并将情况反馈给了盈江县教育体育局，但元联公司未进行整改，亦未再派人看管在建综合楼，致使在建综合楼背面无任何围挡、综合楼施工预留洞口未进行封堵的安全隐患始终没有解决。2019年3月28日，盏西镇中心小学工作人员对邻近学校的围挡设施进行了修缮。

在建综合楼无人看管，背面无围挡护栏的情况一直持续。自元联公司撤离后，该在建综合楼内便形成了一条从背面通往学校的稳定通道，且在综合楼背面尚有农户种植庄稼及车辆停放。在综合楼无人看管期间，有部分学生经常通过综合楼施工预留洞口进入地下防震层内设置的积水坑内玩耍。2020

年3月5日下午，任某无故失踪，经村社发动群众多方寻找，2020年3月13日9时左右，村民在盏西镇中心小学在建综合楼地下防震层内的积水坑内发现了死者任某的尸体，随即报警，经民警对现场进行勘查，并对死者任某的尸表进行了鉴定，排除了机械性、暴力性致死的可能，未进行立案侦查。❶死者任某为智力三级残疾，属建档立卡户，父母已故，生活基本能够自理，能与他人交往，平时喜好喝酒。

【解析】根据《安全生产法》第31条规定："生产经营单位新建、改建、扩建工程项目（以下统称建设项目）的安全设施，必须与主体工程同时设计、同时施工、同时投入生产和使用。安全设施投入应当纳入建设项目概算。"第46条规定："生产经营单位的安全生产管理人员应当根据本单位的生产经营特点，对安全生产状况进行经常性检查；对检查中发现的安全问题，应当立即处理；不能处理的，应当及时报告本单位有关负责人，有关负责人应当及时处理。检查及处理情况应当及时记录在案。生产经营单位的安全生产管理人员在检查中发现重大安全隐患，依照前款规定向本单位有关负责人报告，有关负责人不及时处理的，安全生产管理人员可以向主管的负有安全生产监督管理职责的部门报告，接到报告的部门应当依法及时处理。"因盈江县教育体育局、元联公司至法院判决时一直未解除合同，自2019年2月18日元联公司拆除脚手架暂时停止施工后，因脚手架拆除造成在建综合楼背面失去了现场防护，处于完全开放状态，且施工现场环境复杂，元联公司应考虑到毗邻学校及村舍可能存在的安全隐患，但其不作为给学生及群众留下了存在安全隐患的活动空间，致使部分好奇或不安分的群众能够自行进出地下防震层。另外，脚手架拆除时工程监理单位向元联公司下发了整改通知，但距离事故发生一年多时间里，元联公司不但未整改，甚至未派任何一名工作人员巡查过施工现场，完全放弃了自己应承担的现场防护义务，最终造成任某死亡的后果，元联公司不能因为盈江县教育体育局未按时支付工程款来免除自己应承担的法律责任，元联公司应为其不仅是过错推定而是确已存在的过错承担法律责任。盈江县教育体育局对施工场地存在的

---

❶ 云南省德宏傣族景颇族自治州中级人民法院（2020）云31民终625号民事判决书。

安全隐患是知情的,面对学生及周围群众多重复杂的局面,应尽可能地与元联公司协商隐患排除问题,结合现实存在的问题经常性地巡查、排查,防止安全事故的发生;且元联公司暂时撤离时,盈江县教育体育局对建筑工程负有维护管理的义务,虽元联公司的现场防护缺失为施工现场留下了安全隐患,增加了维护管理的难度,但盏西镇中心小学仅于2019年3月28日对邻近学校部位进行了修缮,对属于建筑工程一部分的地下积水坑未做到全面维护管理,更没有进行封堵,因此,盈江县教育体育局对造成任某的死亡不仅有过错推定责任,而且是明显的过错责任。

31. 哪些建设项目必须进行安全评价?由哪个部门来进行安全评价?

答 安全评价,是指根据建设项目可行性研究阶段报告的内容,运用科学的评价方法,分析和预测该建设项目存在的危险因素的种类和程度,提出合理可行的安全技术和管理对策,作为该建设项目中安全设计和管理的重要依据。安全评价通过分析生产过程中的危险因素、危害后果以及消除和控制的技术措施和方案,分析建设项目安全措施是否符合法律法规、标准设计规范等国家规定,提出评价建议,并要求在安全设计中实施这些措施,从而保证建设项目的安全。

从事矿山、金属冶炼和危险物品生产、储存、装卸等作业活动,危险因素较多、危险性较大,是事故多发的领域,相关行业、领域发生生产安全事故,通常会给本单位从业人员的生命安全及财产造成重大损害,还可能殃及周围群众的生命和财产安全。因此,《安全生产法》第32条规定:"矿山、金属冶炼建设项目和用于生产、储存、装卸危险物品的建设项目,应当按照国家有关规定进行安全评价。"安全评价一般由生产经营单位委托取得相应资质的为安全生产提供技术服务的机构承担。此外,《建设项目安全设施"三同时"监督管理办法》第8条规定,生产经营单位应当委托具有相应资质的安全评价机构,对其建设项目进行安全预评价,并编制安全预评价报告。建设项目安全预评价报告应当符合国家标准或者行业标准的规定。生产、储存危险化学品的建设项目和化工建设项目安全预评价报告除应当符合国家标准或者行业标准的规定外,还应当符合危险化学品建设项目的规定。

32. 如何确定建设项目安全设施设计中的责任？

答案 建设项目安全设施的前期设计是决定整个安全设施质量的基础，直接影响建设项目的生产经营单位的安全生产状况，对相关设施后续能否正常运转使用十分重要。建设项目安全设施的设计质量如何，对于安全设施能否真正"安全"，具有决定性的影响；设计质量如何，又与设计人、设计单位的设计能力和工作态度密切相关。为依法保障安全设施的正常使用，《安全生产法》第33条规定："建设项目安全设施的设计人、设计单位应当对安全设施设计负责。"具体包括下列要求：设计人、设计单位必须按照资质等级承担相应的安全设施设计任务，不得擅自超越资质等级及业务范围承接任务；应当保证安全设施的设计质量；应当严格按照技术标准和合同约定进行设计，加强设计过程的质量控制，保证设计文件符合国家现行的有关法律、法规、工程设计技术标准和合同的规定；对因安全设施设计问题造成的后果负责。对于因安全设施设计给生产经营单位造成损失的，应当承担赔偿责任；造成生产安全事故的，还应承担相应的行政责任；造成严重后果，构成犯罪的，依法承担刑事责任。

矿山、金属冶炼建设项目和用于生产、储存、装卸危险物品的建设项目、同其他建设项目相比具有更大的危险性。这些项目除了依照《安全生产法》第32条的规定进行安全评价外，还需要按照第33条第2款的规定，由有关主管部门对其安全设施的设计进行审查，主要是审查安全评价报告对建设项目提出的安全措施和要求，是否贯彻落实到建设项目安全设施的设计中，安全设施的设计是否符合有关法律、法规、规章、国家标准或者行业标准的规定等。只有符合这些规定，经审查同意的，方可施工。审查部门和负责审查的人员对审查结果负责。例如，《煤矿安全监察条例》第21条规定："煤矿建设工程设计必须符合煤矿安全规程和行业技术规范的要求。煤矿建设工程安全设施设计必须经煤矿安全监察机构审查同意；未经审查同意的，不得施工。煤矿安全监察机构审查煤矿建设工程安全设施设计，应当自收到申请审查的设计资料之日起30日内审查完毕，签署同意或者不同意的意见，并书面答复。"参加矿山、金属冶炼建设项目和用于生产、储存、装卸危险物品的建设项目的安全设施设计审查的有关部门及其负责审查的人员,应当认真履行审查职责,对符合要求的安全设施设计予以批准;对不符合要求的安全设施设计,有权责令有关设计人、设计单位重新设计或进行修改,经重新设计或修改后仍不符合安全要求的,不予批准。

示例 2022年2月21日,黄冈市蕲春县应急管理局执法人员对蕲春县某矿业投资有限责任公司塘湾矿区建筑用白云岩矿进行监督检查时发现,该矿山未经批准擅自在矿界外300米范围内增加建设粗破碎加工区。经查,该公司存在"未按照批准的安全设施设计进行施工"的违法行为。处罚结果:根据《安全生产法》第33条的规定,"建设项目安全设施的设计人、设计单位应当对安全设施设计负责",蕲春县应急管理局责令该公司停止建设,限期改正,并作出处罚款人民币10万元的行政处罚。❶

33. 如何确定矿山、金属冶炼建设项目和用于生产、储存、装卸危险物品的建设项目的安全设施设计施工及验收的责任?

答 矿山、金属冶炼建设项目和用于生产、储存、装卸危险物品的建设项目的施工单位必须按照批准的安全设施设计施工,任何单位和个人不得擅自决定不按照批准的安全设施设计施工或者擅自更改设计文件。凡属安全设施设计内容变更和调整的,都必须编制施工调整方案,报原审批部门批准后方可执行。这是保证建设项目安全设施的质量的基础。建设项目施工过程中,在项目的勘察、设计质量都没有问题的前提下,整个项目的质量状况最终决定于施工质量。根据《安全生产法》第34条的规定,"矿山、金属冶炼建设项目和用于生产、储存、装卸危险物品的建设项目的施工单位必须按照批准的安全设施设计施工,并对安全设施的工程质量负责"。因此,施工单位应当严把施工质量关,做好施工的各项质量控制与管理工作,严格按照批准的设计文件和技术标准进行施工。对于因施工原因造成的质量问题,施工单位承担全部责任。

---

❶ 黄忠. 最高罚款10万元!湖北黄冈通报4起安全生产违法典型案例[EB/OL]. [2022-05-03]. https://www.sohu.com/a/542706688_121284943.

矿山、金属冶炼建设项目和用于生产、储存、装卸危险物品的建设项目的安全设施的验收，是对安全设施质量控制的最后一个重要环节。建设单位应当对建设项目安全设施投入生产和使用后的安全质量和效果负责，保证建设项目的安全进行。因此，《安全生产法》第 34 条规定，"矿山、金属冶炼建设项目和用于生产、储存、装卸危险物品的建设项目竣工投入生产或者使用前，应当由建设单位组织对安全设施进行验收；验收合格后，方可投入生产和使用"。验收的内容，主要是安全设施是否与主体工程同时建成，是否严格按照批准的设施进行施工，工程质量是否符合法律、法规、安全规程和技术标准的要求等。建设单位必须认真负责，严格按照有关规定对其安全设施进行验收。对于未经验收或者经验收但不合格的安全设施，建设单位不得将其投入生产和使用。否则，建设单位将依法承担相应的法律责任。此外，负有安全生产监督管理职责的部门应当加强对建设单位验收活动和验收结果的监督检查。

示例 2018 年 4 月 3 日至 4 月 11 日，阿拉善盟煤炭工业局组织专家会同阿拉善左旗工信局、阿拉善左旗安全生产监督管理局执法大队和四川久恒工程监理公司进行联合专项检查时，发现被执行人内蒙古庆华集团阿拉善百灵煤炭有限责任公司采空区灾害综合治理项目未按照设计施工。2018 年 5 月 21 日，申请执行人阿拉善左旗安全生产监督管理局执法人员在对专家所提发现问题整改情况进行复核时，发现被执行人内蒙古庆华集团阿拉善百灵煤炭有限责任公司采空区灾害综合治理项目仍然存在上述问题，遂于 2018 年 5 月 22 日立案。2018 年 5 月 25 日，申请执行人向被执行人内蒙古庆华集团阿拉善百灵煤炭有限责任公司出具行政处罚告知书，告知拟对被执行人作出罚款 950000 元的行政处罚，同日作出行政处罚听证告知书，告知被执行人在接到告知书之日起 3 日内可提出书面申请，并于当日向被执行人内蒙古庆华集团阿拉善百灵煤炭有限责任公司送达。被执行人逾期未申请听证。申请执行人经集体讨论后，于 2018 年 5 月 28 日作出行政处罚决定书，因被执行人内蒙古庆华集团阿拉善百灵煤炭有限责任公司采空区灾害综合治理项目在施工过程中未按照设计要求进行施工作业，违反《安全生产法》的规定，决定给予

被执行人罚款950000元的行政处罚。❶

【解析】根据《安全生产法》第34条第1款的规定，"矿山、金属冶炼建设项目和用于生产、储存、装卸危险物品的建设项目的施工单位必须按照批准的安全设施设计施工，并对安全设施的工程质量负责"。内蒙古庆华集团阿拉善百灵煤炭有限责任公司采空区灾害综合治理项目在施工过程中未按照设计要求进行施工作业，违反了《安全生产法》的相关规定，阿拉善左旗安全生产监督管理局依据《安全生产法》作出的行政处罚决定书事实清楚，程序合法，适用法律法规正确。行政处罚决定书已发生法律效力，且该行政处罚决定依法具有强制执行效力。

34. 生产经营单位在什么情况下应当设置安全警示标志？

【答案】在生产经营中存在危险因素的地方，设置安全警示标志，是对从业人员知情权的保障，有利于提高从业人员的安全生产意识，防止和减少生产安全事故的发生。根据《安全生产法》第35条的规定："生产经营单位应当在有较大危险因素的生产经营场所和有关设施、设备上，设置明显的安全警示标志。"这里的"危险因素"主要指能对人造成伤亡或者对物造成突发性损害的各种因素。同时，安全警示标志应当设置在作业场所或者有关设施、设备的醒目位置，一目了然，让每一个在该场所从事生产经营活动的从业人员或者该设施、设备的使用者，都能够清楚地看到，不能设置在让从业人员很难找到的地方，这样才能真正起到警示作用。而且警示标识不能模糊不清，必须易于辨识。

关于安全警示标志，一般由安全色、几何图形和图形符号构成，其目的是要引起人们对危险因素的注意，预防生产安全事故的发生。国家颁布了《安全标志及其使用导则》《矿山安全标志》等标准，生产经营单位应当按照这些规定设置安全警示标志。

---

❶ 内蒙古自治区阿拉善左旗人民法院（2019）内2921行审3号行政裁定书。

35. 对安全设备进行经常性维护、保养的注意事项有哪些？

答案 安全设备，主要是指为了保护从业人员等生产经营活动参与者的安全，防止生产安全事故发生以及在发生生产安全事故时用于救援而安装使用的机械设备和器械，如矿山使用的自救器、灭火设备以及安全检测系统、瓦斯检测器、测风仪表、氧气检测仪、顶板压力监测仪器等各种安全检测仪器。安全设备有的是作为生产经营装备的附属设备，需要与这些装备配合使用；有的则是能够在保证安全生产方面独立发挥作用。这些安全设备需要按照国家有关要求在生产经营活动中配备，以确保生产安全和事故救援顺利进行。安全设备作为生产经营的重要设备，不仅影响着企业的生产安全，影响着企业的形象，更重要的是影响到企业员工的生命健康安全，因此安全设备的性能非常重要。安全性能高的设备在发生安全事故时可以及时救援、减少损失。对安全设备从设计到报废的每个环节都实行标准化管理，对于保证安全设备的性能具有重要意义。生产经营单位作为安全设备的使用单位，规定其安全设备过程中的维护、保养、检修等义务，以确保安全设备可以发挥效用。

安全设备在安装投入后便可发挥效用，但在使用一定时间后也会产生各种各样的问题，因此应对安全设备进行经常性的维护、保养，并定期检测，保证其处于良好的状态，以此使其发挥最大的效用。另外，通过经常性维护、保养可以及时发现问题，以免造成损失。《危险化学品安全管理条例》第20条对安全设施、设备进行经常性维护、保养进行了规定。❶ 经常性维护、保养应聘请专人进行检查，以保证科学性，另外应当做好记录，一方面为进一步维护保养提供依据，另一方面为明确责任划分提供一手证据。

示例 湖北当阳"8·11"重大高压蒸汽管道破裂事故 ❷

2016年8月11日14时49分，当阳市马店矸石发电有限责任公司热电联

---

❶ 《危险化学品安全管理条例》第20条："生产、储存危险化学品的单位，应当根据其生产、储存的危险化学品的种类和危险特性，在作业场所设置相应的监测、监控、通风、防晒、调温、防火、灭火、防爆、泄压、防毒、中和、防潮、防雷、防静电、防腐、防泄漏以及防护围堤或者隔离操作等安全设施、设备，并按照国家标准、行业标准或者国家有关规定对安全设施、设备进行经常性维护、保养，保证安全设施、设备的正常使用。"

❷ 湖北省人民政府. 当阳"8·11"重大高压蒸汽管道裂爆事故调查报告公布［EB/OL］. ［2022-05-04］. http://www.hubei.gov.cn/zwgk/gjgl/201708/t20170810_1028995_mob.shtml.

产项目在试生产过程中，2号锅炉高压主蒸汽管道上的"一体焊接式长径喷嘴"（企业命名的产品名称，是一种差压式流量计，以下简称事故喷嘴）裂爆，导致发生一起重大高压蒸汽管道裂爆事故，造成22人死亡，4人重伤，直接经济损失约2313万元。

事故发生的直接原因是安装在2号锅炉高压主蒸汽管道上的事故喷嘴是质量严重不合格的劣质产品，其焊缝缺陷在高温高压作用下扩展，局部裂开出现蒸汽泄漏，形成事故隐患。相关人员未及时采取停炉措施消除隐患，使焊缝裂开面积扩大，剩余焊缝无法承受工作压力造成管道断裂爆开，大量高温高压蒸汽骤然冲向仅用普通玻璃进行隔断的集中控制室以及其他区域，造成重大人员伤亡。

【解析】若未对安全设备进行经常性维护、保养和定期检测的，应依据《安全生产法》进行相应处罚，例如：渭南市政府在其政府网站中明确刊载未对安全设备进行经常性维护、保养和定期检测的❶应据《安全生产法》作出处罚："责令限期改正，可以处五万元以下的罚款；逾期未改正的，处五万元以上二十万元以下的罚款，其直接负责的主管人员和其他直接责任人员处一万元以上二万元以下的罚款；情节严重的，责令停产停业整顿；构成犯罪的，依照刑法有关规定追究刑事责任。"明确其不按规定对安全设备进行经常性维护、保养以及检测的处罚。具体见表2-1。

表2-1 未对安全设备进行经常性维护、保养和定期检测的

索引号	016024445/2014-000237	主题分类	
发布机构	渭南市煤炭局	发文日期	2015-08-10
名　　称	未对安全设备进行经常性维护、保养和定期检测的		
文　　号		主题词	安全设备经常性维护、保养和定期检测
权能名称	未对安全设备进行经常性维护、保养和定期检测的		

---

❶ 渭南市人民政府. 未对安全设备进行经常性维护、保养和定期检测的［EB/OL］.［2022-04-28］. http://www.weinan.gov.cn/gk/hzcf/bl/428053.htm.

承办科室	渭南市煤炭局安全科生产科煤炭执法支队
政策法规依据	《安全生产法》第32、33、34、96条
处罚种类	责令限期改正,可以处五万元以下的罚款;逾期未改正的,处五万元以上二十万元以下的罚款,其直接负责的主管人员和其他直接责任人员处一万元以上二万元以下的罚款;情节严重的,责令停产停业整顿;构成犯罪的,依照刑法有关规定追究刑事责任
处罚标准	《安全生产法》第32、33、34、96条
联系方式	安全管理科2933516 生产科2933511 煤炭执法支队2933697
办公时间及地址	上午:8:00至12:00;下午:14:00至18:00 渭南市煤炭局安全科生产科煤炭执法支队
乘车路线	乘坐17、18、216、316路公交车到文化艺术中心下

36. 安装可燃气体报警装置有哪些注意事项?

答 近年来餐饮等行业发生的燃气爆炸事故,给人民群众的生命财产安全造成重大影响。总结分析该类生产安全事故,未能及早发现漏洞是这一类问题的主要原因。那么在总结实践经验和事故教训的基础上,综合考量安全生产的现实需要及企业的成本,《安全生产法》第36条规定:"餐饮等行业的生产经营单位使用燃气的,应当安装可燃气体报警装置,并保障其正常使用。"

示例 2021年6月13日6时42分,位于湖北省十堰市张湾区艳湖社区的集贸市场发生重大燃气爆炸事故,造成26人死亡,138人受伤,其中重伤37人,直接经济损失约5395.41万元。事故调查组认定,湖北省十堰市张湾区艳湖社区集贸市场"6·13"重大燃气爆炸事故是一起重大生产安全责任事故。事故直接原因为天然气中压钢管严重腐蚀导致破裂,泄漏的天然气在集贸市场涉事故建筑物下方河道内密闭空间聚集,遇餐饮商户排油烟管道排出的火星发生爆炸。造成此次事故的间接原因有:一是违规建设造成事故隐患;二是隐患排查整改长期不落实;三是企业应急处置严重错误;四是物业安全管理混乱。❶ 事故主要教训有四点：一是安全隐患排查整治不深入、不彻底。涉事燃气管道改造时违规将管道穿越集贸市场涉事故建筑物下方，形成重大事故隐患。二是应对突发事件能力不足。从群众报警到爆炸发生长达1小时，十堰东风中燃公司及其现场巡查处突人员未能及时疏散群众，未立即控制管道上下游两端的燃气阀门，在未消除燃爆危险的情况下向相关救援人员提出结束处置、撤离现场的错误建议。三是涉事企业主体责任严重缺失。十堰东风中燃公司对130次燃气泄漏报警、管道压力传感器长时间处于故障状态等系统性隐患熟视无睹；任命未取得执业资格考核合格证的人员分管安全生产工作。四是安全执法检查流于形式。燃气管理部门对燃气企业执法检查121次，但未对违法行为实施过一次行政处罚。

【解析】发生在湖北省十堰市的"6·13"重大燃气爆炸事故，令很多人印象深刻，其影响恶劣、教训深刻，也引起了社会各界对城镇管道燃气安全的高度重视。因此，各地也加大了对管道燃气安全隐患排查力度，以期将各种安全隐患杜绝在萌芽状态。在餐饮业等重点公共行业中，燃气报警器可以最大限度保障经营场所的安全。国家修改相关法律规定，相信也是基于这一考虑。餐饮等行业的生产经营单位安装可燃气体报警装置后，一旦发生燃气等可燃气体泄漏时，报警装置会第一时间发出报警信号并自行切断燃气，从而防止爆炸、火灾等恶性事故的发生，可最大限度地保障餐饮经营场所的安全，将隐患及时排除。《城镇燃气管理条例》规定，"燃气是指作为燃料使用并符合一定要求的气体燃料，包括天然气（含煤层气）、液化石油气和人工煤气等"。可燃气体报警装置，是指用来检测可燃气体泄漏的设备设施。当工业环境中有可燃气体泄漏时，一旦可燃气体报警装置检测到气体浓度达到爆炸临界点，可燃气体报警装置就会发出报警信号，以提醒现场工作人员采取安全措施，并驱动排风、切断、喷淋系统，防止发生爆炸、火灾、中毒事故，从而保障安全生产。

生产经营单位应当在可能存在安全生产隐患的场所安装可燃气体报

---

❶ 湖北省应急管理厅. 湖北省十堰市张湾区艳湖社区集贸市场"6·13"重大燃气爆炸事故调查报告［EB/OL］.［2022-05-04］. http://yjt.hubei.gov.cn/yjgl/aqsc/sgdc/202109/t20210930_3792103.shtml.

警装置，也应当保障报警装置能够正常使用，及时更新、维修、保养，不得擅自关闭、破坏甚至移除，切实发挥报警装置功能，提前预警燃气泄漏等风险，及时采取有效切断危险源、疏散人员等防范措施。若未按相关要求履行生产安全义务的，应按《安全生产法》第99条的规定承担法律责任。

37. 对生产、检测、检验的要求有哪些？

答 《安全生产法》第37条是关于危险物品的容器、运输工具以及部分特种设备生产、检验、检测的特殊管理的规定。

（1）明确危险物品及特种设备

应先明确危险物品及特种设备，即危险物品是指易燃易爆物品、危险化学品、放射性物品等能够危及人身安全和财产安全的物品。这些物品的容器、运输工具对保障危险物品的储存、运输安全至关重要，需要进行特殊的管理，国家对其实行生产许可制度。特种设备因设备本身和外在因素的影响容易发生事故，并且一旦发生事故就会造成人身伤害及重大经济损失，具有较大危险性。

（2）在生产方面应由专业的生产单位生产

可以说，危险物品的容器、运输工具，以及海洋石油开采特种设备和矿山井下特种设备比较特殊，为保证其安全使用，需要由专业的生产单位进行生产。根据《危险化学品安全管理条例》规定，"生产列入国家实行生产许可证制度的工业产品目录的危险化学品的企业，应当依照《中华人民共和国工业产品生产许可证管理条例》的规定，取得工业产品生产许可证"。《中华人民共和国特种设备安全法》规定，国家按照分类监督管理的原则对特种设备生产实行许可制度。特种设备生产单位应当具备下列条件，并经负责特种设备安全监督管理的部门许可，方可从事生产活动：有与生产相适应的专业技术人员；有与生产相适应的设备、设施和工作场所；有健全的质量保证、安全管理和岗位责任等制度。

（3）经检测、检验合格

危险物品的容器、运输工具，以及涉及人身安全、危险性较大的海洋石油开采特种设备和矿山井下特种设备在投入使用前,必须经专业资质的机构检测、检验合格。目前,从事危险物品的容器、运输工具检测、检验的机构,由国务院质量监督检验检疫部门认定。从事海洋石油开采特种设备和矿山井下特种设备的检测、检验的机构,由国务院应急管理部门认定。为了确保检测、检验机构依法履行职责,公正、客观地对涉及生命安全、危险性较大的特种设备和危险物品的容器、运输工具进行检测、检验,本条款还明确规定,检测、检验机构对检测、检验结果负责。检测、检验机构在检测、检验时,必须认真负责,按照规定的技术标准和要求进行检测、检验,提出科学、客观的结论。检测、检验机构应当出具专业检测、检验证明或报告。检测、检验合格的,发给安全使用证或者安全标志;不合格的,不得发给安全使用证或者安全标志。因检测、检验机构的原因,致使不合格的特种设备和危险物品的容器、运输工具投入使用,并造成后果的,检测、检验机构及其有关人员应当承担相应的法律责任。

【示例】 2017年8月24日,无锡市梁溪区安全生产监督管理局(以下简称梁溪安监局)对无锡石油制品公司作出《重大安全隐患整改告知函》,载明接群众举报,反映该公司厂区内储油罐发生泄漏,存在爆炸风险。当天经梁溪安监局工作人员现场查看,发现厂区内有350立方柴油罐2只(经检测有13吨柴油及水残留物),40立方汽油罐1只(经检测有3吨汽油和水残留物)。其中,汽油罐发生严重泄漏,存在重大安全隐患。根据《危险化学品安全管理条例》第27条规定,无锡石油制品公司应当采取有效措施及时、妥善处置库存的危险化学品。鉴于该公司停止生产经营多年,梁溪安监局责令其委托有资质的公司制定拆除方案,经专家论证后报公安、安监、环保部门备案。责令其限期拆除3只油罐,及时处理柴油、汽油及水残留物,彻底消除安全隐患。当天,梁溪安监局另对山北街道作出《重大安全隐患督促整改告知函》,告知山北街道其辖区内的无锡石油制品公司存在的安全隐患,要求街道督促该公司及时整改,彻底消除安全隐患。❶

【解析】 本案中,无锡石油制品公司的经营范围包含汽油,该公司系

---

❶ 江苏省无锡市中级人民法院(2020)苏02行终331号行政判决书。

危险化学品经营企业。案发时，该公司储存的油制品中是否包含危险化学品，是否存在安全隐患，应负有监督管理职能的行政机关根据相关法律的规定，对这些问题进行调查后，依法采取处理措施。危险物品因其具有危险性，稍有不慎便会危及人身或财产的安全，甚至会造成重大的责任事故，因此应加强相关检验、检测的管理，减少危害发生。

38. 如何对落后的、严重危及生产安全的工艺、设备实行淘汰制度？

答案 在一些生产安全事故中，总会存在相关单位采用落后的、严重危及生产安全的工艺或者设备而引发事故的情形。如果生产经营单位采用了这些落后的工艺或者生产设备，生产过程中就存在较大的危险，在生产的安全防护方面就需要投入更多的资金，以防止生产安全事故的发生；而且这些安全防护措施往往是治标不治本，有时即使采取了防护措施，也不能杜绝生产安全事故的发生。因此，为从根本上防止生产安全事故发生，减少资金浪费，应当对落后的、严重危及生产安全的工艺、设备实行淘汰制度，这样既有利于保障安全生产，也体现了优胜劣汰的市场经济运行规律，有利于提高生产经营单位的工艺水平，促进设备更新。

对应当淘汰的工艺、设备实行目录管理，为生产经营单位提供模板依据。其中，为解决低水平生产能力过剩问题，压缩、淘汰落后的生产能力，促进企业技术进步和产业升级，国家经济贸易委员会已分三批颁布了《淘汰落后生产能力、工艺和产品的目录》。另外，2010年国务院下发《国务院关于进一步加强企业安全生产工作的通知》要求"坚持'安全第一、预防为主、综合治理'的方针，全面加强企业安全管理，健全规章制度，完善安全标准，提高企业技术水平，夯实安全生产基础；坚持依法依规生产经营，切实加强安全监管，强化企业安全生产主体责任落实和责任追究，促进我国安全生产形势实现根本好转"。并且，"强制淘汰落后技术产品。不符合有关安全标准、安全性能低下、职业危害严重、危及安全生产的落后技术、工艺和装备要列入国家产业结构调整指导目录，予以强制性淘汰"。

另外，淘汰目录的制定主要分为两个层次，即严重危及生产安全的工艺、设备的淘汰目录与其他危及生产安全的工艺、设备的淘汰目录。一般来说，严重危及生产安全的工艺、设备的具体淘汰目录由国务院制定。例如，原安全生产监督管理总局先后发布四批《禁止井工煤矿使用的设备及工艺目录》和两批《金属非金属矿山禁止使用的设备及工艺目录》；2017 年，原国家安全生产监督管理总局发布了《金属冶炼企业禁止使用的设备及工艺目录（第一批）》，交通运输部、应急管理部发布了《公路水运工程淘汰危及生产安全施工工艺、设备和材料目录》等。除严重危及生产安全的工艺、设备的淘汰目录，还有一些其他危及生产安全的工艺、设备的淘汰目录，生产时应加以注意。

示例 荆州市质量技术监督局荆州区分局（以下简称质监局荆州区分局）在辖区内进行燃煤锅炉专项整治的工作中，于 2018 年 7 月 23 日向被告纪南镇政府作出《关于综合整治新颖味品厂燃煤锅炉的函》（荆区质监函〔2018〕4 号），主要内容为：经核查，到目前为止，荆州市荆州区新颖味品厂以种种理由拒不停用、淘汰、改造不符合要求的燃煤锅炉。其燃煤锅炉的使用登记证已被我局收回注销；其燃煤锅炉检验有效期至 2017 年 10 月 8 日，湖北省特检院荆州分院已停止对该燃煤锅炉的检验。该厂违规使用无《特种设备使用登记证》和超期未检燃煤锅炉的行为违反了《中华人民共和国特种设备安全法》第 33 条和第 40 条之规定。其燃煤锅炉经我局查封后仍在使用，既污染环境，也存在重大安全隐患。为认真贯彻落实荆州市环境保护委员会《关于开展高污染燃料锅炉淘汰工作"回头看"专项行动的通知》精神，我局建议组织安监、环保、电力等部门开展综合执法，采取停水停电等强制措施，确保该厂燃煤锅炉整治到位。❶

【解析】工艺、设备在生产经营活动中属于"物"的因素，是安全生产条件的重要组成部分。相对于人的因素，工艺、设备对生产安全的影响是一种"硬约束"，生产经营单位只要使用了严重危及生产安全的工艺、设备，就难以避免生产安全事故的发生。可以说，工艺、设备和安全生产息息相关。为了保证生产经营单位持续具备安全生产条件，有必要通过强制性机制，坚决防止使用严重危及生产安全的工艺、设备。国

---

❶ 湖北省荆州市中级人民法院（2019）鄂 10 行终 88 号行政判决书。

家对严重危及生产安全的工艺、设备实行淘汰制度,一方面有利于保障安全生产,另一方面也体现了优胜劣汰的市场经济规律,有利于提高生产经营单位的工艺水平,加快设备更新,促进生产力的发展。

本案例中,根据《安全生产法》第 70 条规定,"负有安全生产监督管理职责的部门依法对存在重大事故隐患的生产经营单位作出停产停业、停止施工、停止使用相关设施或者设备的决定,生产经营单位应当依法执行,及时消除事故隐患"。本案中,被告纪南镇政府提交了原告燃煤锅炉产品许可证、已收回的特种设备使用登记证、锅炉注册登记表、检验报告、特种设备从业人员数据库相关资料、《荆州区淘汰燃煤锅炉清单》《登记封存、扣押决定书》《关于综合整治新颖味品厂燃煤锅炉的函》等证据,以此证明原告的涉案燃煤锅炉已经逾期,存在重大安全隐患的事实。被告纪南镇政府在收到质监局荆州区分局作出的《关于综合整治新颖味品厂燃煤锅炉的函》后,认定原告的燃煤锅炉存在重大安全隐患,经部门主要负责人批准,根据相关规定采取强制措施来要求其整改。

39.《安全生产法》第 39 条第 1 款所依照的法律法规有哪些?

答案 《安全生产法》第 39 条第 1 款规定:"生产、经营、运输、储存、使用危险物品或者处置废弃危险物品的,由有关主管部门依照有关法律、法规的规定和国家标准或者行业标准审批并实施监督管理。"由于危险物品涉及的行业领域较多,许多法律、法规和标准对危险物品相关活动的监管均有规定,按照这些规定,除安全监督管理部门外,对应的主管部门也要根据危险物品相关的活动特点,进行审批并实施监督管理。其中,对危险物品有关活动的审批和监管依据,除本法外还有《产品质量法》《道路交通安全法》《环境保护法》等法律,以及《公路安全保护条例》《危险化学品安全管理条例》《易制毒化学品管理条例》《烟花爆竹安全管理条例》《民用爆炸物品安全管理条例》《监控化学品管理条例》《农药管理条例》《城镇燃气管理条例》等行政法规,以及有关地方性法规、标准。同时由于监管的环节较多,危险物品的审批和监管涉及应急管理、公安、交通运输市场监督管理等多个部门。

常用的法律法规及部分规范性文件见表 2-2。

表 2-2　常用法律法规及部分规范性文件一览表

效力级别	名称	发布部门
法律	《中华人民共和国道路安全法》	全国人大常委会
法律	《中华人民共和国产品质量法》	全国人大常委会
法律	《中华人民共和国突发事件应对法》	全国人大常委会
行政法规	《生产安全事故应急条例》	国务院
行政法规	《危险化学品安全管理条例》	国务院
行政法规	《易制毒化学品管理条例》	国务院
行政法规	《城镇燃气管理条例》	国务院
行政法规	《烟花爆竹安全管理条例》	国务院
行政法规	《民用爆炸物品安全管理条例》	国务院
规范性文件	国务院办公厅关于印发突发事件应急预案管理办法的通知	国务院办公厅
规范性文件	国务院办公厅印发贯彻落实《国务院关于进一步加强企业安全生产工作的通知》重点工作分工方案的通知	国务院办公厅
规范性文件	国务院关于进一步加强企业安全生产工作的通知	国务院

40. 生产经营单位在生产、经营、运输、储存、使用危险物品或处置废弃危险物品时，应履行的义务有哪些？

答 生产经营单位在生产、经营、运输、储存、使用危险物品或处置废弃危险物品时，应履行如下义务：

（1）执行有关法律、法规和国家标准或者行业标准

危险物品从生产经营到处置各项环节内容较多，涉及的法律、法规也较多，生产经营单位应严格按照法律、法规的规定执行。对于危险物品，若处置不当一方面可能对公民的人身安全造成伤害，另一方面也可能对环境造成污染。

（2）建立专门的安全管理制度

安全管理制度是法律、法规和标准在生产经营单位的体现，能将国家的有关规定在生产经营中具体化。国家对危险物品涉及的生产经营活动有严格

要求，需要相关的生产经营单位建立专门的安全管理制度。比如，按照有关行政法规的规定，民用爆炸物品从业单位（包括生产、销售、爆破等企业）应当建立安全管理制度、岗位安全责任制度，制定安全防范措施和事故应急预案、设置安全管理机构或者配备专职安全管理人员。

（3）采取可靠的安全措施

由于危险物品的生产、经营、储存、使用、运输以及处置废弃危险物品等活动具有较大危险性，一旦发生事故，将会对国家和广大人民群众的生命财产安全造成重大损害，因而需要生产经营单位采取安全、可靠的安全防护和应急处置措施。尤其是对有剧毒的、放射性的、易燃易爆的危险物品有专门的储存运输流程，需要专门的设备技术，例如我们常见的油罐车，这一类设备也要时常维修、保养，以保证安全正常使用。

（4）定期检查，主动接受相关部门依法实施的监督

若发生意外，主动履行报告义务。因此，生产经营单位应设置相关部门及具体负责人，以便责任到人，及时落实。

【示例】 2016年4月14日，执法人员依法对温州东泰树脂有限公司进行安全检查，发现该单位的电气防爆安全检测报告、防静电检查报告、安全现状评价报告已过期。经初步调查确认，该单位涉嫌构成未依照《危险化学品安全管理条例》的规定对其安全生产条件定期进行安全评价和未对危险化学品专用仓库的安全设施、设备定期进行检测、检验的违法行为。2016年4月18日，经批准予以立案调查。

【解析】 经查明，温州东泰树脂有限公司30kt/a聚氨酯（PU）树脂生产项目安全现状评价报告（编号：TG温12-052）出具时间为2013年1月7日，根据《危险化学品安全管理条例》第22条第1款规定，企业应对本企业的安全生产条件每3年进行一次安全评价，提出安全评价报告，而该单位未定期进行安全评价。同时，该单位电气防爆安全检测报告No：（委检）字DQ2013-047C，检测场所：树脂生产车间、甲类罐区、多元醇中间罐区、MDI罐区、泵区以及配电房，检测日期：2013年1月15日，注明下次检测在2016年1月14日前进行；防静电检测报告No：（委检）字DQ2014-1321B，检测设施：树脂生产车间、甲类罐区、多元

醇中间罐区、MDI 罐区、泵区的防静电设施，检测日期：2014 年 9 月 11 日，注明下次检测在 2015 年 9 月 10 日前进行，而该单位未定期进行检测。2016 年 4 月 26 日，该单位提交了由浙江泰鸽安全科技有限公司和浙江建安检测研究院有限公司出具的安全现状评价报告和所检项目符合规范要求的电气防爆安全检测报告、防静电检测报告。根据《危险化学品安全管理条例》第 22 条第 1 款规定，"生产、储存危险化学品的企业，应当委托具备国家规定的资质条件的机构，对本企业的安全生产条件每 3 年进行一次安全评价，提出安全评价报告"。温州东泰树脂有限公司未定期对其安全生产条件进行安全评价，构成未依照本条例规定对其安全生产条件定期进行安全评价的违法行为。❶

41. 企业针对重大危险源的管理措施有哪些？

答案 企业针对重大危险源的管理措施主要从如下几个方面考量：

(1) 明确重大危险源

重大危险源是指长期地或临时地生产、使用、储存或经营危险物质，且危险物质的数量等于或超过临界量的单元。单元分为生产单元与储存单元，生产单元按照切断阀来判断，储存单元是根据防火堤来判断分类。《危险化学品重大危险源辨识》（GB 18218—2018）对"危险化学品重大危险源"的定义为："长期地或临时地生产、储存、使用和经营危险化学品，且危险化学品的数量等于或超过临界量的单元。"确定重大危险源的核心因素是危险物品的数量是否等于或者超过临界量。所谓临界量，是指对某种或某类危险物品规定的数量，若单元中的危险物品数量等于或者超过该数量，则该单元应定为重大危险源。具体危险物质的临界量，由危险物品的性质决定。

防止重大工业事故发生的第一步，是辨识或确认高危险性的工业设施（危险源）。由政府主管部门和权威机构在物质毒性、燃烧、爆炸特性基础上，制定出危险物质及其临界量标准。通过危险物质及其临界量标准，可以确定哪些是可能发生事故的潜在危险源。《危险化学品重大危险源监督管理暂行规

---

❶ 丽水市道路运输管理局（丽运政罚〔2021〕084）处罚决定。

定》第二章专门规定了危险化学品重大危险源的识别与评估。❶

(2) 登记建档

登记建档是为了对重大危险源的情况有一个总体的掌握,做到心中有数,便于采取进一步措施,提高工作效率和工作质量。注意登记建档应保证档案的完整性、连贯性。可采用建立备查倒查的安全台账,以便进行定期检测、评估、监控。

(3) 定期检测、评估、监控

检测一般来说是通过一定的科学手段,比如利用一些精密仪器等,对危险程度进行测量。评估是对重大危险进行综合性的分析、鉴定,以此明确其危险程度,为采取进一步的措施奠定基础。监控则是对其危险状态、周围情势通过一些设备、机器进行观察、监测,随时了解其基本情况,以免发生危险。

生产经营单位应当将对重大危险源的检测、评估、监控工作作为一项经常性的工作定期进行。检测评估、监控工作可以由本单位的有关人员进行,也可以委托具有相应资质的中介机构进行。检测、评估、监控应当符合有关技术标准的要求,做好记录,出具报告,并签名或盖章。

(4) 制定应急预案

应急预案是关于发生紧急情况或者生产安全事故时的应对措施、处理办法、程序等的事先安排和计划。生产经营单位应当根据本单位重大危险源的实际情况,依法制定重大危险源事故应急预案,建立应急救援组织或者配备应急救援人员,配备必要的防护装备及应急救援器材、设备、物资,并保障其能正常被使用。

(5) 定期进行事故应急预案演练

定期的事故应急预案演练有利于工作人员熟悉流程,一是保护自身安全;二是当产生突发事件后有相应的应急流程,不至于产生慌乱;三是可以发现问题、解决问题,减少事故发生。总而言之,对减少事故发生、降低事故危害具有积极意义,而这也是一种法定义务。

---

❶ 《危险化学品重大危险源监督管理暂行规定》第7条:"危险化学品单位应当按照《危险化学品重大危险源辨识》标准,对本单位的危险化学品生产、经营、储存和使用装置、设施或者场所进行重大危险源辨识,并记录辨识过程与结果。"第8条第3款规定:"重大危险源根据其危险程度,分为一级、二级、三级和四级,一级为最高级别。"

42. 对重大危险源安全措施、应急措施如何进行备案？

答案 《安全生产法》第40条第2款规定："生产经营单位应当按照国家有关规定将本单位重大危险源及有关安全措施、应急措施报有关地方人民政府应急管理部门和有关部门备案。"之所以有备案的规定，主要是考虑到安全生产工作的重点在于预防，便于应急管理部门和有关部门及时、全面地掌握生产经营单位重大危险源的分布以及具体危害情况，有针对性地采取强制措施，加强监督管理，以防止事故的发生。根据相关规定，生产经营单位在完成重大危险源安全评估报告或者安全评价报告后一定时间内，应当填写重大危险源备案申请表，连同重大危险源档案材料，报送所在地县级人民政府应急管理部门备案，应急管理部门应当每季度将辖区内的一级、二级重大危险源备案材料报送至设区的市级人民政府应急管理部门，如图2-1所示。设区的市级人民政府应急管理部门应当每半年将辖区内的一级重大危险源备案材料报送至省级人民政府应急管理部门。重大危险源出现重新辨识、评估和定级后，生产经营单位应当及时更新档案，并向所在地县级人民政府应急管理部门重新备案。此外，生产经营单位新建、改建和扩建危险物品建设项目，应当在建设项目竣工验收前完成重大危险源的辨识、安全评估和分级、登记建档工作，并向所在地县级人民政府应急管理部门备案。此外，根据《危险化学品安全管理条例》，对剧毒化学品以及储存数量构成重大危险源的其他危险化学品，储存单位还应当将其储存数量、储存地点以及管理人员的情况，向公安机关备案。

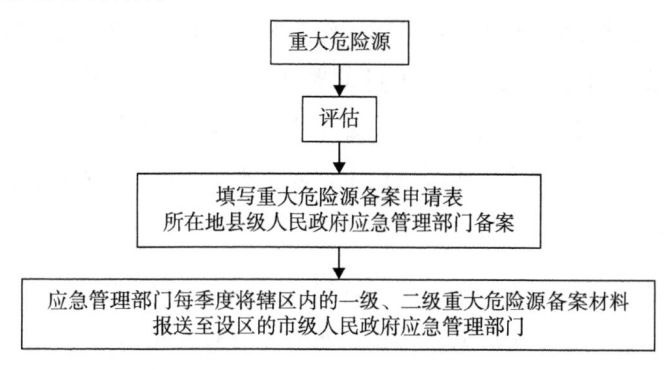

图 2-1 重大危险源备案流程

43. 如何建立安全风险分级管控制度？

答案　《山东省安全生产风险管控办法》中提到，要建立安全生产风险分级管控制度，并明确安全生产风险分级管控措施。生产经营单位应当将风险管控纳入全员安全生产责任制，建立健全安全生产风险分级管控制度，编制风险分级管控清单。对重大风险管控措施、较大风险管控措施以及危险作业、发包与出租等的风险管控措施作出了明确规定。

(1) 进行风险点排查

组织对生产经营全过程进行风险点排查，并重点排查生产工艺技术及流程、易燃易爆、有毒有害生产经营场所，有限作业空间等设备设施、部位、场所、区域以及相关作业活动。

(2) 进行风险因素辨识

对排查出的风险点选择适用的分析辨识方法进行风险因素辨识，明确可能存在的不安全行为、不安全状态、管理缺陷和环境影响因素。

(3) 进行风险评价和分级

根据风险因素辨识情况，对风险点进行定性定量评价，将风险等级分为重大风险、较大风险、一般风险和低风险。

(4) 重大风险和较大风险的确定

发生过死亡、重伤、重大财产损失事故，或者3次以上轻伤、一般财产损失事故，且发生事故的条件依然存在的；涉及重大危险源的；具有中毒、爆炸、火灾等危险因素的场所，且同一作业时间作业人员在10人以上的风险点，应当被确定为重大风险。发生过1次以上不足3次的轻伤、一般财产损失事故，且发生事故的条件依然存在的；具有中毒、爆炸、火灾等危险因素的场所，且同一作业时间作业人员在3人以上不足10人的风险点，应当被确定为较大风险。

示例　2021年9月29日，潘桥街道应急管理服务中心执法人员对位于浙江省温州市瓯海区潘桥街道陈庄村焦林路8号（3~4层）的温州市锦雷五金厂进行安全生产检查，发现该单位存在以下安全隐患：抛光车间未建立安全风险分级管控制度。执法人员当场开具《责令限期整改指令书》［温瓯（潘）应急责改〔2021〕18号］，责令该单位在2021年10月12日前整改完毕。经初步调查，温州市锦雷五金厂涉嫌存在未建立安全风险分级管控制度的违法行为，2021年10月9日，经街道领导鲍胜国副主任批准依法予以立案调查（立案号：温瓯应急立〔2021〕181号）。经查明：2021年9月29日，潘桥街道应急管理服务中心执法人员对位于浙江省温州市瓯海区潘桥街道陈庄村焦林路8号（3~4层）的温州市锦雷五金厂进行安全生产检查，现场检查发现温州市锦雷五金厂在抛光车间这类高风险岗位处未建立安全风险分级管控制度，构成了未建立安全风险分级管控制度的违法行为。❶

【解析】温州市锦雷五金厂存在未建立安全风险分级管控制度的违法行为，该行为违反了《安全生产法》第41条第1款"生产经营单位应当建立安全风险分级管控制度，按照安全风险分级采取相应的管控措施"的规定，构成"未建立安全风险分级管控制度"的违法行为。

44. 如何进行事故隐患排查？

答案 首先，进行隐患分级，根据《安全生产事故隐患排查治理暂行规定》❷规定，企业要根据产品、场所、岗位等建立分级管控制度，按照一定的类别对隐患进行分级，以便当危险来临时能第一时间拿出方案，更具体系化、合理化与层级化。

其次，建立隐患排查制度。开展定期或不定期的隐患排查工作。安全隐患排查一般一个月或一季度进行一次，由总经理带队，项目主管经理巡查，保证及时查出隐患，不留死角。另外，排查时要认真细致、做好记录，不留死角、不走过场、不搞形式化。

---

❶ 温州市锦雷五金厂涉嫌未建立安全风险分级管控制度案（温瓯应急罚字〔2021〕第2000181号）。
❷《安全生产事故隐患排查治理暂行规定》第3条："本规定所称安全生产事故隐患（以下简称事故隐患），是指生产经营单位违反安全生产法律、法规、规章、标准、规程和安全生产管理制度的规定，或者因其他因素在生产经营活动中存在可能导致事故发生的物的危险状态、人的不安全行为和管理上的缺陷。事故隐患分为一般事故隐患和重大事故隐患。一般事故隐患，是指危害和整改难度较小，发现后能够立即整改排除的隐患。重大事故隐患，是指危害和整改难度较大，应当全部或者局部停产停业，并经过一定时间整改治理方能排除的隐患，或者因外部因素影响致使生产经营单位自身难以排除的隐患。"

再次，建立健全事故隐患排查治理和防控的责任主体，完善事故隐患信息档案。❶生产安全事故排查隐患不能只写在纸上、挂在墙上、存在电脑里，更要明确到人，深刻地记在心里，落实到行动中。对排查出相关问题的，应对其建档立卡，以便日后督促整改，有档可查。

最后，依照规定进行报告与整改。注意对于重大事故隐患排查治理的情况，要求生产经营单位既要及时向负有安全生产监督管理职责的部门报告，又要向职工大会或者职工代表大会报告。另外，负有安全生产监督管理职责的部门应当加大监督检查，对发现的问题及时督促整改。

45. 对员工宿舍有哪些安全要求？

答：《安全生产法》第42条第1款规定："生产、经营、储存、使用危险物品的车间、商店、仓库不得与员工宿舍在同一座建筑物内，并应当与员工宿舍保持安全距离。"这一规定的目的是保障单位员工的生命财产安全。实践中，确有一些生产、经营、储存、使用危险物品的生产经营单位为了追求经济利益，节省开支，不顾员工的生命财产安全，将单位的生产车间、仓库和员工宿舍设在同一座建筑物内，一旦发生安全事故，特别是发生爆炸、中毒、火灾事故，往往蔓延迅速，极易导致群死群伤的恶性事故。

示例 2021年9月6日，执法人员经行政检查发现当事人实施了锁闭、封堵生产经营场所安全出口的行为，其行为涉嫌违反《中华人民共和国安全生产法》第42条的规定，于2021年9月8日立案调查。经查明，2021年9月6日下午，当事人在嘉善县天凝镇大王椰路66号8号车间内锁闭、封堵安全出口共计5处，被本机关执法人员查获。经勘验，该车间内有刨切机、平整机和热压机等设备，现场有约30名工人正在生产作业。车间内北侧西起第一扇卷帘门、北侧西起第二扇卷帘门、西侧北起第一扇卷帘门、西侧北起第二扇卷帘门、南侧西起第二扇卷帘门共计5处出口卷帘门锁闭。卷帘门内侧堆放有木板、机器等物品，导致上述出口被堵塞。浙江省嘉善县综合行政

---

❶ 例如，《安全生产事故隐患排查治理暂行规定》第10条："生产经营单位应当定期组织安全生产管理人员、工程技术人员和其他相关人员排查本单位的事故隐患。对排查出的事故隐患，应当按照事故隐患的等级进行登记，建立事故隐患信息档案，并按照职责分工实施监控治理。"

执法局认为，其构成"其他一般工贸企业生产经营场所和员工宿舍安全出口、疏散通道不符合疏散要求，存在占用、锁闭、封堵"的情形因此要求整改并作出行政处罚。❶

46. 爆破、吊装、动火、临时用电的安全管理要求有哪些？

答案 爆破、吊装、动火、临时用电属于危险作业，具有较大的危险性，容易发生事故，而且一旦发生事故，会对作业人员和有关人员造成较大的伤害。为达到既方便施工又保证安全的目的，必须规定一些特殊的安全管理要求。进行危险作业时，作业人员必须严格按照操作规程进行操作，同时生产经营单位应当采取必要的事故防范措施，以防止生产安全事故的发生。❷ 爆破、吊装、动火、临时用电是比较常见的作业方式，特别是矿山、建筑施工以及大型机械制造等单位更是经常采用这几种作业方式。现行的《爆破安全规程》《建筑安装工人安全技术操作规程》《建筑机械使用安全技术规程》等专门的操作规程，对爆破、吊装作业应当遵守的具体程序和要求作了具体规定。例如，吊装时，吊物要捆扎牢靠，吊钩要找准重心；吊物要垂直，不准斜吊或斜拉；物体吊起时，禁止人员站在吊物之上，其下方禁止有人；起重机在起吊满载荷时，应先将重物吊起离地面20厘米至50厘米时停止提升，检查起重机的稳定性、制动器的可靠性、重物的平衡性、绑扎的牢固性，确认无误后方可进行下一步的提升；对于有可能晃动的重物，必须拴拉绳；进行爆破器材加工和爆破的作业人员禁止穿化纤衣服；在大雾天、雷雨时、黄昏、夜晚，禁止进行爆破；在道路不安全或阻塞时禁止进行爆破作业等。

生产经营单位进行吊装等危险作业时，应当安排专门人员进行现场安全管理。

47. 其他危险作业有哪些？

答案 除爆破、吊装、动火、临时用电作业外，目前还有一些作业也

---

❶ 浙江省嘉善县综合行政执法局嘉善综执罚决字〔2021〕第05-0095号行政处罚决定书。
❷ 江阴市应急管理局. 关于危险作业的现场安全管理规定［J/OL］. 江阴日报，［2022-04-30］. http://epaper.routeryun.com/Article/index/aid/5330398.html.

很危险。例如，动火作业、进入受限空间作业、临时用电作业、高处作业、断路作业、破土作业、吊装作业、盲板抽堵作业。因此，《安全生产法》第43条通过授权的方式明确，其他危险作业由国务院应急管理部门会同国务院有关部门规定。这样规定，有利于根据安全生产工作的实际，及时公布调整相应的危险作业目录，加强对危险作业的动态安全管理。

示例 2009年10月26日，广州市×××区质量技术监督局根据群众举报，对广州荔湾液化气体槽车检测站有限公司进行检查，发现其未经许可从事气瓶充装活动，现场还发现充装枪和气罐，并有一名气瓶充装工作人员潘某某在现场。区质量技术监督局执法人员进行了现场调查，潘某某证实"以前有门市，现在由仓库出单后充装，部分送到人和气站，部分给单位锅炉用，部分散单销售，但数量很少"。区质量技术监督局当场发出（穗）质监特令〔440111（0910）〕第（1013）号《特种设备安全监察指令书》，责令广州荔湾液化气体槽车检测站有限公司立即停止气瓶充装活动。同年11月17日，区质量技术监督局对广州荔湾液化气体槽车检测站有限公司立案调查。经调查证实，广州荔湾液化气体槽车检测站有限公司从事液化气体槽车检测经营活动，从2008年9月30日起将检测槽车残余的液化石油气集中回收后进行气瓶充装，但未取得气瓶充装许可。同时，广州荔湾液化气体槽车检测站有限公司存在将充装好的瓶装液化石油气进行销售的行为。区质量技术监督局在对广州荔湾液化气体槽车检测站有限公司的处罚过程中，依法进行了立案、调查、预审、初审、集体审、审核、下达《行政处罚决定书》。❶

【解析】《中华人民共和国行政许可法》第12条第4项规定，"直接关系公共安全、人身健康、生命财产安全的重要设备、设施、产品、物品，需要按照技术标准、技术规范，通过检验、检测、检疫等方式进行审定的事项"，可以设定行政许可。国务院《特种设备安全监察条例》第22条第1款规定："移动式压力容器、气瓶充装单位应当经省、自治区、直辖市的特种设备安全监督管理部门许可，方可从事充装活动。"原国家质量监督检验检疫总局（以下简称国家质检总局）《气瓶安全监察规定》

---

❶ 案例来源于北大法宝数据库。

第 23 条规定："气瓶充装单位应当向省级质监部门特种设备安全监察机构提出充装许可书面申请。经审查，确认符合条件者，由省级质监部门颁发《气瓶充装许可证》。未取得《气瓶充装许可证》的，不得从事气瓶充装工作。"可见，气瓶充装属于关系公共安全、人身健康、生命财产安全的生产活动，其具有技术性强、作业危险性高、产品安全要求高等特点，故从事气瓶充装作业必须具备相应的技术人员和特种设备作业人员，具备符合条件的充装设备、工器、检测手段、场地厂房等。

由于气瓶充装作业的上述特点，国务院《特种设备安全监察条例》、国家质检总局《气瓶安全监察规定》等均明确规定，气瓶充装单位必须经特种设备安全监督管理部门许可，方可从事充装活动。本案中，广州荔湾液化气体槽车检测站有限公司属于压力容器维修企业，其未经特种设备安全监督管理部门许可，将其在液化气槽车检测工作中回收的残液（气）进行分瓶充装，并将充装好的气瓶用作门市销售、内部使用或直接销售给某些公司。广州荔湾液化气体槽车检测站有限公司未经特种设备安全监督管理部门许可，擅自从事气瓶充装活动的事实是清楚的。

根据国务院《特种设备安全监察条例》第 80 条第 1 款规定，"未经许可，擅自从事移动式压力容器或者气瓶充装活动的，由特种设备安全监督管理部门予以取缔，没收违法充装的气瓶，处 10 万元以上 50 万元以下罚款……"区质量技术监督局经过调查取证，听取了广州荔湾液化气体槽车检测站有限公司的陈述、申辩，并告知其拟作出的处罚决定，在告知其听证的权利后，对广州荔湾液化气体槽车检测站有限公司决定罚款 10 万元，这在法律、法规规定的幅度范围之内，适用法律正确，程序合法。❶

48. 生产经营单位对从业人员有哪些相关安全管理义务？

答 生产经营单位履行安全生产义务，除了企业负责人和其他管理人员遵守法律、法规和有关标准的规定，制定各项安全管理制度外，更重要

---

❶ 广州市白云区人民法院（2011）穗云法行初字第 135 号行政判决书。

的是采取各种措施提供从业人员的安全意识和安全操作水平,使每一名从业人员都行动起来,确保安全管理的各项规定落实到生产经营活动的每一个环节,以此提高企业的安全生产能力。

(1) 督促从业人员执行规章制度和安全操作规程

安全生产规章制度是一个单位规章制度的重要组成部分,是保证生产经营活动安全、顺利进行的重要手段。生产经营单位的安全生产规章制度主要包括两个方面:一是安全生产管理方面的规章制度;二是安全技术方面的规章制度。规程是对工艺、操作安装、检定、安全、管理等具体技术要求和实施程序所作的规定。安全操作规程是指在生产活动中,为消除导致人身伤亡或者造成设备、财产破坏以及危害环境的因素而制定的具体技术要求和实施程序的统一规定。安全生产规章制度和安全操作规程,是保证生产经营活动安全进行的重要制度保障,从业人员在进行作业时必须严格执行。实践中,一些企业不制定安全生产规章制度,或者不教育和督促从业人员严格执行安全生产规章制度和安全操作规程,使得从业人员盲目操作,从而导致生产安全事故的发生。针对这种情况,《安全生产法》第44条规定,"生产经营单位应当教育和督促从业人员严格执行本单位的安全生产规章制度和安全操作规程",生产经营单位应当严格遵守这一规定。

(2) 保障从业人员的安全生产知情权

知情权是指从业人员有了解其作业场所和工作岗位存在的危险因素、防范的措施和事故应急措施的权利。知情权保障从业人员知晓并掌握有关安全知识和处理办法,从而可以消除许多不安全因素和事故隐患,避免事故发生或者减少人员伤亡。《中华人民共和国职业病防治法》第33条规定:"用人单位与劳动者订立劳动合同(含聘用合同,下同)时,应当将工作过程中可能产生的职业病危害及其后果、职业病防护措施和待遇等如实告知劳动者,并在劳动合同中写明,不得隐瞒或者欺骗。劳动者在已订立劳动合同期间因工作岗位或者工作内容变更,从事与所订立劳动合同中未告知的存在职业病危害的作业时,用人单位应当依照前款规定,向劳动者履行如实告知的义务,并协商变更原劳动合同相关条款。"以上规定赋予了从业人员知情权。

（3）关注从业人员的身体、心理状况和行为习惯

《安全生产法》第 44 条第 2 款是 2021 年法律修改新增内容，主要考虑的是汲取实践中有关事故的经验教训，规定生产经营单位除了应当督促从业人执行规章制度和安全操作规程，以及保障从业人员的安全生产知情权外，还应当关注从业人员的身体、心理状况和行为习惯，强对从业人员的心理疏导、精神慰藉，严格落实岗位安全生产责任，防范和避免因从业人员行为异常导致事故发生的情况。实践中，因从业人员行为异常而引发生产安全事故的情况时有发生。

【示例】2020 年 7 月 7 日 12 时许，安顺市一辆公交车在行驶过程中撞坏湖边护栏，坠入安顺市西秀区虹山水库中。关于案件起因，警方通报如下：2016 年，公交车司机张某钢与妻子离婚后，租住其姐姐女儿的房子，户口也寄搭于其姐姐处。经调查走访，张某钢常感叹家庭不幸福，生活不如意。张某钢在西秀区柴油机厂（后更名为西秀区酿造机械厂）工作时分到一套 40 平方米的自管公房，为自管公产承租人，2016 年列入棚户区改造。根据《国有土地上房屋征收与补偿条例》规定，2020 年 6 月 8 日，张某钢与西秀区住建局签订了《自管公房搬迁补助协议》，协议补偿 72542.94 元，未领取。张某钢还申请了一套公租房，未获得。7 月 7 日上午 8 时 30 分，张某钢来到他所承租的公房处，看到该公房将被拆除。8 时 38 分，张某钢拨打政务服务热线，对申请公租房未获得且所承租公房被拆除表示不满。❶

【解析】公交车司机因生活不如意和对拆除其承租公房不满，针对不特定人群实施的危害公共安全犯罪，造成 21 人死亡，15 人受伤，公共财产遭受重大损失。因此，《安全生产法》第 44 条要求生产经营单位关注从业人员身体、心理状况，就是为了确保从业人员的身体、心理状况和行为习惯符合岗位的安全生产要求。同时，该条还要求生产经营单位要加强对从业人员的心理疏导和精神慰藉，重视对从业人员进行心理上的关注和安慰，并及时对从业人员的情绪问题或发展困惑进行疏导和引导，防范从业人员的行为异常，避免事故发生。

---

❶ 安顺市人民政府. 关于"安顺市西秀区公交车坠湖"有关情况的通报［EB/OL］.［2022-04-28］. http://www.anshun.gov.cn/xwzx/asyw/202007/t20200712_61576691.html.

49. 什么是劳动防护用品？

答 劳动防护用品是为了保护工人在生产过程中的安全和健康而发给劳动者个人使用的防护用品。用于防护灼伤、烫伤或者容易发生机械外伤等危险的操作，在强烈辐射热或者低温条件下的操作，散放毒性、刺激性、感染性物质或者大量粉尘的操作以及经常使衣服腐蚀、潮湿或者特别肮脏的操作等。根据具体操作过程中的不同需要，应供给工人的防护用品主要有：工作服、工作帽、围裙、口罩、手套护腿、防毒面具、防护眼镜、防护药膏、防寒用品、防晒防雨的用品等。防护用品的保管和发放由工厂加以规定。

劳动防护用品可根据不同的分类方法进行分类。例如，按照人类的生理部位分类，有头部的防护、面部的防护、眼睛的防护、呼吸道的防护等；按照原材料分类，有棉纱棉布制品、丝绸呢绒制品、皮革制品、橡胶制品和五金制品等；按照使用性质分类，有防尘用品、防毒用品、防酸、碱用品、防油用品、防高温用品、防冲击用品等；按照用途分类，有通用防护用品（也称一般防护用品）、专用防护用品（也称特种防护用品）等。2018年，原国家安全生产监督管理总局修改的《用人单位劳动防护用品管理规范》将劳动防护用品分为十大类：①防御物理、化学和生物危险、有害因素对头部伤害的头部防护用品；②防御缺氧空气和空气污染物进入呼吸道的呼吸防护用品；③防御物理和化学危险、有害因素对眼面部伤害的眼面部防护用品；④防噪声危害及防水、防寒等的听力防护用品；⑤防御物理、化学和生物危险、有害因素对手部伤害的手部防护用品；⑥防御物理和化学危险、有害因素对足部伤害的足部防护用品；⑦防御物理、化学和生物危险、有害因素对躯干伤害的躯干防护用品；⑧防御物理、化学和生物危险、有害因素损伤皮肤或引起皮肤疾病的护肤用品；⑨防止高处作业劳动者坠落或者高处落物伤害的坠落防护用品；⑩其他防御危险、有害因素的劳动防护用品。

示例 2021年8月4日，从宜昌市西陵区应急管理局获悉，一家施工单位因未为施工人员提供符合标准的劳动防护用具被罚2000元。

日前，西陵区应急管理局执法人员在例行检查中发现，该区一家门店正在装修施工，施工人员在登高作业时未按要求佩戴安全帽、系安全绳，执法人员对施工人员进行提醒后，施工人员仍不采取有效的防护措施。在进一步检查时发现，施工单位并未配备安全绳、提供足够的安全帽，施工作业的安全意识十分薄弱。为此，执法人员当即下达了《现场检查记录》《责令限期整改指令书》，责令施工单位立即整改，依据《安全生产法》第96条的规定作出罚款2000元的行政处罚。❶

【解析】据宜昌市应急管理局法规科相关人员介绍，《安全生产法》第45条明确规定："生产经营单位必须为从业人员提供符合国家标准或者行业标准的劳动防护用品，并监督、教育从业人员按照使用规则佩戴、使用。"在日常执法中发现，不少装修施工企业为了压缩成本，往往不按规定提供、发放劳动防护用品，导致了一些不必要的人身伤害。

50. 安全检查的内容有哪些？

答 人的不安全行为和物的不安全状态，是造成生产安全事故发生的重要因素。为了消除这些因素的存在，排除隐患，就要设法及时发现它，进而采取消除的措施。这就需要对生产经营单位的安全生产状况进行经常性的检查。根据检查主体的不同，安全检查可分为有关主管部门进行的检查和生产经营单位自行检查两种形式。其中，尤以生产经营单位的自查最为常见和普遍。生产经营单位的安全生产管理人员应当根据本单位的生产经营特点，对本单位的安全生产状况进行经常性的检查。一般来说，安全检查主要涉及安全生产规章制度是否健全、完善，安全设备设施是否处于正常的运行状态，从业人员是否具备应有的安全知识和操作技能，从业人员在工作中是否严格遵守安全生产规章制度和操作规程，从业人员的劳动防护用品是否符合标准以及是否存在其他事故隐患。

检查内容主要包括以下几个方面：

（1）查思想、查意识

以党和国家的安全生产方针、政策、法规及有关文件为依据，对照检查公司各级管理层领导是否把安全生产工作列入重要议事日程，对安全生产工

---

❶ 九派新闻. 宜昌：未配备劳动防护用具 施工单位被罚2000元 [EB/OL]. [2022-04-26]. https://baijiahao.baidu.com/s?id=1707181860357696623&wfr=spider&for=pc.

作是否有正确认识，是否把安全第一的思想落实到实际工作中；检查对安全生产工作思想认识的高度、重视的程度和抓安全生产工作的深度和广度，检查是否真正关心职工的安全、健康，是否认真贯彻执行安全生产方针以及各项劳动保护政策法令，检查职工"安全第一"的思想是否建立。

(2) 查管理、查制度

安全生产检查也是对企业安全管理上的大检查。检查"五同时"的要求是否得到落实；企业各职能部门在各自业务范围内是否对安全生产负责；安全专职机构是否健全；工人群众是否参与安全生产的管理活动；改善劳动条件的安全技术措施计划是否按年度编制和执行；检查企业安全生产各级组织机构和个人的安全生产责任制度是否落实；各车间和危险工种岗位的规章制度是否健全和落实；安全组织机构和职工安全员网是否建立和发挥应有的作用；安全技术措施费用是否按规定提取和使用；"三同时"的要求是否得到落实等。此外，还要检查企业的安全教育制度，如新工人入厂的"三级教育"制度，特种作业人员和调换工种工人的培训教育制度，以及各工种操作规程和岗位责任制等。

(3) 查现场、查隐患

安全生产检查的内容，主要以查现场、查隐患为主，深入生产现场工地，检查企业的劳动条件、生产设备以及相应的安全卫生设施是否符合安全要求。重点检查施工现场的作业环境、劳动条件、生产设施设备、安全设施、操作行为、劳动防护用品的使用是否符合规程标准，重点检查重大危险源和重要环境因素是否已辨识并采取了有效的控制措施。当发现危及人身安全与健康的重大不安全因素时，必须立即采取应急措施（紧急撤离、停工）。

(4) 查事故处理

检查企业对工伤事故是否及时报告、认真调查、严肃处理；在检查中，发现未按"四不放过"的要求草率处理的事故，要重新处理，从中找出原因，采取有效措施，防止类似事故重复发生。

(5) 查教育培训

检查新入场的工人上岗前是否经过三级安全教育培训并经考试合格；从事特种作业的人员，是否经专门的安全培训考核，并持有效资格证上岗。

示例 2022年4月25日至26日，芙蓉区火星街道安监站工作人员深入长沙水木化工有限公司、长沙市大宝化工有限公司、长沙鹏飞化工贸易有限公司、长沙市力波化工有限公司、湖南经得贸易有限公司5家危化企业以及双鹰涂料城、马王堆陶瓷建材城油漆区17家门店开展节前安全生产大检查。检查组认真对照危险化学品企业安全生产检查表，对5家危化企业的安全生产许可证、主要负责人、安全管理人员执证情况，隐患排查、安全教育情况等相关资料台账逐一进行检查；此外，检查组还重点检查了双鹰涂料城、马王堆陶瓷建材城油漆区经营门店消防设施设备的定期维护与更新等情况。经查，检查组发现双鹰涂料城2家油漆门店灭火器材过期，检查组当场责令其限期整改。检查过程中，街道工作人员积极向各企业、门店经营户宣传《安全生产法》《危险化学品安全管理条例》等法律法规知识，要求各单位严格按照危险化学品安全生产、经营许可的有关规定依法、依规、依标准规范经营。❶

【解析】开展安全生产大检查是党中央国务院部署的重大政治任务，是坚决遏制重特大事故的重要举措。因此，相关部门通过明察暗访、突击检查、随机抽查等各种方式加大检查力度，对达不到相关安全标准的企业采取经济处罚、停产整顿、暂扣吊销证照、关闭取缔等多种处罚措施。对拒不整改重大隐患、拒不执行监察指令、拒不落实整改措施的生产经营单位，列入安全生产"黑名单"，实施联合惩戒。另外，应用好新媒体等宣传报道形式，对安全生产大检查工作中的有效经验做法进行广泛宣传，对检查发现的问题予以曝光，引起社会各界的重视。

51. 如何落实安全生产管理人员的报告义务？

答案 生产经营单位的安全生产管理人员在对本单位的安全生产状况进行检查的过程中，对于发现存在的安全问题，可以处理的应当立即采取措

---

❶ 长沙应急管理. 安全生产大检查 | 迅速落实、全面巡查！看看他们是怎么做的 [EB/OL]. [2022-04-28]. https://mp.weixin.qq.com/s?__biz=MzA3MTUxODM2Mg==&mid=2657347997&idx=2&sn=9f8078ebb2abf1520c624c5fd905f143&chksm=84bb1868b3cc917e28aab52c4a14903bae243b0d90fdcfbd52210c6ef2b9d6cf1a263cafc260&scene=27#wechat_redirect.

施进行处理，如发现劳动者没有穿戴安全防护用品，应当立即要求其改正。对于不能当场处理的安全问题，如安全设施不合格，需要改建等情况，安全生产管理人员无法立即采取措施进行处理，应当立即将这一情况报告本单位的主要负责人或者主管安全生产工作的其他负责人，报告应当包括安全问题发现的时间、具体情况以及如何解决等内容。有关负责人在接到报告后，应当及时处理。

生产经营单位的安全生产管理人员还应当将安全检查的情况，包括检查的时间、范围、内容、发现的问题及处理情况等都详细地记入本单位的安全生产档案，作为日后完善相关制度的参考或者发生事故时作为调查事故原因的依据等。

生产经营单位的安全生产管理人员在检查中发现重大事故隐患，已经向本单位主要负责人或者主管安全生产工作的其他负责人报告，主要负责人或者主管安全生产工作的其他负责人接到报告后，可能由于各种原因，采取不予处理或者不立即处理的措施，如针对有些重大隐患的整改需要大量资金，单位难以承受，主要负责人不愿投入，也不采取相应措施；也有一些重大事故隐患，主要负责人的主观上存在侥幸心理，认为不可能发生生产安全事故，行动上采取拖延缓办措施。针对这些情况，《安全生产法》第 46 条规定，安全生产管理人员可以向主管的负有安全生产监督管理职责的部门报告，这是法律赋予安全生产管理人员的报告重大事故隐患的权利。同时，《安全生产法》第 46 条还规定接到报告的部门应当依法及时处理。这里讲的"依法及时处理"，是指依照《安全生产法》和其他有关法律、法规、规章的规定及时进行处理。

示例 胜科水务公司于 2003 年 5 月 16 日成立，经营范围是：为南京化工园的排污企业提供污水处理及其他相关服务（依法须经批准的项目，经相关部门批准后方可开展经营活动），属于污水处理厂，危险废物国家重点监控企业。2015 至 2017 年度，孙某旺的工作职责为：建立 HSE 检查制度和隐患整改制度，并做好相关台账；落实培训制度和培训台账；制定安全作业管理制度，落实检修施工操作票制度；备案突发环境事件应急预案、安全事故应急预案，并落实演练；做好环保局排污许可证的年审换证工作，省环保厅危险废弃物在线申报工作，企业污染源普查工作，排污申报登记工作，危险废物转移许可申请工作，环境系统年报工作；做好企业环境保护档案；更新现场安全设施；接待和配合环保、安全、消防、公安等职能部门的检查工作，并落实各项检查整改意见等。

胜科水务公司及相关责任人污染环境一案，由南京市玄武区人民法院于2019年5月17日作出（2018）苏0102刑初68号刑事判决书，认定：2014年10月至2017年4月18日期间，胜科水务公司在一期B高浓度废水处理系统未运行、SBR池无法正常使用的情况下，仍多次接收排污企业的高浓度废水并利用暗管违法排放；在一期、二期废水处理系统中修建暗管用于偷排有毒有害成分的污泥；人为篡改在线监测仪器数据，逃避环保部门监管，致使二期废水处理系统长期超标排放污水；在无危险废物处理资质的情况下，接收危险废物，并将部分危险废物利用暗管违法排放，判决：胜科水务公司犯污染环境罪，判处罚金人民币5000万元等，并对其直接责任人员孙某旺追究刑事责任。2019年4月19日，胜科水务公司作出解除劳动合同通知书并通知工会，表示："因孙某旺未能严格履行公司安全主管岗位职责，严重失职，未能确保公司运行遵守国家、南京对健康、安全与环境的相关规定。现公司因环境污染案件被检察院起诉，给公司造成了重大经济损失，根据《中华人民共和国劳动合同法》第39条第3款的规定，给予解除劳动合同。"[1]

52. 签订安全生产管理协议的要求有哪些？

答 一个单位安全生产工作的好坏不仅关系本单位从业人员人身和财产的安全，还可能对其他单位的生产安全造成影响。特别是同一作业区域内进行生产经营活动的不同单位，如果一个单位发生了生产安全事故，会直接威胁到其他单位的安全。因此，在同一作业区域内进行生产经营活动、可能危及对方生产安全的生产经营单位应当进行安全生产方面的协作。

在同一作业区域内进行生产经营活动的单位，进行安全生产方面的协作的主要形式是签订并执行安全生产管理协议。各单位应当通过安全生产管理

---

[1] 江苏省南京市中级人民法院（2020）苏01民终3627号民事判决书。

协议互相告知本单位生产的特点、作业场所存在的危险因素、防范措施以及事故应急措施，以使各个单位对该作业区域的安全生产状况有一个整体上的把握。同时，各单位还应当在安全生产管理协议中明确各自的安全生产管理职责和应当采取的安全措施，做到职责清楚、分工明确。

53. 矿山、金属冶炼建设项目和用于生产、储存、装卸危险物品的建设项目的施工单位有何特殊义务？

答 随着改革开放和经济发展，企业所有制发生了重大变化，一些企业采用租赁、承包、合作经营等多种经营方式，同时也大量涌现出一些企业的安全管理工作混乱，以租代管、以包代管的问题。矿山、金属冶炼、危险物品等建设项目专业性强、建设要求高，如果管理不规范极易导致重特大事故发生。《民法典》《建筑法》《建设工程质量管理条例》等法律法规对建设项目的发包承包、资质管理等都作出了明确的规定。

近年来，一些生产经营单位为牟取不正当利益，采用倒卖、出租、出借、挂靠或者其他形式非法转让施工资质，以及非法转包、分解分包的现象时有发生，特别是在矿山、金属冶炼建设项目和生产、储存、装卸危险物品等特殊行业领域，而这也极有可能引发安全生产事故。因此，《安全生产法》特别规定禁止总承包单位将工程分包给不具备相应资质条件的单位。

[示例1] 2021年1月10日，山东烟台栖霞市五彩龙投资有限公司笏山金矿发生重大爆炸事故，造成11人死亡，直接经济损失6847.33万元。

发生原因：笏山金矿井口实施罐笼气割作业产生的高温熔渣块掉入回风井，碰撞井筒设施，弹到中段马头门内乱堆乱放的炸药包装纸箱上，引起纸箱等可燃物燃烧，导致雷管、导爆索和炸药爆炸。❶

【解析】 主要教训即安全管理混乱。笏山金矿对施工单位的施工情况尤其是民爆物品的储存、领用、搬运以及爆破作业情况管理缺失，对外包施工队以包代管，只包不管；承包方未按规定配备专职安全管理人员

---

❶ 煤矿安全网. 山东五彩龙投资有限公司栖霞市笏山金矿"1·10"重大爆炸事故调查报告[EB/OL]. [2022-04-28]. http://www.mkaq.org/html/2021/11/26/598326.shtml.

和技术人员，作业人员使用伪造的特种作业操作证；未按照规定报告生产安全事故；事故发生当日井下作业现场没有工程监理。而且，地方有关部门的监管责任未有效落实。地方公安部门对民爆物品的销售、运输、储存和使用等方面监管不到位；地方应急管理部门对企业及外包施工单位管理混乱等问题监督不到位。

示例2 山西忻州代县大红才铁矿"6·10"重大透水事故❶

2021年6月10日，山西忻州代县大红才铁矿发生重大透水事故，造成13人死亡，直接经济损失3935.95万元。

发生原因：大红才铁矿违规开采主行洪沟下方保安矿柱，造成主行洪沟塌陷，降雨汇水径流沿塌陷坑进入采空区，与未彻底治理的采空区积水相汇，积水量迅速增加，水压增大，突破违规在1310米水平采矿作业形成的与1320米采空区之间的薄弱岩层，导致透水事故发生。

【解析】主要教训：一是长期以"基建"名义违法组织生产。该矿不按设计要求施工，擅自打开废弃封堵硐口，任意开掘采矿工作面，违规开采保安矿柱，长期以采代建、超能力生产。二是违规冒险组织作业。早在2020年8月，该矿就发现1348米水平和1320米水平采空区积水存在重大隐患，治理不彻底，事故发生前发现透水征兆后仍未治理，冒险组织作业。三是层层转包分包。违规将井下采掘作业承包给多个施工单位，而后再转包，对承包单位转包分包不管理，现场管理混乱，井下交叉作业，事故发生时有多个采掘作业面违规生产。四是安全基础薄弱。未建立安全生产管理组织机构，主要负责人未经培训合格就上岗作业，火工品使用管理不规范。事故发生后未按规定报告事故。

54. 生产经营单位发生生产安全事故时，单位的主要负责人应当承担哪些义务？

答 生产经营单位的主要负责人作为本单位的主要领导以及安全生

---

❶ 中国煤炭报. 2021年全国矿山事故十大典型案例［EB/OL］.［2022-04-28］. https://mp.weixin.qq.com/s/nLnc3k36mF42Hjtwi-ZbBg.

产的第一责任人,在事故发生后,应当坚守岗位,组织事故抢救,并积极配合有关部门进行事故调查处理。一方面,因为单位的主要负责人对单位的场地、布局、设备、人员通信以及其他生产经营状况比较熟悉,由其在现场参加、组织救援,可以比较顺利地进行事故抢救、事故原因的调查和对事故的处理。另一方面,单位的主要负责人是本单位安全生产方面的第一责任人,应当对单位发生的生产安全事故负责。如果单位发生的生产安全事故属于重大责任事故,且有关人员的行为构成刑法规定的重大责任事故罪、重大劳动安全事故罪以及其他犯罪的规定,还可能要追究主要负责人的刑事责任。

【示例】 山东烟台栖霞市五彩龙投资有限公司笏山金矿"1·10"重大爆炸事故[1]

2021年1月10日13时13分许,山东五彩龙投资有限公司栖霞市笏山金矿在基建施工过程中,回风井发生爆炸事故,造成22人被困。经全力救援,11人获救,10人死亡,1人失踪,直接经济损失6847.33万元。

山东五彩龙投资有限公司法定代表人贾某,因负有迟报瞒报事故责任,交由公安机关立案侦查。

【解析】 生产经营单位的主要负责人前期应做好安全责任事故排查、预警、演练,当发生危险事故时应第一时间汇报,杜绝瞒报、拖延行为;应迅速启动应急预案,紧急指挥救援;应在原岗位等待事故处理,不得逃匿。

55. 根据法律法规,关于投保安全生产责任保险有哪些要求?

【答案】 (1) 明确投保安全生产责任保险的意义

在强制实施安全生产责任保险制度之前,很多生产经营单位都投保了工伤保险、雇主责任险、公众责任险、承运人责任险、意外伤害险等险种,这些险种与安全生产责任保险的保障范围有重复和交叉,但安全生产责任保险与它们是明显不同的险种。在政策上,安全生产责任保险是一种带有公益性

---

[1] 央广网. 山东栖霞市笏山金矿"1·10"重大爆炸事故调查处理结果公布 [EB/OL]. [2022-04-28]. https://baijiahao.baidu.com/s?id=1692476078018402897&wfr=spider&for=pc.

质的强制性商业保险，国家规定的高危行业领域的生产经营单位必须投保，同时在保险费率、保险条款、预防服务等方面必须加以严格规范。在功能上，安全生产责任保险的保障范围不仅包括企业从业人员，还包括第三者的人员伤亡和财产损失，以及相关救援救护、事故鉴定和法律诉讼等费用。最重要的是安全生产责任保险具有事故预防功能，保险机构必须为投保单位提供事故预防服务，帮助企业查找风险隐患，提高安全管理水平，从而有效防止生产安全事故的发生。与安全生产责任保险相比，工伤保险是一种强制性的社会保险，雇主责任险、公众责任险、意外伤害险等是普通的商业保险，保障范围均不及安全生产责任保险，并且缺乏事故预防功能。总之，安全生产责任保险与工伤保险及其他相关险种相比，覆盖群体范围更广、保障更加充分、赔偿更加及时、预防服务更加到位。

（2）安全生产责任保险强制实施范围

《安全生产法》第51条第2款新增规定，属于国家规定的高危行业、领域的生产经营单位，应当投保安全生产责任保险。主要考虑有三点：一是《中共中央、国务院关于推进安全生产领域改革发展的意见》要求，在矿山、危险化学品、烟花爆竹、交通运输、建筑施工、民用爆炸物品、金属冶炼、渔业生产等高危行业领域强制实施安全生产责任保险制度。此外，原国家安全生产监督管理总局、原保监会、财政部2017年联合印发的《安全生产责任保险实施办法》，也明确了在上述八大行业领域强制实施的规定。二是通过分析近年来发生的事故情况，绝大多数较大生产安全事故都集中在以上八大行业领域中。同时，这也是对2006年国家在这八大行业领域实施安全生产责任保险试点的基础上进行总结和科学判断的结果。三是做好安全生产工作，不仅要加强安全生产监管执法，更重要的是发挥社会机构的作用。在八大行业领域中强制实施的一个最基本的目的，就是要以安全生产责任保险为纽带发挥社会专业机构作用，有效防范、化解安全风险，实现安全生产形势的持续稳定好转。另外，在实施过程中要注意两点：第一，八大行业领域首先要确保一个不能少。这是中央的决策部署，也是强制性标准的要求。第二，要注意制度的衔接。安全生产责任保险制度建立之前已经有诸多类似商业险种，这些险种如果没有事故预防功能，就要向生产安全责任保险靠拢，用安全生产责任保险代替。

(3) 相关部门的监督

保险机构开展安全风险评估、生产安全事故隐患排查等服务工作时,投保的生产经营单位应当予以配合,并对评估发现的生产安全事故隐患进行整改;对拒不整改重大事故隐患的,保险机构可在下一投保年度上浮保险费率,并报告安全生产监督管理部门和相关部门。

示例 胡某于 1989 年至 1999 年在杨家河煤矿上班,从事采煤工作,2012 年 3 月检查出尘肺三期。2012 年 11 月 1 日胡某申请工伤鉴定,于 2012 年 12 月 3 日被宜昌市劳动能力鉴定委员会认定为工伤(××)致残程度三级。2015 年 8 月 27 日,胡某向五峰土家族自治县劳动人事争议仲裁委员会(以下简称五峰仲裁委)提出申请,要求杨家河煤矿支付一次性伤残补助金,五峰仲裁委于 2015 年 9 月 2 日作出《不予受理通知书》,告知其诉求已经超过劳动争议仲裁时效期间,不予受理。法院认为:劳动争议申请仲裁的时效期间为一年,从当事人知道或者应当知道权利被侵害之日起计算。劳动争议仲裁委员会以当事人的仲裁申请超过劳动争议仲裁时效期间为由,作出不予受理的书面通知,当事人不服向法院起诉的,法院在受理后,对确已超过仲裁时效,又无不可抗力或者其他正当理由的,应依法驳回其诉讼请求。❶

【解析】本案可以总结两点:一是,企业应及时为其工作人员投保安全生产责任保险及工伤保险,以确保可以对劳动人员的权利进行救济;二是,本案还发生一件事情,即当事人申请劳动争议仲裁时效已过,因而导致当事人无法受到救济,因此,考虑到劳动者的知识水平、法律意识,当发生伤害时,企业应当予以提醒,以保障本单位职工的合法权益。

---

❶ 湖北省宜昌市中级人民法院(2016)鄂 05 民终 958 号民事判决书。

第三章　从业人员的安全生产权利义务

56. 用人单位与从业人员签订的劳动合同应当包括哪些内容？

答： 依照《中华人民共和国劳动法》（以下简称《劳动法》）的规定，劳动合同是劳动者与用人单位确立劳动关系，明确双方权利和义务的协议。劳动合同的内容应当包括：劳动合同期限、工作内容、劳动保护和劳动条件、劳动报酬、劳动纪律、劳动合同终止的条件、违反劳动合同的责任等内容。《中华人民共和国劳动合同法》（以下简称《劳动合同法》）从保护从业人员劳动安全、维护从业人员安全生产方面的合法权益的角度，进一步具体规定了劳动合同应当载明的两个法定事项：

（1）保障从业人员劳动安全，防止职业危害的事项

从业人员的劳动总是在各种具体环境、条件下进行的，在生产中存在着各种不安全、产生职业危害的因素，如果不采取相应保护措施，则极可能发生事故，危害从业人员的安全和健康，这些都涉及从业人员的切身利益。在实践中，大部分劳动者并不知道生产经营单位是否采取保障劳动安全的措施，特别是进入私营企业、乡镇企业务工的农民，由于他们文化水平较低，普遍缺乏自我保护意识、知识和能力，而一些生产经营单位为了多赚钱隐瞒工作场所缺少劳动安全保障措施的真相，在与劳动者签订劳动合同时不履行保障劳动安全告知义务，因此，《安全生产法》第52条针对这种情况作出了强制性规定，这是生产经营单位必须履行的一项告知义务，是从业人员享有的一项重要的权利。生产经营单位必须按照这一款规定履行义务，以确保从业人员的知情权，保护从业人员的劳动安全。

(2) 办理工伤社会保险的事项

工伤社会保险是指劳动者在职业活动中遇到意外事故伤害和职业病伤害的社会保险，这种社会保险与商业保险的不同之处就在于其法定的强制性。依照《安全生产法》第51条的规定，"生产经营单位必须依法参加工伤社会保险，为从业人员缴纳保险费"。也就是说，对这一条规定的工伤社会保险，不管生产经营单位是否愿意，均必须参加。工伤社会保险是一种社会保障措施，目的是保护劳动者的合法权益。劳动合同中载明依法为从业人员办理工伤社会保险的事项，确保了从业人员的知情权，维护了从业人员的合法权益，也有利于对生产经营单位的监督。

57. 某些生产单位与劳动者订立的"生死合同"效力如何？

答： 《安全生产法》禁止生产经营单位以任何形式与从业人员订立免除或者减轻其对从业人员因生产安全事故伤亡依法应承担的责任的协议。当前，采矿业、建筑业的一些生产经营单位强迫劳动者与其订立"生死合同"，一旦发生人身伤亡事故，只给受害人或其家属很有限的钱，不再承担任何责任。这种"生死合同"严重损害了从业人员的合法权益，是对生命尊严的践踏，对此类合同必须严加禁止。因此，《安全生产法》作出了有针对性的规定。

这种合同属于《劳动法》规定的违反法律、行政法规的无效劳动合同。无效的劳动合同，从订立的时候起就没有法律约束力。另外，还要依照《安全生产法》的规定追究法律责任，即生产经营单位与从业人员订立协议，免除或减轻其对从业人员因生产安全事故伤亡依法应承担的责任的，该协议无效；对生产经营单位的主要负责人、个人经营的投资人处2万元以上10万元以下的罚款。

示例 与职工签生死协议无效，用人单位还需承担责任[1]

张某应聘的公司为节省开支，逃避相关法律责任，强行要求张某签订

---

[1] 中工网.《天津工人报》：与职工签生死协议无效 用人公司赔付职工11万 [EB/OL]. [2022-05-05]. http://right.workercn.cn/897/201402/26/140226142910956.shtml.

"如果张某因工负伤，公司概不负责，一切后果由张某自行承担"的协议，否则便拒绝录用。张某为了能获得该份工作，当时只能勉强答应，并与公司签订为期一年的合同。为此，公司没有为张某缴纳包括工伤保险在内的社会保险。谁料半年后，张某在工作中受伤。事后，张某不仅花去3万余元医疗费用，还落下八级伤残。张某要求公司给予一定补助，但公司以约定在先为由予以拒绝。在双方协商无果后，张某的妻子自行为其申报工伤，并最终得到确认。后张某妻子申请劳动仲裁，在劳动争议仲裁委员会主持下，双方达成和解，公司一次性支付张某赔偿款11万元。

【解析】《劳动合同法》第26条明确规定，以胁迫手段签订的以及违反法律、行政法规强制性规定的劳动合同无效，足见涉案劳动合同明显符合无效的要件，属于无效合同。同时《安全生产法》禁止生产经营单位以任何形式与从业人员订立免除或者减轻其对从业人员因生产安全事故伤亡依法应承担的责任的协议。

【提示】生产经营单位以任何形式与从业人员订立免除或者减轻其对从业人员因生产安全事故伤亡依法应承担的责任的协议都无效，生产经营单位的主要负责人、个人经营的投资人还有可能因此而承担相应法律责任。

58. 企业应该如何保障员工的安全知悉权？

答 生产经营单位的从业人员的有关知情权。依照《安全生产法》第53条规定，生产经营单位的从业人员有权了解其作业场所和工作岗位与安全生产有关的三方面情况：一是存在的危险因素，危险因素一般是指能对人造成伤亡或者对物造成突发性损害的因素；二是防范措施；三是事故应急措施。

生产经营单位的从业人员对于劳动安全的知情权，与从业人员的生命安全和健康关系密切，是保护劳动者生命健康权的重要前提。从业人员的劳动安全知情权有些是要通过与生产经营单位签订劳动合同来实现的。根据《安全生产法》的规定，生产经营单位与从业人员订立的劳动合同，应当载明有关保障从业人员劳动安全、防止职业危害的事项，应当将其作业场所和工作岗位存在的危险因素、防范措施及事故应急措施等如实告知劳动者。生产经营单位的从业人员只有了解了这些情况，才有可能有针对性地采取相应措施，保护自身的生命安全和健康。

59. 企业是否有义务保障员工的批评建议权？

答 首先，从业人员对本单位的安全生产工作有建议权。从业人员作为生产经营单位的主体，当然会关心生产经营单位的生产经营情况，且本单位的经济效益与从业人员的切身利益息息相关，特别是安全生产工作更是涉及从业人员的生命安全和健康。因此，从业人员有权利参与用人单位的民主管理。从业人员通过行使批评建议权参与生产经营的民主管理，可以充分调动其积极性与主动性，可以充分发挥其聪明才智，为本单位献计献策。从业人员有权对安全生产工作提出意见与建议，共同做好生产经营单位的安全生产工作。生产经营单位要重视和尊重从业人员的意见和建议，并对他们的意见和建议及时作出答复。合理的意见应当采纳，对不予采纳的意见应当给予说明和解释。

其次，从业人员对本单位的安全生产工作有批评权。这里的批评权是指从业人员对本单位安全生产工作中存在的问题提出批评的权利。法律规定这一权利，有利于从业人员对生产经营单位进行群众监督，促使生产经营单位不断改进本单位的安全生产工作。检举权、控告权作为批评权形式的加重和衍生形式，成为独立权利。这里讲的检举权、控告权，是指从业人员对本单位及有关人员违反安全生产法律、法规的行为，有权向主管部门和司法机关进行检举和控告的权利。检举可以署名，也可以不署名；可以用书面形式，也可以用口头形式。但是，从业人员在行使这一权利时，应注意检举和控告的情况必须真实，要实事求是，不能道听途说，无中生有，更不能凭空捏造。法律规定从业人员的检举权、控告权，有利于及时对违法行为作出处理，保障生产安全，防止生产安全事故。因此，生产经营单位要正确对待从业人员的批评。合理的批评应当接受，对不合理的批评应当给予说明和解释。

60. 什么是违章指挥、强令冒险作业？

答案 从业人员享有的拒绝违章指挥、强令冒险作业权，是保护从业人员生命安全和健康的一项重要的权利。这里讲的违章指挥，主要是指生产经营单位的负责人、生产管理人员和工程技术人员违反规章制度，不顾从业人员的生命安全和健康，指挥从业人员进行生产活动的行为。强令冒险作业，是指生产经营单位管理人员对于存在危及作业人员人身安全的危险因素而又没有相应的安全保护措施的作业，不顾从业人员的生命安全和健康，强迫命令从业人员进行作业。这些都对从业人员的生命安全和健康构成极大威胁。为了保护自己的生命安全和健康，对于生产经营单位的这种行为，劳动者有权予以拒绝。

示例 郭某生强令违章冒险作业罪案[1]

2016年8月2日开始，郭某生任福建某矿业有限公司梨树坪萤石矿矿长，同时负责矿山的安全生产。2017年11月12日上午，其在明知矿井被封堵的情况下，仍交代工人周某华、巫某发、巫某杨、吴某贵到3#矿井下作业。当天15时许，邹某和巫某发在矿井打钻时，周某华被突然掉落的大石头砸中下半身，送往医院救治时周某华死亡。被告人郭某生得知事故后，即向福建某矿业有限公司总经理邹某华电话报告，并由邹某华向相关部门报案。被告人郭某生犯强令违章冒险作业罪，判处拘役6个月，缓刑10个月。

【解析】 强令违章冒险作业罪即企业、工厂、矿山等单位的领导者、指挥者、调度者等在明知确实存在危险或者已经违章，工人的人身安全和国家、企业的财产安全没有保证，继续生产会发生严重后果的情况下，仍然不顾相关法律规定，以解雇、减薪以及其他威胁，强行命令或者胁迫下属进行作业，造成重大伤亡事故或者严重财产损失的。

《刑法》第134条第2款规定："强令他人违章冒险作业，或者明知存在重大事故隐患而不排除，仍冒险组织作业，因而发生重大伤亡事故或者造成其他严重后果的，处五年以下有期徒刑或者拘役；情节特别恶

---

[1] 福建省浦城县人民法院（2019）闽0722刑初81号刑事判决书。

劣的，处五年以上有期徒刑。"

【提示】 法律赋予从业人员拒绝违章指挥和强令冒险作业的权利，不仅是为了保护从业人员的人身安全，也是为了警示企业负责人和管理人员必须照章指挥，保证安全。企业不得因从业人员拒绝违章指挥和强令冒险作业而对其进行打击报复。

61. 对从业者随意打击报复，企业和主管责任人需要承担什么法律责任？

答案 《安全生产法》禁止生产经营单位因从业人员行使其批评建议等权利而降低其工资、福利等待遇或者解除与其订立的劳动合同。从业人员享有的上述权利，是法律赋予的，生产经营单位应当保障从业人员行使，任何人不得侵犯从业人员依法享有的权利。如果生产经营单位因为从业人员依法行使法律规定的权利，比如当从业人员发现生产经营单位有违反安全生产的法律、法规以及危及生命安全和健康的行为时，对本单位提出批评或者到有关部门进行检举、控告，生产经营单位便对该从业人员通过降低其工资、福利待遇等方式，对其进行打击报复，或者因此解除与该从业人员订立的劳动合同，就是对劳动者依法行使正当权利的侵犯。对这类打击报复行为，《安全生产法》明确规定予以禁止。

生产经营单位若实施此类行为则归于无效，对降低的工资要给从业人员补发、对福利予以恢复，解除合同的行为无效，原劳动合同依然具有法律效力。其他国家的法律中也有类似的规定。例如，《德意志联邦共和国新劳动保护法》规定，用工者必须采取措施，防止劳动者在面临直接严重危险时马上离开工作岗位而可能带来的安全问题，否则不得因此而责备劳动者。如果控制住了这种直接危险，用工者在有充分的理由情况下，才允许要求用工者复工。

62. 什么样的情况下从业人员才可以行使紧急撤离权？

答案 依照《安全生产法》第55条的规定，从业人员的紧急撤离权，是指其发现直接危及人身安全的紧急情况时，享有的停止作业或者在采取可能的应急措施后撤离作业场所的权利。从业人员行使这种权利的前提条件是其发现直接危及人身安全的紧急情况，如果不撤离会对其生命安全和健康造成直接的威胁。例如，在矿山井下开采中，发生矿压活动显现激烈、巷道（或工作面、采场）底板突然鼓起、支架破坏、煤（岩）层变软、湿润等沼气喷出的预兆时，井下作业人员在此情况下有权停止作业，及时撤离。人的生命是最为宝贵的。法律对从业人员的紧急撤离权作出规定十分必要。

示例 山西一煤矿突发透水事故！134人紧急撤离！[1]

2021年9月22日17时，大同市吴官屯煤业有限责任公司（以下简称吴官屯煤矿）发生井筒涌水水害事故，事故发生后煤矿紧急撤退134人，未造成人员伤亡，目前正在抢险排水。该矿为地方民营企业，生产能力90万吨/年，前期连日阴雨，大量雨水从地表渗入井田外已关闭的吴联矿2#层采空区，摧垮其密闭墙，冲入吴官屯煤矿1#、2#副斜井井筒煤壁造成水害事故，最大涌水量约800立方米/小时。面对如此紧急情况，井下作业人员有权停止作业，及时撤离。

【解析】《安全生产法》规定，从业人员的紧急撤离权，是指其发现直接危及人身安全的紧急情况时，享有的停止作业或者在采取可能的应急措施后撤离作业场所的权利。案例中，面对如此紧急情况，井下作业人员有权停止作业，及时撤离。

【提示】从业人员行使这种权利的前提条件是其发现直接危及人身安全的紧急情况，如果不撤离会对其生命安全和健康造成直接的威胁。如果发生类似威胁到劳动者生命安全的情形时，单位及主管人员不同意紧急撤离，劳动者可以立即主动撤离，不需要承担责任。

63. 生产经营单位的从业人员不服从管理，违反安全生产规章制度或者操作规程的，将承担什么法律责任？

答 根据《安全生产法》第107条规定："生产经营单位的从业人员不落实岗位安全责任，不服从管理，违反安全生产规章制度或者操作规程

---

[1] 国际煤炭网. 突发！下午五点！山西一煤矿突发透水事故！134人紧急撤离！[EB/OL]. [2022-05-05]. https://coal.in-en.com/html/coal-2606148.shtml.

的,由生产经营单位给予批评教育,依照有关规章制度给予处分;构成犯罪的,依照刑法有关规定追究刑事责任。"承担法律责任的主体是生产经营单位的从业人员,承担法律责任的违法行为是从业人员不服从管理,违反安全生产规章制度或者操作规程的行为。从业人员不服从管理,违反安全生产规章制度或者操作规程的,其责任形式是:

由生产经营单位给予批评教育,依照有关规章制度给予处分。处分的形式包括:警告、记过、记大过、降低工资级别、留用察看、开除等。严格意义上,批评教育不属于法律责任,其目的是针对从业人员的违法行为,及时对其进行教育,使其认清自己行为的错误和可能造成的危害后果,以提高其安全生产意识,避免再次发生违法行为,造成不良后果。从这个意义上讲,批评教育的措施更多的是强调生产经营单位应当尽到必要的教育义务。

因从业人员不服管理、违反安全生产规章制度或者操作规程,构成犯罪的,应当依照刑法有关规定追究刑事责任。

【示例】 工作中违章吸烟致 8 人遇难!11 人被追究刑事责任[1]

2021 年 4 月 22 日 13 时,位于上海市金山区林盛路 171 弄 113 号的胜瑞电子科技有限公司,阳极氧化车间发生一起火灾事故。过火、烟熏面积约 21000 平方米,直接经济损失 3113.22 万元,导致 8 人遇难(含 2 名消防救援人员)。经调查,起火部位为主厂房一楼阳极氧化车间内的阳极 1 线与手动打样线之间停用的自动退镀线,起火点为自动退镀线围护结构内中部空槽位偏南近地面处,起火原因为作业人员黄某生违章吸烟引发。黄某生,胜瑞公司阳极车间生产线作业人员,违章吸烟涉嫌引发火灾,对事故发生负有直接责任,构成刑事犯罪被移送审查起诉。

【解析】 根据《安全生产法》第 107 条规定,生产经营单位的从业人员不落实岗位安全责任,不服从管理,违反安全生产规章制度或者操作规程的,由生产经营单位给予批评教育,依照有关规章制度给予处分;构成犯罪的,依照刑法有关规定追究刑事责任。案件中黄某生违章吸烟涉嫌引发火灾,对事故发生负有直接责任,构成刑事犯罪,应当承担刑事责任。

---

[1] 澎湃新闻. 违章吸烟致 8 人遇难,11 人被追刑责![EB/OL]. [2022-05-05]. https://m.thepaper.cn/baijiahao_14656666.

【提示】安全生产事关重大，生产从业者务必要服从管理，严格遵守安全生产规章制度或者操作规程，否则造成安全事故需要承担相应责任。

64. 因安全事故受到损害的从业人员有权获得什么样的赔偿？

答案 依照《安全生产法》规定，"生产经营单位必须依法参加工伤社会保险，为从业人员缴纳保险费。"用人单位应当按照国家规定，向工伤社会保险经办机构缴纳工伤社会保险费，以此设立工伤社会保险基金，实行社会统筹，用于对工伤职工或者职业病患者提供医疗救治和经济补偿。实施工伤社会保险，因生产安全事故受到损害的从业人员的诊疗康复费用及有关社会保障可以得到相当程度的解决，但是，在特定的情况下也还有可能难以完全补偿因生产安全事故所受到的损害。这样，因生产安全事故受到损害的从业人员就有权依照有关民事法律的规定，要求生产经营单位进行赔偿。

65. 单位发生安全事故时，生产经营单位的主要负责人应如何应对？

答案 生产经营单位的主要负责人在生产经营单位中处于指挥者、决策者的作用。本单位发生生产安全事故时，其应当立即采取统一、有效的措施，动员、组织、协调力量来全力抢救，防止事态进一步扩大，造成进一步的人身伤亡、更重大的经济损失或者更为严重的后果；对身处险境的人员和财产，要全力抢救，使其脱离危险；当自身力量不足时，应当及时就近请求支援；同时，按照国家有关规定立即如实报告负有安全生产监督管理职责的部门。抢险是一项时间紧、任务重、难度大、涉及面复杂的工作，只有统一、有效地组织起来，才可能做好。因此，必须强调生产经营单位主要负责人要承担的相应的义务。

《安全生产法》第110条规定："生产经营单位的主要负责人在本单位发生生产安全事故时，不立即组织抢救或者在事故调查处理期间擅离职守或者逃匿的，给予降级、撤职的处分，并由应急管理部门处上一年年收入百分之六十至百分之一百的罚款；对逃匿的处十五日以下拘留；构成犯罪的，依照刑法有关规定追究刑事责任。

生产经营单位的主要负责人对生产安全事故隐瞒不报、谎报或者迟报的，依照前款规定处罚。"

66. 生产经营单位的从业人员享有哪些权利？

答： "生产经营单位的从业人员"，是指该单位从事生产经营活动各项工作的所有人员，包括管理人员、技术人员和各岗位的工人，也包括生产经营单位临时聘用的人员和被派遣劳动者。

根据《安全生产法》第28、45、53~56条的规定，生产经营单位的从业人员享有的安全生产保障权利主要包括：①知情权，即有权了解作业场所和工作岗位存在的危险因素、防范措施及事故应急措施。②获得安全生产教育和技能培训的权利。③获得符合国家标准或行业标准的劳动防护用品的权利。④建议、批评、检举、控告权。从业人员有权对本单位的安全生产管理工作存在的问题提出建议、批评、检举、控告，生产经营单位不得因此作出对从业人员不利的处分。⑤拒绝权。对管理者作出的可能危及安全的违章指挥、强令冒险作业，从业人员有权拒绝执行，并不得因此受到对自己不利的处分。⑥采取紧急避险措施的权利。从业人员发现直接危及人身安全的紧急情况时，有权停止作业或者在采取紧急措施后撤离作业场所，并不得因此受到对自己不利的处分。⑦在发生生产安全事故后，有获得及时抢救和医疗救治并依法获得赔偿的权利等。

67. 生产经营单位的从业人员必须履行哪些安全生产方面的义务？

答： 根据《安全生产法》第57~59条的规定，从业人员在享有获得安全生产保障权利的同时，也负有以自己的行为保证安全生产的义务，主要包括：①在作业过程中严格落实岗位安全责任，遵守本单位的安全生产规章制度和操作规程，服从管理，正确佩戴和使用劳动防护用品；②接受安全生产教育和培训，掌握本职工作所需要的安全生产知识，提高安全生产技能，增强事故预防和应急处理能力；③发现事故隐患或者其他不安全因素，应当立即向现场安全生产管理人员或者本单位负责人报告。

68. 为什么从业人员必须遵章守制、服从安全管理？

答案 生产经营单位的安全生产规章制度是企业规章制度的重要组成部分。生产经营单位的安全生产管理方面的规章制度包括安全生产责任制、安全技术措施管理、安全生产教育、安全生产检查、伤亡事故报告、各类事故管理、劳动保护设施管理、要害岗位管理、安全值日制度、安全生产竞赛办法、安全生产奖惩办法、劳动防护用品的发放管理办法等。安全操作规程是指在生产活动中，为消除能导致人身伤亡或造成设备、财产破坏以及危害环境而制定的具体技术要求和实施程序的统一规定。生产经营单位的安全生产规章制度是保证劳动者的安全和健康，保证生产活动顺利进行的手段，没有健全和严格执行的安全生产规章制度，企业的安全生产就没有保障。安全寓于生产的全过程之中，安全生产需要生产经营单位的每一个人、每个工序都相互配合和衔接。生产经营单位的每一位从业人员都从不同的角度为企业的安全生产担负责任，每个人尽责的好坏影响生产经营单位安全生产的成效。因此，生产经营单位的从业人员在作业过程中应当遵守本单位的安全生产规章制度和操作规程，服从管理，这样才能保证生产经营单位的活动安全、有序地进行。

示例 广东东莞市中堂镇"2·15"较大中毒事故案[1]

2019年2月15日23时许，位于东莞市中堂镇吴家涌村庙水路12号的东莞市双洲纸业有限公司（以下简称双洲纸业）工作人员在进行污水调节池（事故应急池）清理作业时，发生一起气体中毒事故，造成7人死亡、2人受伤，直接经济损失约1200万元。该起事故的直接原因是双洲纸业一车间污水处理班人员邹某等3人违章进入含有硫化氢气体的污水调节池内进行清淤作业。

【解析】 双洲纸业污水调节池属于有限空间，相关人员违章进行有限空间作业表现在以下几点：一是作业前未采取通风措施，未对氧气、有毒有害气体（硫化氢）浓度等进行检测；二是在作业过程中未采取有效通风措施，且未对有限空间作业面气体浓度进行连续监测；三是作业人

---

[1] 环球网. 东莞市中堂镇"2·15"较大中毒事故调查报告［EB/OL］. ［2022-05-05］. https://baijiahao.baidu.com/s?id=1629236422824499612&wfr=spider&for=pc.

员未佩戴隔绝式正压呼吸器作业和配备便携式毒物报警仪。双洲纸业其他从业人员盲目施救导致事故伤亡的扩大，邹某等参与应急救援的人员不具备有限空间事故应急处置的知识和能力，在对污水调节池内中毒人员施救时未做好自身防护，配备必要的救援器材和器具（气体检测仪，通风装备、吊升装备等）。

【提示】安全生产事关重大，从业人员有义务遵守本单位的安全生产规章制度和操作规程，服从管理，正确佩戴和使用劳动防护用品。自觉接受安全生产教育和培训，掌握本职工作所需要的安全生产知识，提高安全生产技能，增强事故预防和应急处理能力。否则，需要承担相应责任，甚至会付出生命的代价。

69. 被派遣劳动者是否享有《安全生产法》规定的从业者相关权利？

【答案】《安全生产法》第61条规定："生产经营单位使用被派遣劳动者的，被派遣劳动者享有本法规定的从业人员的权利，并应当履行本法规定的从业人员的义务。"

同时根据《劳动合同法》第62条规定，对于被派遣劳动者用工单位应当履行下列义务：①执行国家劳动标准，提供相应的劳动条件和劳动保护；②告知被派遣劳动者的工作要求和劳动报酬；③支付加班费、绩效奖金，提供与工作岗位相关的福利待遇；④对在岗被派遣劳动者进行工作岗位所必需的培训；⑤连续用工的，实行正常的工资调整机制。用工单位不得将被派遣劳动者再派遣到其他用人单位。有关法规也对被派遣劳动者的使用作出明确规定。因此，被派遣劳动者享有《安全生产法》规定的从业人员同样的权利，相应的应当履行《安全生产法》规定的从业人员的义务。

【示例】生产经营单位未按照规定对被派遣劳动者进行安全教育和培训❶

2020年7月9日，上海某发动机制造有限公司发生一起员工受伤事故，

---

❶ 宝山应急.生产经营单位未按照规定对被派遣劳动者进行安全教育和培训［EB/OL］.［2022-05-05］. https://mp.weixin.qq.com/s/Vz8zG-WbdxMnhgBYRv0vnQ.

宝山区安全生产监察大队接报后，于7月15日赴该单位就其安全生产管理情况进行监督检查。经查，发生事故的工人为该单位使用的一名劳务派遣工，该工人在现场作业时未按照岗位操作规程作业。经进一步约谈该单位安全管理人员及车间作业人员，发现该单位在安全教育培训方面疏于管理，未能按照规定对派遣劳动者进行岗前安全教育培训。

【解析】《安全生产法》规定，生产经营单位应当对从业人员进行安全生产教育和培训，保证从业人员具备必要的安全生产知识，熟悉有关的安全生产规章制度和安全操作规程，掌握本岗位的安全操作技能，了解事故应急处理措施，知悉自身在安全生产方面的权利和义务。未经安全生产教育和培训合格的从业人员，不得上岗作业。

【提示】被派遣劳动者享有《安全生产法》规定的从业者所享有的同样的权利。接受安全教育培训是提高员工安全素质，防范伤亡事故的重要举措，同时也是安全生产从业者的重要权利之一。

70. 《安全生产法》对用于配备劳动防护用品，进行安全生产培训的经费有哪些规定？

答 安全生产必须有一定的资金保证，用于提高劳动者的安全意识和安全操作技能，改善劳动者的劳动条件，为劳动者提供必要的劳动防护用品，否则生产经营单位的安全生产将很难实现。生产经营单位的安全生产经费问题，是关系到《安全生产法》是否能够得到有效实施的一个重要问题。

《安全生产法》用多个条款对这一问题作了规定，包括要求生产经营单位的决策机构、主要负责人或者个人经营的投资人保证本单位应当具备的安全生产条件所必需的资金投入；生产经营单位应当按照规定提取和使用安全生产经费专门用于完善和改进安全生产条件的有关支出；要求生产经营单位新建、改建、扩建工程项目的安全设施投资纳入建设项目概算；等等。要求生产经营单位安排一定的经费用于安全生产工作，是实践中的一贯做法。

《安全生产法》规定生产经营单位应当对从业人员进行安全生产教育和培训，必须为从业人员提供符合国家标准或者行业标准的劳动防护用品，对于提高从业人员的安全知识和安全操作技能，防止或者减轻从业人员在生产过程中遭受事故伤害，保证从业人员的劳动安全，具有重要意义。为了保证这些制度的实施，生产经营单位应当按照《安全生产法》第47条的规定安排必要的经费用于配备劳动防护用品和进行安全生产培训。需要注意的是，为从业人员配备劳动防护用品、进行安全生产培训是生产经营单位的法定义务，本条规定由生产经营单位安排相关经费，生产经营单位不得让从业人员缴纳劳动防护用品费、培训费等费用，不得以这些费用为由克扣从业人员的工资、福利等待遇。

71. 为什么要对从业人员进行安全生产教育和培训？

答 安全伤亡事故的发生，不外乎人的不安全行为和物的不安全状态两种原因。其中，控制人的不安全行为是减少伤亡事故的主要措施。安全生产教育和培训是使广大从业人员熟悉有关安全生产规章制度和安全操作规程，具备必要的安全生产知识，掌握本岗位的安全操作技能，增强预防事故、控制职业危害和应急处理的能力的重要方式。对从业人员进行安全生产教育培训，是控制人的不安全行为的有效方法，是安全生产管理工作中的一个重要组成部分，是提高从业人员安全素质和自我保护能力、防止事故发生、保证安全生产的重要手段。从业人员应当有主动接受安全生产教育和培训的意识。

72. 对从业人员安全生产教育和培训的内容、方式包括哪些？

答 安全教育培训的基本内容包括安全意识、安全知识和安全技能教育。安全意识教育是安全教育的重要组成部分，是搞好安全生产的关键环节。它包括思想认识教育和劳动纪律教育两方面。从业人员应通过思想认识教育提高对劳动保护和安全生产重要性的认识，奠定安全生产的思想基础。劳动纪律教育是提高企业管理水平和安全生产条件，减少工伤事故，保障安全生产的必要前提。从业人员接受安全知识教育是提高其安全技能的重要手段。其内容包括生产经营单位的基本生产概况、生产过程、作业方法或者工艺流程；生产经营单位内特别危险的设备和区域；专业安全技术操作规程；

安全防护基本知识和注意事项；有关特种设备的基本安全知识；有关预防生产经营单位常发生事故的基本知识；个人防护用品的构造、性能和正确使用的有关常识等。安全技能教育是巩固从业人员安全知识的必要途径。其内容包括设备的性能、作用和一般的结构原理；事故的预防和处理及设备的使用、维护和修理。接受安全生产教育培训的人员应当达到相应要求，如对生产经营单位的行政领导和技术负责人来说，在安全生产教育培训后，要懂得安全生产技术的基本理论；能制定、审查灾害预防处理计划和实施措施，能正确组织、指挥抢救事故；具备检查、处理事故隐患，分析安全情况和提出改善安全措施的能力。

从业人员接受安全教育培训的形式多种多样，如组织专门的安全教育培训班；班前班后交代安全注意事项，讲评安全生产情况；施工和检修前进行安全措施交底；各级负责人和安全员在作业现场工作时进行安全宣传教育、督促安全法规和制度的贯彻执行；组织安全技术知识讲座、竞赛；召开事故分析会、现场会，分析造成事故的原因、责任、教训，制定事故防范措施；组织安全技术交流，安全生产展览、张贴宣传画、标语，设置警示标志，以及利用广播、电影、电视、录像等方式进行安全教育；通过由安全技术部门召开的安全例会、专题会、表彰会、座谈会或者采用安全信息、简报、通报等形式，总结、评比安全生产工作，达到安全教育的目的。从业人员要积极参加上述形式的安全教育培训。

示例 企业未按照规定对从业人员进行安全生产教育和培训被处罚❶

2020年8月18日，浙江省温州市平阳县鳌江镇应急管理中心执法人员对所属的辖区企业进行日常检查时，调查发现温州某服饰有限公司未按规定对从业人员进行三级安全生产教育和培训，相关记录缺失。该公司未按规定对从业人员进行安全生产教育和培训行为，违反了《中华人民共和国安全生产法》规定，根据规定，对其处以罚款人民币1万元的处罚。

【解析】《安全生产法》第28条第1款规定："生产经营单位应当对从业人员进行安全生产教育和培训，保证从业人员具备必要的安全生产

---

❶ 温州应急管理. 以案释法 | 引以为戒！未按照规定对从业人员进行安全生产教育和培训，这家企业被罚 [EB/OL]. [2022-05-05]. https://mp.weixin.qq.com/s/ClpLgSmGnxzp0Gw2TVmASQ.

知识，熟悉有关的安全生产规章制度和安全操作规程，掌握本岗位的安全操作技能，了解事故应急处理措施，知悉自身在安全生产方面的权利和义务。未经安全生产教育和培训合格的从业人员，不得上岗作业。"

【提示】安全生产教育和培训是安全生产管理工作的重要组成部分，通过培训教育，可使从业人员严格执行安全生产操作规程，认识和掌握生产中的危险因素，确保安全生产；同时安全生产教育和培训也是企业防止和减少生产安全事故，保障人民群众生命和财产安全的一项重要措施。因此，必须依法对每位从业人员进行安全生产教育和培训。

73. 从业人员是否有义务主动报告发现的不安全因素？

答 依照《安全生产法》规定，安全生产管理要坚持安全第一、预防为主的方针。生产安全事故虽然有意外性、偶然性和突发性的特点，但它又有一定的规律，可以通过采取有效措施尽可能加以预防。从业人员处于安全生产的第一线，最有可能及时发现事故隐患或者其他不安全因素，因此，本条对从业人员发现事故隐患或者其他不安全因素规定了报告义务，这也符合群众参与安全生产工作的方针。

其报告义务有两点要求：一是在发现上述情况后，应当立即报告，因为安全生产事故的特点之一是突发性，如果拖延报告，则使事故发生的可能性加大，发生了事故则更是悔之晚矣。二是接受报告的主体是现场安全生产管理人员或者本单位的负责人，以便于对事故隐患或者其他不安全因素及时作出处理，避免事故的发生。接到报告的人员须及时进行处理，以防止有关人员延误消除事故隐患的时机。

74. 工会在保护从业者安全方面可行使哪些权利？

答 工会是劳动者利益的代表和维护者，对于维护从业者的生产安全十分重要。工会在保护从业者安全方面可行使以下权利：

（1）《安全生产法》规定了工会有权对建设项目的安全设施提出意见

从业人员从事生产劳动，必须有相应的劳动条件和安全设施，以确保从业人员的生产安全和健康，这是劳动安全工作中的基本内容。党和国家一贯对这项工作十分重视，人民政府和有关部门对各行各业职工的劳动安全都作出了具体明确的规定。《安全生产法》第31条规定："生产经营单位新建、改建、扩建工程项目（以下统称建设项目）的安全设施，必须与主体工程同时设计、同时施工、同时投入生产和使用。安全设施投资应当纳入建设项目概算。"依照《中华人民共和国工会法》（以下简称《工会法》）第24条的规定，工会依照国家规定对新建、扩建企业和技术改造工程中的劳动条件和安全卫生设施与主体工程同时设计、同时施工、同时投产使用进行监督。由此可见，工会既可以在设计阶段、施工阶段对建设项目的安全设施提出意见，也可以在投产前的检查验收中提出意见；既可以要求生产经营单位按照国家规定增加或者补建安全设施，要求依法改善劳动条件，又可以建议停止施工、投产，待安全设施配套时再行施工等。生产经营单位对工会提出的意见，应当认真处理。对确有法律依据的，应当按照工会的意见处理。对未按照工会的意见处理的，工会还可以向有关主管部门反映，或者向上一级工会反映，要求解决。对工会提出的意见，生产经营单位或者主管部门要认真研究，处理解决，并应当将研究处理结果通知工会。工会的这种监督属于一种群众性监督。

（2）工会对生产经营单位及其生产工作的权利

工会对生产经营单位违反安全生产法律、法规，侵犯从业人员合法权益的行为有要求纠正的权利，以及对生产经营单位的安全生产工作有提出建议的权利。

①《工会法》第6条第1款规定："维护职工合法权益是工会的基本职责。工会在维护全国人民总体利益的同时，代表和维护职工的合法权益。"从业人员相对于生产经营单位处于弱势地位，在这种情况下，必须强化和维护从业人员的合法权益。尤其在我国，维权是现阶段工会工作的核心内容。本法从安全生产的角度进一步重申了工会在这方面的权利，强调工会对生产经营单位违反有关安全生产的法律、法规，侵犯从业人员合法权益的行为有要求纠正的权利。依照《工会法》第26条的规定，"工会有权对企业、事业单位侵犯职工合法权益的问题进行调查，有关单位应当予以协助"。

②工会发现生产经营单位违章指挥、强令工人冒险作业时，或者发现事

故隐患时,有权提出解决问题的建议。生产经营单位应当及时研究工会的意见,不得推诿,并将处理结果通知工会。工会发现危及从业人员生命安全的情况时,例如矿山开采出现透水事故苗头,有权向生产经营单位建议组织从业人员撤离危险场所,生产经营单位必须立即果断地作出处理决定,避免伤亡事故的发生。需要说明的是,依照本条及《工会法》的规定,工会对纠正生产经营单位的违章指挥,对组织从业人员撤离危险场所,都是向生产经营单位提出建议,而不是去直接制止或者组织撤离。这样规定是因为生产经营管理权是生产经营单位主要负责人的职责,保障安全生产也是单位负责人的职责,涉及生产的指挥和组织问题应当由生产经营单位行政决定。

(3) 工会可以参加安全生产事故调查处理

生产安全事故的调查处理,直接关系到职工的利益,工会作为职工群众组织,有权关心和参加事故的调查处理工作。任何组织和个人都不得阻挠工会参加调查。工会根据调查的实际情况,提出处理意见,对造成事故的直接负责的主管人员和其他直接责任人员,有权要求追究其法律责任。对此,《工会法》第 27 条规定:"职工因工伤亡事故和其他严重危害职工健康问题的调查处理,必须有工会参加。工会应当向有关部门提出处理意见,并有权要求追究直接负责的主管人员和有关责任人员的责任。对工会提出的意见,应当及时研究,给予答复。"该法从安全生产专门立法的角度重申了这一规定。

第四章　安全生产的监督管理

75. 县级以上地方各级人民政府如何组织有关部门开展安全生产监督检查?

答案 对于生产经营单位安全生产的监督检查,通常由各级人民政府负有安全生产监督管理职责的部门在各自的职责范围内进行。但是,县级以上地方各级人民政府作为本行政区域内社会经济活动的宏观组织与管理者,应当发挥领导作用,根据本行政区域内的安全生产状况,组织有关部门按照职责分工,对本行政区域内容易发生重大生产安全事故的生产经营单位进行严格检查。

第一,县级以上地方各级人民政府应该了解本行政区域内的安全生产状况。具体来说,县级以上地方各级人民政府一般需要综合考虑本地区生产经营单位的性质,生产经营活动的特点、分布区域、人员结构,安全生产实际情况等客观要素,结合本地区近期内生产安全事故发生频率和严重程度等,了解本行政区域内的安全生产状况,分析可能发生生产安全事故的来源、危害程度以及影响范围。

第二,县级以上地方各级人民政府应当按照各有关部门的职责分工组织安全检查。有关部门应当认识到,职权法定是依法行政的基本要求。宪法、法律、行政法规以及部门"三定"规定赋予了行政机关有关职权。《安全生产法》第 10 条对应急管理部分和其他有关部门的安全生产监督职责作了初步划分,各级政府部门"三定"对部门职责进行了进一步细化。有关部门应当根据政府的统一安排,按照法律、法规和部门"三定"的规定进行安全检查,既要避免重复执法,又要避免因为职责交叉不明确造成的监管缺位、越位。

第三，县级以上地方各级人民政府应当确定本行政区域内容易发生重大生产安全事故的生产经营单位，确定安全检查重点。县级以上人民政府应当在调查研究的基础上，对本行政区域内的生产经营单位，结合其所属行业领域、生产经营规模、安全生产管理状况、安全生产标准化等因素，划分出不同的安全风险等级，将存在重大危险源、发生过重大以上安全生产事故的生产经营单位列为重点。

第四，县级以上地方各级人民政府应当积极组织有关部门开展严格检查，切忌形式主义。在检查过程中不能走过场、讲排场，而是必须严格按照有关安全生产的法律、法规和有关国家标准或者行业标准以及相关安全规程的规定，认真检查一切可能存在安全生产隐患的场所和设施，也可采取诸如直奔基层、直插现场等方式明察暗访，从而核查其安全生产管理制度是否得到有效执行。❶

76. 应急管理部门如何履行监督检查职责？

答 应急管理部门应当：按照分类分级监督管理的要求，制定安全生产年度监督检查计划，并按照年度监督检查计划进行监督检查，发现事故隐患的，应当及时处理。

分类监管的基本依据通常是以安全风险等级为准的，根据生产经营单位、行业类别、生产规模及产权权属等，将省、市、县各级行政区域内的生产经营单位，分为重点和一般两个类别进行分类监管。原则上纳入安全许可的生产经营单位均为重点单位，未纳入许可的涉氨制冷、粉尘制爆以及含有危险化学品使用或储存的工贸领域单位也将列入重点单位；对发现存在重大安全生产隐患和近3年发生死亡事故的单位，也纳入市县重点监管执法范围。除上述单位以外，其余生产经营单位可以列入一般单位实施监管。

分级监管主要是界定各级应急管理部门的执法权限范围，通常根据生产经营单位分类情况及安全生产工作实际，合理划分省、市、县三级应急管理

---

❶ 代海军.《中华人民共和国安全生产法》条文理解与适用指南［M］.北京：中国劳动社会保障出版社，2021：140-141.

部门的执法事权。其中，省级应急管理部门主要抓好中央企业的一级分支机构总部和省属企业总部这两类关键生产经营单位，并通过随机抽查或交叉执法方式监督指导市县级执法；市级应急管理部门主要负责辖区内中央企业的二级以下（含二级）分支机构、省属企业一级以下（含一级）分支机构和市属企业的监督执法检查；县级应急管理部门主要负责辖区内除纳入省市范畴外的所有单位的安全生产监管执法，对重点单位实行重点执法为主、"双随机"执法为辅的政策，对一般单位实行"双随机"执法，各级要对辖区内重点单位实现执法全覆盖。

监督检查计划是指应急管理部门为实施安全生产监督检查工作而预先拟定的工作计划，主要依据是《安全生产法》等法律、法规、规章和本级人民政府规定的安全生产监管职责，以及各有关部门的监管权限、行政执法人员数量、监管的生产经营单位状况、技术装备和经费保障等实际情况。制订安全生产年度监督检查计划，并按照年度监督检查计划进行监督检查，是《安全生产法》对应急管理部门的法定要求。地方各级应急管理部门制订年度监督检查计划后，应当报本级人民政府批准，并报上一级应急管理部门备案。根据授权或者委托开展行政执法的组织或者机构编制的监督检查计划，应当依规定报送有关人民政府批准，并报上级应急管理部门备案。各级应急管理部门编制的年度监督检查计划应当相互衔接，并明确相互衔接可操作的实施细则，避免在监督检查对象、内容和时间上出现重复或者脱节。

77. 负有安全生产监督管理职责的部门如何对涉及安全生产的事项进行审批、验收？

答 第一，负有安全生产监督管理职责的部门应当严格依法审批涉及安全生产的事项。为防止和减少生产安全事故、保障人民群众生命和财产安全，有关法律、法规规定，对一些涉及安全生产的事项，应由负有安全生产监督管理职责的部门依法进行事前审查批准，包括批准、核准、许可、注册、认证、颁发证明等；对一些高危行业的建设项目的安全设施，要由有关监督管理部门进行检查验收。负有安全生产监督管理职责的部门依法需要对涉及安全生产的事项进行审查批准或者验收的，必须严格依照有关法律、法规和国家标准或者行业标准规定的安全生产条件和程序进行审查,既不能违反法律法规、降低标准,也不能违反程序要求。对不符合有关法律、法规和国家标准或者行业标准规定的安全生产条件的,不得批准或者验收通过。

第二,对依法应当经过审批、验收,而未经审批、验收即从事有关活动的违法行为,必须依法予以取缔、处理。负有安全生产监督管理职责的部门接到单位或者个人的举报,或者由本部门发现有未经依法审批或者验收合格即擅自从事有关活动的,应当立即采取措施,制止违法行为,责令其停止有关生产经营活动,予以关闭。同时,按照有关法律法规的规定追究其行政责任;对于涉嫌犯罪的,应依照《行政执法机关移送涉嫌犯罪案件的规定》移送司法机关依法追究其刑事责任。

第三,发现已经审批的生产经营单位不再具备安全生产条件的,应当撤销原批准。对于安全生产事项的审批不能一批了之,必须跟进事后的监管。负责审批的部门发现已经依法取得批准的单位不再具备安全生产条件的,应当撤销原批准。被依法撤销的批准,自撤销之日起失去效力,被撤销批准的单位不得再从事相关的生产经营活动,否则将依法追究其法律责任。

第四,负有安全生产监督管理职责的部门对涉及安全生产的事项进行审查、验收,不得收取费用;不得要求接受审查、验收的单位购买其指定品牌或者指定生产、销售单位的安全设备、器材或者其他产品。安全生产监督检查人员应当将检查的时间、地点、内容、发现的问题及其处理情况,作出书面记录,并由检查人员和被检查单位的负责人签字;被检查单位的负责人拒绝签字的,检查人员应当将情况记录在案,并向负有安全生产监督管理职责的部门报告。❶

78. 负有安全生产监督管理职责的部门拥有哪些法定职权?

答 应急管理部门和其他负有安全生产监督管理职责的部门依法开展安全生产行政执法工作,对生产经营单位执行有关安全生产的法律、法规和国家标准或者行业标准的情况进行监督检查,具体来说,行使以下职权:

---

❶ 李遐桢. 最新安全生产法条文对照与重点解读[M]. 北京:法律出版社,2021:184-185.

第一，现场调查取证，包括有权进入生产经营单位进行检查；调阅被检查单位的安全设施档案资料、从业人员安全培训资料等；向被检查单位的负责人、管理人员、技术人员等了解情况。

第二，对违法违规行为进行现场处理，包括对检查中发现的安全生产违法行为，当场予以纠正或者要求限期改正；对检查过程中发现的违法行为，依照有关法律、法规的规定，应当由应急管理部门和其他负有安全生产监督管理职责的部门给予行政处罚的，依法作出行政处罚决定。

第三，对检查中发现的事故隐患，应当责令立即排除；重大事故隐患排除前或者排除过程中无法保证安全的，应当责令从危险区域内撤出作业人员，责令暂时停产停业或者停止使用相关设施、设备；重大事故隐患排除后，经审查同意，方可恢复生产经营和使用。

第四，采取行政强制措施，包括应急管理部门和其他负有安全生产监督管理职责的部门对有根据认为不符合保障安全生产的国家标准或者行业标准的设施、设备、器材以及违法生产、储存、使用、经营、运输的危险物品予以查封或者扣押，对违法生产、储存、使用、经营危险物品的作业场所予以查封，并依法作出处理决定。

但需要注意的是，负有安全生产监督管理职责的部门应当依法行使这些法定职权。所有负有安全生产监督管理职责的部门行使《安全生产法》第65条规定的职权，采取有关的行政措施时，应当依照《行政强制法》《行政处罚法》等有关法律、法规规定的条件和程序进行。例如，采取查封、扣押等行政强制措施时，必须遵守《行政强制法》有关的程序规定，如采取查封、扣押措施，必须要有足够的根据，认为查封、扣押的物品确实不符合保障安全生产的国家标准、行业标准；要经过部门负责人的批准；执行查封、扣押措施时要通知被执行单位的负责人员到场，当事人不到场的，邀请见证人到场；对查封、扣押的设施、设备、器材应当清点、登记；对扣押物品办好交接手续；对查封、扣押的物品应当在法定期限内及时作出处理决定等。对依法应当给予行政处罚的，应当遵守《行政处罚法》规定的程序。

监督检查不得影响被检查单位的正常生产经营活动。《安全生产法》第65条第1款规定的监督检查权，根据保障安全生产的需要，赋予了监督检查部门必要的权力，也规定了行使这些职权的具体条件、应遵循的规则。这种监督检查是针对违法行为、事故隐患的,总的目的是安全生产。为此,该条第2款又确立了一条重要的规则,即"监督检查不得影响被检查单位的正常生产经营活动"。这里所规定的"正常生产经营活动",是指没有违反安全生产要求、履行了安全生产义务的生产经营活动。而对于在检查中发现的违法行为、事故隐患,不符合保障安全生产的国家标准或者行业标准的设施、设备、器材,违法生产、储存、使用、经营、运输的危险物品,违法生产、储存、使用、经营危险物品的作业场所,分别采取当场纠正或者要求限期改正,责令立即排除,责令暂时停产停业或者停止使用相关设施、设备,查封或者扣押等措施,不属于影响正常生产经营活动。生产经营单位不得以此为借口,拒绝、阻挠职能部门的监督检查。

【示例】烟台昊海隔热材料科技有限公司未健全特种作业人员管理档案行政处罚决定❶

2022年3月7日,龙口市应急管理局(安全生产监察大队)依据《安全生产法》第65条等规定,依据年度执法计划,对烟台昊海隔热材料科技有限公司特种作业人员管理情况进行执法检查。执法人员根据现场检查情况以及询问笔录,发现该企业未健全特种作业人员管理档案(缺少复审情况),依法作出责任限期整改指令书,并且对该公司处以8000元的行政处罚。

【解析】龙口市应急管理局的执法流程较为清晰地展示了应急管理局在安全生产执法过程中的法定职权。根据《安全生产法》第65条的规定,应急管理局的法定职权主要包括执法检查权、行政处罚权以及强制措施权。本案中,龙口市应急管理局在执法检查中发现涉案公司存在安全生产违法行为后,依法作出责令限期整改和行政罚款的决定,于法有据,程序合法。从本案也可以看出:其一,应急管理部门在行使执法检查权时需要采取现场检查及询问等多种方式,以确保调查的真实性及证据的充足;其二,安全生产执法中行政处罚权的行使方式往往包括直接责令改正违法行为以及处以行政罚款两种,在及时止损的基础上惩戒违法生产经营单位。

---

❶ 山东省龙口市应急管理局(鲁烟龙)应急罚〔2022〕39号行政处罚决定书。

79. 负有安全生产监督管理职责的部门可以对存在重大事故隐患的生产经营单位采取哪些行政强制措施？

答案 "安全生产行政强制"，是指负有安全生产监督管理职责的部门为预防和制止安全生产违法行为，或者为保证行政决定的履行而对行政相对人采取的强制行为。行政强制分为行政强制措施和行政强制执行。

《安全生产法》第 70 条规定："负有安全生产监督管理职责的部门依法对存在重大事故隐患的生产经营单位作出停产停业、停止施工、停止使用相关设施或者设备的决定，生产经营单位应当依法执行，及时消除事故隐患。生产经营单位拒不执行，有发生生产安全事故的现实危险的，在保证安全的前提下，经本部门主要负责人批准，负有安全生产监督管理职责的部门可以采取通知有关单位停止供电、停止供应民用爆炸物品等措施，强制生产经营单位履行决定。通知应当采用书面形式，有关单位应当予以配合。

负有安全生产监督管理职责的部门依照前款规定采取停止供电措施，除有危及生产安全的紧急情形外，应当提前二十四小时通知生产经营单位。生产经营单位依法履行行政决定、采取相应措施消除事故隐患的，负有安全生产监督管理职责的部门应当及时解除前款规定的措施。"

采取强制措施的条件：第一，负有安全生产监督管理职责的部门在实施行政强制措施的过程中更要保证安全。在实施停止供应民用爆炸物品，特别是停止供电的强制措施的情况下，要严格遵守安全断电程序，以保障实现行政强制目的。第二，负有安全生产监督管理职责的部门依法对存在重大事故隐患的生产经营单位作出停产停业、停止施工、停止使用相关设施或者设备的决定。第三，生产经营单位拒不执行上述决定时，负有安全生产监督管理职责的部门可以采取上述强制措施。第四，存在危害和整改难度较大的重大事故隐患，或者因外部因素影响致使生产经营单位自身难以排除的隐患，有发生生产安全事故的现实危险。

示例 东莞市振泰生物燃料有限公司安全生产违法行政强制措施决定[1]

2021年12月1日，东莞市应急管理局查明东莞市振泰生物燃料有限公司存在以下安全生产违法行为：①粉尘爆炸危险场所的20区未使用防爆电气设备设施（开关、插座、风扇、线路线缆、电箱、灯具、马达、应急灯）；②作业现场积尘未及时规范清扫；③干式除尘系统未规范采用泄爆、隔爆、惰化、抑爆、抗爆等一种或多种控爆措施；④其他可燃性粉尘（木质）除尘系统采用正压吹送粉尘时，未规范采取火花探测消除等防范点燃源措施；⑤造粒等易产生机械火花的工艺，未规范采用杂物去除或火花探测消除等防范点燃源措施；⑥车间无除尘设备，存在可燃性粉尘云；⑦除尘系统未设置温度、差压等联动报警装置。

鉴于该公司拒不进行整改，后续东莞市应急管理局根据《安全生产法》第70条第1款对该公司作出停止供电的行政强制措施。

【解析】停止供电、停止供应民用爆炸物品等措施作为安全生产领域的行政强制措施，需要符合《行政强制法》第18条、第19条及《安全生产法》第70条第2款的程序性要求。从安全生产行政强制措施的启动条件来看，必须存在违法生产经营单位拒不执行应急管理部门作出的停产停业、停止施工等行政决定之情形，才可以启动强制措施。从安全生产行政强制的执行来看，首先需要保障违法生产经营单位的知情权，除危急情况外必须提前24小时通知强制措施执行的时间、范围和地点。在安全生产行政强制的解除层面，若生产经营单位已经依法履行行政决定、采取相应措施消除事故隐患，应急管理部门应当及时解除相应的措施。本案中，在振泰生物燃料有限公司拒不改正生产安全违法行为的情况下，东莞市应急管理局根据《安全生产法》第70条第1款规定作出停止供电的强制措施，事实清楚，于法有据。

---

[1] 东莞市应急管理局（东岭）应急停供决〔2021〕2号行政决定书。

80. 如何监督安全生产执法人员依法履行法定职责？

答案 根据《安全生产法》第71条："监察机关依照监察法的规定，对负有安全生产监督管理职责的部门及其工作人员履行安全生产监督管理职责实施监察。"所称监察机关是指行使国家监察职能的各级监察委员会。

监察机关有权对履行安全生产监督管理职责的部门及其工作人员进行监督、调查、处置，包括：①对公职人员开展廉政教育，对其依法履职、秉公用权、廉洁从政从业以及道德操守情况进行监督检查。②对涉嫌贪污贿赂、滥用职权、玩忽职守、权力寻租、利益输送、徇私舞弊以及浪费国家资财等职务违法和职务犯罪进行调查。③对违法的公职人员依法作出政务处分决定；对履行职责不力、失职失责的领导人员进行问责；对涉嫌职务犯罪的，将调查结果移送人民检察院依法审查，提起公诉；向监察对象所在单位提出监察建议。

具体来说，依照监察法的规定，监察机关对负有安全生产监督管理职责的部门及其工作人员实施监察时，有权采取下列措施：①依法向有关单位和个人了解情况，收集、调取证据。②对可能发生职务违法的监察对象，直接或者委托有关机关、人员进行谈话或者要求说明情况。③要求涉嫌职务违法的被调查人就涉嫌违法行为作出陈述，必要时向被调查人出具书面通知；对涉嫌贪污贿赂、失职渎职等职务犯罪的被调查人进行讯问。④在调查过程中询问证人等人员。⑤被调查人涉嫌贪污贿赂、失职渎职等严重职务违法或者职务犯罪，符合规定条件的，可以将其留置在特定场所。⑥调查涉嫌贪污贿赂、失职渎职等严重职务违法或者职务犯罪的，可以依照规定查询、冻结涉案单位和个人的存款、汇款、债券、股票、基金份额等财产。⑦对涉嫌职务犯罪的被调查人以及可能隐藏被调查人或者犯罪证据的人的身体、物品、住处和其他有关地方进行搜查。⑧调取、查封、扣押用以证明被调查人涉嫌违法犯罪的财物、文件和电子数据等信息。⑨直接或者指派、聘请具有专门知识、资格的人员在调查人员主持下进行勘验检查。⑩调查涉嫌重大贪污贿赂等职务犯罪，可以采取技术调查措施，按照规定交有关机关执行。⑪本行政区域内通缉依法应当留置的被调查人。⑫对被调查人及相关人员采取限制出境措施。

此外，安全生产监督管理部门及其负责人的责任，按照干部管理权限，由其上级安全生产监督管理部门或者本级人民政府行政监察机关追究；所属内设机构和其他行政执法人员的责任，由所在安全生产监督管理部门追究。

示例 《吉林省应急管理部门安全生产监管执法人员依法履行法定职责制度（试行）》❶

为促进应急管理部门安全生产监管执法人员依法履行职责，吉林省应急管理厅于2019年6月制定《吉林省应急管理部门安全生产监管执法人员依法履行法定职责制度（试行）》，其中在执法程序层面设置多个条款规范应急管理部门安全生产执法人员执法活动的具体权限及违反规定的责任，具体如下：

在程序规范方面。执法人员执行现场监督检查应当做到"行政执法人员不得少于2人，并应当出示合法有效的行政执法证件"；监督检查过程中应当制作《现场检查记录》，如实记录检查的时间、地点、内容、发现问题及其处理情况；对生产经营单位及其从业人员作出现场处理措施、行政强制措施等行政执法行为前，应当充分听取当事人的陈述、申辩，对其提出的事实、理由和证据，应当进行复核。

在违规追责方面。该制度第26条规定："安全生产监管执法人员在履行职责过程中，存在《安全生产法》第87条规定行为的，依法依规给予处分，构成犯罪的，依法追究刑事责任。"

【解析】 安全生产执法人员职责监督体系不仅包括监察机关、司法机关、社会公众，亦包括应急管理部门内部监督，应急管理部门的内部监督机制的主要方式是制定并落实安全生产执法人员依法履行法定职责制度（如《吉林省应急管理部门安全生产监管执法人员依法履行法定职责制度（试行）》）。相较于其他几类主体个案化的监督模式，以专门的执法人员制度为监督手段更具针对性和全面性，也更利于在事前、事中、事后进行全过程监督。

---

❶ 吉林省应急管理厅. 吉林省应急管理部门安全生产监管执法人员依法履行法定职责制度（试行）（吉应急政策法规〔2019〕160号）[EB/OL].（2019-06-19）[2022-04-27]. http://yjt.jl.gov.cn/gwtg/yjtwj/201906/t20190619_6209691.html.

81. 承担安全评价、认证、检测、检验职责的中介机构的资格条件及其责任有哪些？

答 承担安全评价、认证、检测、检验职责的机构属于服务性的中介机构。该机构的主要职责是接受有关生产经营单位或负有安全生产监督管理的部门的委托，进行相应的安全评价、认证、检测、检验等技术服务工作。

第一，承担安全评价、认证、检测、检验职责的机构应当具备法定的资质条件。安全评价、认证、检测、检验报告是生产经营单位进行安全生产监督管理以及负责安全生产监督管理的部门履行安全生产监督管理职责的重要依据，所以必须保证安全评价、认证、检测、检验结果的客观、真实、公正。这就要求承担安全评价、认证、检测、检验职责的机构必须具备"国家规定的资质条件"，包括对必要的技术人员、管理人员的资格方面的要求，对必要的检测、检验设备方面的要求，对必要的组织机构的要求，对建立健全有关检测、检验操作规程的要求等。资质条件由国务院应急管理部门会同国务院有关部门制定，明确制定资质条件的牵头部门。

第二，承担安全评价、认证、检测、检验职责的机构应当建立并实施服务公开和报告公开制度。公开公示等制度化的建设手段有利于规范中介机构的从业行为，强化诚信意识，促使其认真履行职责，确保服务工作的真实性、科学性、严肃性，实现对安全生产技术服务机构的社会监督。

第三，承担安全评价、认证、检测、检验职责的机构不得租借资质、挂靠、出具虚假报告。具有安全评价、认证、检测、检验资质的机构不得将其资质借给其他机构；不具备安全评价、认证、检测、检验资质的机构不得向具备资质的机构租借资质或者挂靠具备资质的机构。

示例 佳木斯北方水泥有限公司未取得安全评价资质证书行政处罚决定❶

2021年1月11日，佳木斯市应急管理局在对佳木斯北方水泥有限公司进行行政审批时，发现该公司未取得安全评价资质证书而从事安全评价工作。

---

❶ 佳木斯市应急管理局（佳）应急罚〔2021〕第（0004）号行政处罚决定书。

其行为违反了 2014 年《安全生产法》第 69 条的规定，依据《安全评价检测检验机构管理办法》（中华人民共和国应急管理部第 1 号令）第 29 条第 1 款第 1 项的规定，决定给予没收违法所得 8 万元，并处罚款 1 万元的行政处罚。

【示例】山东中安安全技术咨询有限公司未取得安全评价资质证书行政处罚决定❶

山东中安安全技术咨询有限公司在不具备国家规定资质的条件下，擅自从事安全评价服务，并于 2020 年 3 月 30 日与济宁精忠纺织有限公司签订安全评价合同。2020 年 7 月 10 日，济宁市应急管理局以该公司行为违反 2014 年《安全生产法》第 69 条的规定，依据《安全评价检测检验机构管理办法》第 29 条第 1 款第 1 项的规定对该公司处以 0.5 万元处罚（鉴于该公司及时终止安全评价服务，主动减轻了安全生产违法行为危害后果，予以从轻处罚）。

【解析】实务中，安全生产中介服务机构承担行政责任的原因主要是未取得法定资质而擅自从事安全生产中介服务，行政处罚多以没收违法所得、罚款等财产类处罚为主。安全生产中介服务机构作为承担安全生产评价、认证、检测、检验的机构，具有安全市场"看门人"的作用，其合法合规经营有助于推动生产经营单位履行安全生产义务，从源头减少安全生产事故的发生。在此意义上，《安全生产法》第 72 条的制定及有效执行，不仅是对违反安全生产中介服务机构资质的处罚，更是促使安全生产中介服务机构回归"看门人"地位的良方。

82. 负有安全生产监督管理职责的部门应该如何建立举报制度？

【答案】想要做好安全生产监督工作，仅靠负有安全生产监督管理职责的部门进行监督检查是不够的，需要发动群众监督的力量，建立举报制度，拓展获取各生产经营单位有关安全生产线索的渠道，以便有关部门及时处理违法行为，排除事故隐患。

---

❶ 济宁市应急管理局（济）应急罚〔2020〕4005-1 号行政处罚决定书。

负有安全生产监督管理职责的部门应当公开社会举报途径，鼓励从业人员和社会群众积极参与对安全生产违法行为和事故隐患的举报。举报途径包括举报电话、信箱或者电子邮件地址等网络举报平台。负有安全生产监督管理职责的部门应当公开具体明确的电话、信箱地址、电子邮箱等，还可以积极开拓多样化的举报受理方式，比如通过网页、微信小程序等方式受理举报。

负有安全生产监督管理职责的部门应当注重对安全生产举报渠道的宣传，努力做到让多数人知悉举报联系方式。"12350"举报投诉电话是全国统一的安全生产举报投诉特服号。"12350"举报投诉电话实行属地受理制度。省级应急管理部门应当设立"12350"举报投诉电话相关工作机构，负责接受和处理本省（自治区、直辖市）应急管理部门职权范围内的举报投诉。市（地）级以下应急管理部门设立受理机构事宜，由省级应急管理部门根据本地区实际情况确定。

示例 山东省《关于强化安全生产有奖举报工作严肃违法企业责任追究的意见》[1]

为进一步落实《安全生产法》第76条关于安全生产事故举报奖励的规定，山东省应急管理厅等12个部门联合制定《关于强化安全生产有奖举报工作严肃违法企业责任追究的意见》（以下简称《意见》）。该《意见》从以下几个方面细化了安全生产事故举报奖励规则：

一是加强企业内部有奖举报工作建设。主要是在安全经营单位内部建立有奖举报"吹哨人"工作机制，鼓励应急管理部门在辖区内发生过生产安全事故的企业或者重点行业领域企业内部，选取有奖举报信息员，建立专门联络机制，及时获取企业重大事故隐患、安全生产违法行为线索。

二是强化有奖举报资金保障落实职责。安全生产举报首先需要构建奖励资金发放审核机制，加强对奖励资金的申报、审查和发放，对10万元以上的大额举报奖励，要切实履行集体研究决策审查制度和举报人身份核实制度，以排除安全监管人员、执法专家"自查自报自奖"及授意他人领取奖励的嫌

---

[1] 山东省应急管理厅等12个部门.关于强化安全生产有奖举报工作严肃违法企业责任追究的意见（鲁应急发〔2022〕3号）[EB/OL].（2022-03-25）[2022-04-27]. http://yjt.shandong.gov.cn/zfgw/202203/t20220325_3885558.html.

疑。此外，在举报奖励资金保障方面，各级财政部门要按照《山东省安全生产条例》第39条的规定，将安全生产举报奖励资金纳入同级年度财政预算，保证专款专用。

三是建立严格的举报奖励核查工作机制。对举报事项依法组织核实、调查和处理。要采取突击核查、暗查暗访等方式，对举报事项的真实性进行核查，不得提前告知被举报企业有关核查内容；要严格履行现场勘查、书证物证采集、影像资料调取、谈话记录制作等证据调查和采集程序；对谎报、瞒报死亡事故的举报核查，要依法调取120出车记录、死亡证明、医院诊断记录、殡仪火化记录、人社工伤事故认定、死亡赔偿协议等关键性证据。

四是加大举报查实非法违法行为处罚力度，对于举报查实违法企业从重处罚。

【解析】山东省应急管理厅的安全生产举报奖励制度具有较好的示范作用。《安全生产法》关于举报奖励的规定若要进一步具备实操性，则必须在举报奖励核查以及举报奖励资金保障两方面制定详尽的制度规则，既要保障真实举报人可以获得奖励，又要防止出现恶意举报、虚假举报的现象，以保障企业的正常经营。在政府与企业合作方面，山东省应急管理厅关于在应急管理部门与生产经营单位合作设置企业内部长期"吹哨人"工作机制的规则值得借鉴，执法人员与企业内部员工的专门联络机制更有利于防微杜渐，在安全生产隐患出现时及时改正，避免安全生产事故的发生。

83. 负有安全生产监督管理职责的部门受理举报事项后需要形成书面材料吗？

答案 负有安全生产监督管理职责的部门受理的举报事项调查核实后，应当形成书面材料。

首先，负有安全生产监督管理职责的部门应当对举报投诉的方式、时间、内容、举报人的联系方式等信息进行登记，并对举报材料的原件予以封存，不得泄露举报人的个人信息。需要向举报人核实情况的，应当向举报材料原件封存单位提出申请,由专人记录申请人信息后,才可以提供举报人的有关信息。

其次,负有安全生产监督管理职责的部门应当采取突击检查、暗查暗访等方式对举报事项进行调查核实,随后将调查经过、调查结果等形成书面材料。需要落实整改措施的,报经有关负责人签字并督促落实。

负有安全生产监督管理职责的部门要认真对待群众的每一次举报,使举报受理工作制度化、程序化和规范化。及时调查、核实并反馈群众的举报,有利于提高群众举报的积极性,增强群众对行政部门的信任感,促进社会监督机制的发展。

84. 对不属于本部门职责的举报事项应该如何处理?

答: 对不属于本部门职责,需要由其他有关部门进行调查处理的举报事项,转交其他有关部门处理。负有安全生产监督管理职责的部门包括应急管理部门和其他有关部门,分别负责对安全生产进行综合监管,以及在各自职责范围内对安全生产进行行业监管。负有安全生产监督管理职责的部门受理有关安全生产的举报后,如果不属于本部门职责,则无法依职权进行调查、核实和处理,但并不能因此推诿对安全生产举报的调查处理,如果需要由其他有关部门进行调查处理,应当及时转交其他有关部门。其他有关部门接到转交的安全生产举报后,应当按照程序及时调查处理。

85. 涉及人员死亡的举报事项由什么部门处理?

答: 涉及人员死亡的举报事项,应当由县级以上人民政府组织核查处理。生产安全事故有时存在瞒报或者谎报的情况,需要对是否存在瞒报或者谎报进行核查。涉及人员死亡的生产安全事故的举报事项,情况通常比较复杂,存在涉及单位人员多、调查取证难度大、责任认定困难等一系列复杂问题,负有安全生产监督管理职责的部门单纯依靠行政手段是难以查明的。所以,受理安全生产事故举报线索的部门要及时向当地政府报告,由当地政府牵头组织公安、纪检监察、工会和有关安全监管监察等相关部门参加核查。

对核查难度大、本级人民政府难以推进的，要及时向上一级地方人民政府汇报并提请组织核查。核查属实的事故，要认真查明瞒报谎报的决策者、组织者、参与者以及瞒报谎报细节，查明相关人员责任，按照有关规定上限严肃追责、严厉处罚；对涉嫌犯罪的人员，要移交司法机关依法处理。

86. 哪些主体有权向负有安全生产监督管理职责的部门报告或者举报？

答 任何单位或者个人对事故隐患或者安全生产违法行为，均有权向负有安全生产监督管理职责的部门报告或者举报。这里的举报是其权利而非义务。举报人应当对其举报内容的真实性负责，举报不一定要求内容完全客观、准确，但也不能滥用权利，更不得捏造、歪曲事实，不得诬告、陷害他人和生产经营单位，不得故意诱导生产经营单位实施安全生产违法行为。否则，一经查实，依法追究法律责任。

有关行政机关应当依法保护公众的举报权利。人民群众的举报是行政机关发现问题、纠正违法行为的重要途径。安全生产关系广大人民群众的切身利益，公众关心安全生产，对良好社会秩序的需求越来越迫切。面对严峻的安全生产形势，安全生产违法行为的普遍性和执法力量的有限性之间存在矛盾，负有安全生产监督管理职责的部门只有依靠群众、为了群众，才能做好安全生产工作。

87. 哪些情况下人民检察院可以提起公益诉讼？

答 《安全生产法》第74条第2款规定："因安全生产违法行为造成重大事故隐患或者导致重大事故，致使国家利益或者社会公共利益受到侵害的，人民检察院可以根据民事诉讼法、行政诉讼法的相关规定提起公益诉讼。"

公益诉讼是以法律规定的机关和有关组织为原告，以损害国家、社会或不特定多数人利益的行为为对象，以制止损害公益行为并追究公益加害人相应法律责任为目的，向法院提出的诉讼活动。

人民检察院提起安全生产公益诉讼的条件有两个：一是因安全生产违法

行为造成重大事故隐患或者导致重大事故。重大事故隐患或者重大事故须由安全生产违法行为引起，非安全生产违法行为引起的重大事故隐患或者导致重大事故的，不适用。二是只有"公益"受到侵害才可提起诉讼，即重大事故隐患或者重大事故造成了国家利益或者社会公共利益受到侵害。公益诉讼作为公共利益受损的司法救济手段，对于监督行政机关依法履行职权，完善现行安全生产监管体制大有裨益。

公益诉讼分为民事公益诉讼与行政公益诉讼。安全生产公益诉讼包括安全生产民事公益诉讼和安全生产行政公益诉讼。民事公益诉讼的被告是重大事故隐患或者重大事故致使国家利益或者社会公共利益受到侵害的生产经营单位及其有关人员。行政公益诉讼的被告是因未依法履行监督管理职责而致使国家利益或者社会公共利益受到侵害的负有安全生产监督管理职责的部门及其工作人员。

示例 陕西省汉中市略阳县人民检察院诉略阳县应急管理局不履行监管职责行政公益诉讼案❶

陕西省汉中市略阳县何家岩好益选矿厂汪家沟尾矿库（以下简称汪家沟尾矿库）由略阳县何家岩好益选矿厂（以下简称好益选矿厂）于2003年3月设立，2006年停止使用。2018年8月20日，略阳县人民检察院立案调查，通过现场勘查、调取行政机关执法卷宗、询问证人，发现该尾矿库未依照《尾矿库安全监督管理规定》实施闭库，排洪设施损毁严重，并且汛期存在重大安全隐患。此外，该尾矿库占地18.9亩，紧邻群众居住区域和农村公路，已经严重危及周边居民生命健康和财产安全。鉴于上述生产经营单位及略阳县应急管理局存在严重安全生产违法及失责行为，导致该尾矿库的重大安全事故隐患仍持续侵害国家利益和社会公共利益。2019年12月31日，略阳县人民检察院向略阳县人民法院提起行政公益诉讼，请求判令略阳县应急管理局对汪家沟尾矿库继续履行监管职责，切实保护国家利益和社会公共利益。

庭审过程中，双方争议焦点集中于略阳县应急管理局是否依法全面履行了监督管理职责。略阳县应急管理局辩称：2006—2013年，该局已在安全检

---

❶ 陕西省略阳县人民法院（2020）陕0727行初1号行政判决书。

查中多次要求整改汪家沟尾矿库,但该尾矿库运营单位好益选矿厂始终未按要求进行整改。2013年,好益选矿厂出现企业危机,丧失安全生产主体资格和安全生产主体能力,略阳县应急管理局认为依据法律法规实施行政处罚和责令履行企业主体责任已无实际意义。上述意见法院未予采纳。2020年5月25日,略阳县人民法院依据《安全生产法》第9条及《行政诉讼法》第72条之规定,判决"责令被告略阳县应急管理局对汪家沟尾矿库继续履行监管职责,切实保护国家利益和社会公共利益"。

【解析】本案系最高人民检察院挂牌督办案件,是在应急监管部门未依法履行法定职责的情况下,由人民检察院提起行政公益诉讼以消除安全生产隐患的案例。本案启示有以下两点:其一,应急监管部门根据《安全生产法》第9条规定履行的安全监管职责系全面职责。因此,在本行政管辖地域安全生产隐患或安全生产事故损失未予消除前,应急管理部门仅以部分行使安全生产监管职责为理由,不足以证明自身已经依法履行了安全生产监管的法定职责。其二,人民检察院提起安全生产公益诉讼的前提之一是必须符合公益受到"侵害"的条件,但法院在审判过程中对"侵害"应当作扩大解释,即对公益的"侵害"不仅包括国家利益和社会公共利益受到的实际人身、财产损失,也包括足以严重危害社会公众的重大安全生产事故隐患。

88. 居民委员会、村民委员会发现其所在区域内的生产经营单位存在事故隐患或者安全生产违法行为时应该如何处理?

答 居民委员会、村民委员会发现其所在区域内的生产经营单位存在事故隐患或者安全生产违法行为时,有义务向当地人民政府或者有关部门报告。

按照《中华人民共和国城市居民委员会组织法》《中华人民共和国村民委员会组织法》的有关规定,居民委员会、村民委员会的重要任务之一是维护居民或者村民的合法权益。居民委员会、村民委员会作为基层群众性自治组织,是最接近其所在区域内生产经营单位的一级组织机构,比较容易获知所在区域内的生产经营单位存在事故隐患或者安全生产违法行为的相关信息。

为了保障其所在区域内的从业人员和居民或村民的生命和财产安全,《安全生产法》第75条规定:"居民委员会、村民委员会发现其所在区域内的生产经营单位存在事故隐患或者安全生产违法行为时,应向当地人民政府或者有关部门报告。"

此处需要注意的是:①居民委员会、村民委员会报告的应该是已发现的事故隐患或者安全生产违法行为;②居民委员会、村民委员会报告的对象是其所在区域内的生产经营单位存在的事故隐患或者安全生产违法行为;③居民委员会、村民委员会向"当地人民政府或者有关部门"报告。"当地人民政府"包括当地乡镇人民政府和区县(含不设区的市)人民政府;"有关部门"通常是县级人民政府负有安全生产监督管理职责的部门。

89. 报告事故隐患或者举报安全生产违法行为的人员是否会得到奖励?

答案 《安全生产法》第76条规定:"县级以上各级人民政府及其有关部门对报告重大事故隐患或者举报安全生产违法行为的有功人员,给予奖励。"

(1) 对报告重大事故隐患的人员给予奖励

"重大事故隐患"是指危害和整改难度较大,应当全部或者局部停产停业,并经过一定时间整改治理方能排除的隐患,或者因外部因素影响致使生产经营单位自身难以排除的隐患。应急管理部、交通运输部等出台了《煤矿重大事故隐患判定标准》《工贸企业重大事故隐患判定标准》《水上客运重大事故隐患判定指南(暂行)》等行业、领域重大事故隐患的判定标准,可以作为认定"重大事故隐患"的依据。

(2) 对举报安全生产违法行为的有功人员给予奖励

"有功"一般是指举报人举报的重大事故隐患和安全生产违法行为,属于生产经营单位和负有安全监管职责的部门没有发现或者虽然发现但未按有关规定依法处理的行为。需要说明的是,具有安全生产管理、监管、监察职责的工作人员及其近亲属或其授意他人的举报不在被奖励之列。

对报告重大事故隐患或者举报安全生产违法行为的有功人员给予奖励,主要是指物质奖励,也包括精神奖励。奖励的认定标准和具体内容可以参考原国家安全生产监督管理总局和财政部联合印发的《安全生产领域举报奖励办法》。《安全生产领域举报奖励办法》规定对重大事故隐患和安全生产违法行为的实名举报人给予现金奖励，具体标准为：①对举报重大事故隐患、违法生产经营建设的，奖励金额按照行政处罚金额的15%计算，最低奖励3000元，最高不超过30万元。②对举报瞒报、谎报事故的，按照最终确认的事故等级和查实举报的瞒报、谎报死亡人数给予奖励。其中：一般事故按每查实瞒报、谎报1人奖励3万元计算；较大事故按每查实瞒报、谎报1人奖励4万元计算；重大事故按每查实瞒报、谎报1人奖励5万元计算；特别重大事故按每查实瞒报、谎报1人奖励6万元计算。最高奖励不超过30万元。2020年9月，应急管理部印发的《生产经营单位从业人员安全生产举报处理规定》明确，对生产经营单位从业人员安全生产举报以及信息员提供线索核查属实的，奖励标准按照一定比例上浮。

90. 如何处理生产经营单位的安全生产违法行为信息？

答： 首先，负有安全生产监督管理职责的部门应当建立安全生产违法行为信息库，将生产经营单位及其有关从业人员的安全生产违法行为信息如实记录并纳入信息库。建立安全生产违法行为信息库是负有安全生产监督管理职责的部门的一项法定义务，有关部门要保证建立信息库所需的人力物力条件，安排专项资金，安排专人负责运营、维护。建立违法行为信息库，是完善违法企业惩戒机制的基础，也是我国社会信用体系建设的重要组成部分。针对一些企业特别是上市公司"不怕罚款怕曝光"的情况，通过对企业的违法信息进行汇总记录，可以向企业施加压力，促使企业在生产经营活动中自觉遵守安全生产法律法规，尽可能减少安全生产违法行为。

其次，该违法行为信息库应实现违法行为信息的共享。对于违法行为情节严重的生产经营单位及其有关从业人员，应当及时向社会公告其安全生产违法信息，并通报至行业主管部门、投资主管部门、自然资源主管部门、生态环境主管部门、证券监督管理机构以及有关金融机构。

再次，应用该违法行为数据库实施对失信行为的联合惩戒。为了对失信生产经营单位及其有关人员实施有效惩戒，督促生产经营单位严格履行安全生产主体责任、依法依规开展生产经营活动，2017年，原国家安全生产监督管理总局通过了《对安全生产领域失信行为开展联合惩戒的实施办法》。"失信行为"指的是一些造成生产安全责任事故或存在重大安全生产事故隐患的行为，如瞒报、谎报、迟报生产安全事故的行为。联合惩戒措施则包括加大执法检查频次、暂停项目审批、上调有关保险费率、行业或者职业禁入等。对生产经营单位及其有关人员的失信行为、惩戒措施等应向社会公示。

最后，该信息库应囊括行政处罚信息的归集、共享、应用和公开功能。根据《行政处罚法》有关规定，具有一定社会影响的行政处罚决定应当依法公开。所以安全生产违法行为行政处罚信息应公开，而且注意不仅限于"具有一定社会影响的行政处罚决定"。公开的范围是"在监督管理部门公示系统予以公开曝光"；公开的时限要求是"有关部门作出处罚决定后七个工作日内"；公开的意义在于能够大大加强对违法失信生产经营单位及其有关从业人员的社会监督力度，减少全社会的安全生产失信行为。

示例 江苏省关于应急管理部2018年第二批42家生产经营单位被纳入安全生产领域失信联合惩戒"黑名单"的公告[1]

近日，应急管理部发布公告，将42家生产经营单位及其有关人员纳入安全生产领域失信联合惩戒"黑名单"管理。本次被纳入"黑名单"管理的42家企业，主要有以下六类情况：一是存在严重违法违规行为，导致发生较大及以上生产安全责任事故；二是未按规定取得安全生产许可，擅自开展生产经营建设活动；三是有意瞒报、谎报、迟报事故；四是采取隐蔽、欺骗或阻碍等方式逃避、对抗安全生产监管监察；五是被地方政府及有关部门依法责令停产停业整顿，却仍然从事生产经营建设活动；六是煤矿超层越界开采等。本次纳入"黑名单"管理的42家企业中，非事故类"黑名单"企业22家，占52%，较之以往大幅上升，表明各地普遍加大了执法力度，注重从执法过程中发现违法违规企业，这将有利于推动各类企业落实安全生产主体责任，促进安全生产形势的稳定好转，进一步彰显安全生产失信联合惩戒"黑名单"

---

[1] 应急管理部. 2018年第二批安全生产领域失信联合惩戒"黑名单"公布 42家生产经营单位及其有关人员被纳入"黑名单"管理 [EB/OL]. [2022-04-27]. http://ajj.jiangsu.gov.cn/art/2018/6/1/art_63869_7658650.html.

管理的重要作用。

　　【解析】安全生产领域失信联合惩戒"黑名单"是我国的一项特有制度，其目的在于：通过行政权力对安全生产违法失信者的负面评价及附随的强制性惩戒措施，达到对违法单位进行处罚，并促使相关主体积极履行自身责任之目标。安全生产领域的失信行为属于重大领域、重大失信行为，对社会利益和国家利益的侵害比一般失信违法行为更为严重。因此，后续亟须各地通过行政执法进一步贯彻落实应急管理部门的安全生产领域失信联合惩戒"黑名单"制度。此外，从江苏省关于应急管理部2018年第二批42家生产经营单位被纳入安全生产领域失信联合惩戒"黑名单"的公告中亦可以看出，安全生产领域失信联合惩戒"黑名单"中非事故类企业占比52%，较以往大幅上升。这表明目前的"黑名单"制度的具体执行已经开始转变重结果、轻过程的执法趋向，对事前违法、安全生产隐患的重视程度大大提升。

第五章　生产安全事故的应急救援与调查处理

91. 如何在重点行业、领域建立应急救援基地和应急救援队伍？

答案　所谓应急救援，一般是指针对突发、具有破坏力的紧急事件采取预防、预备、响应和恢复的活动与计划。一旦事故发生，应急救援是指在应急响应过程中，为消除、减少事故危害，防止事故扩大或恶化，最大限度地减少事故造成的损失或危害而采取的救援措施或行动。

在重点行业、领域建立应急救援基地和应急救援队伍，推进应急救援专业化处置能力建设，是加强我国生产安全事故应急能力建设的途径之一。"重点行业、领域"主要是矿山、危险化学品、公路交通、铁路交通、民航、水上搜救、船舶溢油等行业、领域。应急救援基地和应急救援队伍是安全生产应急救援体系的重要组成部分。

重点行业、领域的应急救援基地是由国家规划，由国家、地方和重点行业、领域的生产经营单位共同投资建设的，能够承担规划服务区域内特别重大和复杂的生产安全事故处置任务的重要救援队伍；应急救援基地同时承担着应急救援人才、技术、装备储备和救援人员培训与演习训练的职能。国家应急救援基地在负责本单位生产安全事故应急救援任务的同时，还要承担其他国家指定区域的生产安全事故救援任务。

应急救援队伍是事故应急救援的专业组织。县级以上人民政府应当积极推动中央企业应急救援队伍项目建设，加快地方骨干应急救援队伍建设步伐，加强对生产安全事故应急救援队伍建设的统一规划、组织和指导。县级以上人民政府负有安全生产监督管理职责的部门根据生产安全事故应急工作的实际需要，在重点行业、领域单独建立或者依托有条件的生产经营单位、社会组织共同建立应急救援队伍。

基于2018年国务院机构改革对于应急管理和事故救援职责的调整，在重点行业、领域建立应急救援基地和应急救援队伍，由国家安全生产应急救援机构统一协调指挥。

示例 北京市10个重点行业领域专业应急救援队伍建设团体标准[1]

据《中国应急管理报》2021年1月6日报道：北京市应急管理局制定发布了10个重点行业领域专业应急救援队伍能力建设规范地方标准，并于2022年4月1日正式实施。该标准的主要内容包括：

一是全面系统地规定适用各重点行业领域的统一标准。该标准共7节，具体包括适用范围、规范性文件、术语和定义、专业救援能力要求、综合保障能力要求、技能提升能力要求和组织管理能力要求，对队伍的基础能力、技术能力、装备保障、装备维护使用、制度建设、培训、训练和演练等方面进行了统一规范。

二是在区分各重点行业领域的基础上，分别制定各行业领域的个性化规定。北京市应急管理局划分了10大重点行业、领域，包括道路桥梁、危险化学品、电力保障、燃气安全、供热保障、防汛排水、通信保障、突发环境事件、建筑工程、水域。针对不同救援领域的特殊要求，该标准对不同类型的队伍建设制定了个性化规范。比如，在人员要求方面，充分考虑到救援经验的重要性，对不同救援领域的人员结构、文化程度和工作经验作出了要求；在技术能力方面，针对不同救援领域，对"四类人员"的能力提出了个性化要求；在培训、训练和演练方面，按照不同救援方向，对理论知识、基本技能和专业技能分别作出了要求；在装备配备方面，按照"个人防护类、抢险救援类、综合保障类"三种类型，分别明确了配备标准。

【解析】 该标准的制定发布具有双重意义。首先，自《安全生产法》制定以来，该标准系首个全国范围内一次性对10个重点行业领域专业应急救援队伍作出的规范指导，进一步完善了《安全生产法》第79条第1

---

[1] 中国应急管理报. 全国首个！北京市一次性发布10个重点行业领域专业应急救援队伍建设规范团体标准［EB/OL］.（2021-01-06）［2022-04-26］. https://baijiahao.baidu.com/s?id=1688125592495251286&wfr=spider&for=pc.

款关于"在重点行业、领域建立应急救援基地和应急救援队伍,并由国家安全生产应急救援机构统一协调指挥"的原则性规定。其次,鉴于《安全生产法》并未规定何为"重点行业领域",北京市应急管理局亦在本行政区域内明确了"重点行业领域"的范围,为后续国家应急管理部以及各地应急管理部门制定相关标准提供了规范借鉴。

92. 生产经营单位和其他社会力量如何加强生产安全事故应急能力建设?

答 除国家建立应急救援基地和应急救援队伍外,为更好地加强我国的应急能力建设,还需要生产经营单位和其他社会力量的积极参与,建立提供社会化应急救援服务的应急救援队伍。生产经营单位可以积极建设专兼职救援队伍和职工队伍,按照专业救援和职工参与相结合、险时救援和平时防范相结合的原则,建设以专业队伍为骨干、兼职队伍为辅助、职工队伍为基础的企业应急队伍体系。考虑到不同行业面临生产安全事故的危险因素大小不同,大中小各类企业的实力悬殊,《安全生产法》并没有把建立应急救援队伍作为所有生产经营单位的强制性义务,除了有关法律法规作出硬性要求的一些高危行业,对其他生产经营单位只是作为一种引导和提倡性的规定。

国家还鼓励其他社会力量建立应急救援队伍,比如依托共青团组织、中国红十字会、中国青年志愿者协会、基层社区以及其他组织,建立形式多样的应急志愿者队伍等。各级政府应当重视专业应急救援队伍和非专业应急队伍的联合培训、联合演练,提高应急队伍的合成应急、协调应急能力;积极动员社会力量参与应急工作;通过多种渠道,努力提高基层应急队伍的社会化程度;充分发挥街道、乡镇等基层组织和企事业单位的作用,建立群防群治队伍体系,加强知识培训;鼓励现有各类志愿者组织在工作范围内充实和加强应急志愿服务内容,为社会各界力量参与应急志愿服务提供渠道。有关专业应急管理部门要发挥各自优势,把具有相关专业知识和技能的志愿者纳入应急救援队伍。[1]

---

[1] 谢振华. 安全生产基础知识[M]. 2版. 北京:中国劳动社会保障出版社,2017:234.

■示例 应急管理部《社会应急力量救援队伍建设规范（征求意见稿）》❶

2021年11月，应急管理部发布《社会应急力量救援队伍建设规范（征求意见稿）》（以下简称《征求意见稿》），就如何建立并管理《安全生产法》第79条第1款规定的社会应急力量救援队伍制定了细化规则。该征求意见稿在以下3个层面明确了建立社会应急力量救援队伍的标准：

其一，队伍建设的基本原则。《征求意见稿》为建设社会应急力量救援队伍提供了6项基本原则，包括公益志愿性原则、安全性原则、专业性原则、协同性原则、属地性原则、可持续性原则。

其二，实行分级分类的社会应急力量救援队伍管理模式。首先，《征求意见稿》根据救援环境、灾害事故类型、救援技术类别等区分标准，将社会应急力量救援队伍分为建筑物倒塌搜救、山地搜救、水上搜救等10种类别，目的是适应各种不同类别救援的具体情况，制定不同的建设规范标准。其次，《征求意见稿》还按照队伍规模、管理能力、持续作业时间、关键技术能力等指标将救援队伍设为3个专业级别。

其三，建设管理要求。征求意见稿重点明确了社会救援力量与应急管理部门的关系，规定社会应急力量救援队伍应当受应急管理部门的指导并在属地应急管理部门备案。此外，还应当注重社会救援力量与官方救援力量的日常联训、联演，以提高政府与社会的协同救援能力。

【解析】《征求意见稿》系应急管理部为推动实施2021年《安全生产法》颁布的配套规定之一。但需要注意的是，除部分高危行业外，《安全生产法》第79条对待社会应急力量救援队伍的态度是"鼓励生产经营单位和其他社会力量建立应急救援队伍"，而非设定强制性的义务。因此，该《征求意见稿》应当视为政府出台的示范性指导文件，其作用在于为有意愿的生产经营单位及其他社会力量建立并管理应急救援队伍提供内部规章模板，但并不具备行政强制性。❷

---

❶ 应急管理部. 关于征求《社会应急力量救援队伍建设规范（征求意见稿）》系列标准意见的函 [EB/OL]. （2021-11-11）[2022-04-26]. https://www.mem.gov.cn/gk/zfxxgkpt/fdzdgknr/202111/t20211111_402599.shtml.

❷《社会应急力量建设基础规范》已经应急管理部批准，于2022年12月18日起施行。

93. 如何建立应急救援信息系统？

答案 建立应急救援信息系统，一是由国务院应急管理部门牵头建立全国统一的生产安全事故应急救援信息系统。国家利用现代信息技术，整合现有信息收集和传输渠道，建立统一的生产安全事故应急救援信息系统，有利于强化安全生产应急管理信息化建设，形成更加高效健全的应急救援体系，正确、及时地对安全生产事故进行预测、研判，从而有效预防和快速处置事故灾难，尽可能减少事故带来的人员和财产损害。

二是国务院交通运输、住房和城乡建设、水利、民航等有关部门建立健全相关行业领域的生产安全事故应急救援信息系统。安全生产涉及的行业十分广泛，各行业的应急救援工作具有很强的专业性，有必要在建立统一的应急救援信息系统的同时，建立起各行业领域自身的应急救援信息系统，充分发挥各行业主管部门的专业信息优势。

三是县级以上地方人民政府建立健全本地区的生产安全事故应急救援信息系统。地方系统要确保与全国统一的生产安全事故应急救援信息系统的建设方向一致、技术标准统一、全面协调推进。

国家、省、市、县、相关行业领域的生产安全事故应急救援信息系统之间要实现互联互通、信息共享，通过推行网上安全信息采集、安全监管和监测预警等措施，提升监管的精准化、智能化水平。

示例 杭州市"全域覆盖、分级汇聚、纵向联通、统一管控"数字应急管理体系[1]

截至2020年9月，杭州市应急局根据省厅《数字化工程总体规划》，在省厅科信处的指导下，已初步建成"全域覆盖、分级汇聚、纵向联通、统一管控"的数字应急管理体系。

在数字应急管理体系的功能层面，一是具有实时监测功能，杭州市数字应急管理体系以"一张图全景式定位"的方式，构建包括防汛防台场景、危

---

[1] 浙江省应急管理厅. 数字赋能 让应急管理更智慧［EB/OL］.（2020-09-26）［2022-04-26］. https://yjt.zj.gov.cn/art/2020/9/29/art_1228978418_58811458.html.

化品事故防控场景、杭州市全域综合风险四色图等多个安全生产监控图层，以实现对杭州市安全生产情况的实时监测。二是具有预警管控功能，在前期数据监测的基础上，对监控设备在线率、监控设备报警率、报警处置率进行"三率"管控，实现各类预警信息的有效闭环管理，切实提高安全运行事故、自然灾害的事前管控能力，有效遏制重大特大安全事故的发生。三是具有智能研判功能，该系统可根据突发事件的类型、级别、危险源、防护目标、风险隐患点等风险信息，利用算法模型模拟分析事故影响后果，进行智能研判，提出决策意见。四是具有科学处置功能，通过对各类应急救援资源图进行快速匹配与查询，该系统可以一键调度事故附近救援队伍、物资、医疗、专家等应急资源，智能生成应急方案。

在应急信息互联共享层面，杭州市数字应急管理体系按照急用先行的原则，实时对接浙江省应急管理厅自然灾害风险防控和应急救援平台以及危化品风险防控大数据平台，实现了应急救援信息的互联互通。

【解析】目前，全国各地均已开始建立应急救援信息系统，利用大数据、云计算、物联网、人工智能、5G等新技术、新业态蓬勃兴起的契机，将其广泛应用于应急管理领域。应急救援信息系统已成为数字时代进一步减少安全生产事故、提高安全生产隐患排除能力和救援能力的利器。以杭州市数字应急管理体系为例，一个全面高效的应急救援信息系统应当包括数据收集、事前检测、事中预警以及事后处置几大模块，以确保安全生产风险全流程"可见"。

94. 什么是生产安全事故应急救援预案？

答 生产安全事故应急救援预案，是指我国各级人民政府及其附属部门、地方基层组织、企业工厂、事业单位、社会团体等事先制定的，关于生产安全事故发生时进行紧急救援的组织、措施、程序、责任以及协调等方面的方案和计划。应急预案的制定一般可以分为五个步骤，即组建应急救援预案编制队伍、开展危险与应急能力分析、预案编制、预案评审与发布以及预案的实施。

应急预案按照制定主体不同，分为政府及其部门应急预案、单位和基层组织应急预案两大类。政府及其部门应急预案由各级人民政府及其部门制定，包括总体应急预案、专项应急预案、部门应急预案等。①总体应急预案是应急预案体系的总纲，是政府组织应对突发事件的总体制度安排，由县级以上各级人民政府制定。②专项应急预案是政府为应对某一类型或某几种类型突发事件，或者针对重要目标物保护、重大活动保障、应急资源保障等重要专项工作而预先制定的涉及多个部门职责的工作方案，由有关部门分头制定，报本级人民政府批准后印发实施。③部门应急预案是政府有关部门根据总体应急预案、专项应急预案和部门职责，为应对本部门（行业、领域）突发事件，或者针对重要目标物保护、重大活动保障、应急资源保障等涉及部门工作而预先制定的工作方案，由各级政府有关部门制定。④鼓励相邻、相近的地方人民政府及其有关部门联合制定应对区域性、流域性突发事件的联合应急预案。

制定应急救援预案时，应当注意：①重点突出，针对性强。应当结合本行政区域生产安全方面的实际情况，确定容易发生生产安全事故的地区、行业和单位，分析可能导致发生事故的原因，有针对性地制定应急救援预案。②程序简单、步骤明确。应急救援预案要省去一切不必要的烦琐程序，保证在突发事故时能及时启动，并紧张有序地实施。③统一指挥，责任明确。生产经营单位、政府部门之间以及同其他有关方面如何分工、配合、协调，应当在应急救援预案中加以明确。

示例 浙江省特大生产安全事故应急救援预案❶

2009年2月，浙江省应急管理厅制定并发布了《浙江省特大生产事故应急救援预案》，该预案的主要内容为：

一是明确预案适用范围。该预案适用范围为浙江省内生产经营单位在生产经营活动中，或与生产经营活动有关的活动中，一次性死亡10人（含）以上或可能发展成为特大事故，需要省政府组织指挥处置的生产安全事故的应急救援工作。

二是确立了应急救援的总体原则。预防为主、安全第一，以人为本、减

---

❶ 浙江省应急管理厅. 浙江省特大生产安全事故应急救援预案 [EB/OL]. (2009-02-17) [2022-04-26]. https://yjt.zj.gov.cn/art/2009/2/17/art_1228977987_41137680.html.

少伤亡；统一领导、分级负责、条块结合、属地为主；整合资源、信息共享、多方联动、快速反应。

三是设置多层次的应急救援组织体系。首先，省安全监管局（现应急管理厅）为应急救援主管部门，在省一级设置的特大生产安全事故应急救援指挥部统筹指挥应急救援工作；其次，特大生产安全事故发生后应由省应急管理厅根据需要，聘请相关行业和领域的专业人员，组成专家组，提供决策咨询、建议和技术支持；最后，由事发地市、县（市、区）政府设置现场应急救援指挥部统一指挥现场应急救援工作。

四是明确应急救援流程。前期应急工作包括：特大生产安全事故发生后，由生产经营单位及当地应急管理部门及时进行信息报告、当地应急管理部门先期处置避免损害扩大，以及正式启动应急救援预案。在现场应急救援阶段，参与现场应急救援的各有关部门和单位，应在现场应急指挥部的统一指挥下开展工作。现场应急救援指挥部根据工作需要，可成立综合协调、新闻报道、灾害救援、医疗救护、事故调查、善后处理等专业组，实施应急救援工作。

【解析】该示例为《安全生产法》第80条规定的省一级应急救援预案的范例。虽然系省级预案，存在流程较为简单的特点，但仍可从中概括出安全生产事故应急救援预案的必要规定：①明确预案适用范围；②构建多层次的应急救援结构；③明确应急救援流程；④统一指挥、多方联动，实现各分管部门有效配合。在市级、县级以及生产经营单位自身编制应急救援预案的过程中，仍需要注意以下三点：一是应急救援流程应当尽可能简洁，切忌由于自身层级低而编制复杂烦琐的应急救援预案，导致进行安全生产事故救援时错失黄金救援时间；二是生产经营单位编制的预案应与当地应急管理部门预案相衔接，符合《安全生产法》第81条之规定；三是各应急救援预案编制单位应定期演练应急救援预案，避免出现备而不用的现象。

95. 哪些主体应当负责制定生产安全事故应急救援预案？

答案 根据《安全生产法》第80条和第81条的规定，生产安全事故应急救援预案的管理实行属地为主、分级负责的原则，其主体包括：县级以上地方各级人民政府；乡镇人民政府和街道办事处，以及开发区、工业园区、港区、风景区；生产经营单位。

其一，县级以上人民政府及其负有安全生产监督管理职责的部门应当制定应急救援预案，并依法向社会公布。县级以上地方各级人民政府应当根据有关法律、法规、规章和标准的规定，结合本地区生产经营活动的特点、安全生产工作实际情况、危险性分析情况和可能发生的生产安全事故的特点，组织安全生产监督管理部门和其他负责相关行业、领域的专项安全生产监督管理的有关部门制定本行政区域内的生产安全事故应急预案。地方各级人民政府编制应急救援预案，应当组织有关应急救援专家对应急预案进行审定，必要时，可以召开听证会，听取社会有关方面的意见。

其二，乡镇人民政府和街道办事处，以及开发区、工业园区、港区、风景区等基层行政机关应当针对可能发生的生产安全事故的特点和危害，进行风险辨识和评估，制定相应的生产安全事故应急救援预案，依法向社会公布，并且应当协助上级人民政府有关部门依法履行生产安全事故应急工作职责。乡镇人民政府和街道办事处作为最基层的一级政府组织，负责辖区内生产经营单位的日常行政管理，对相关生产经营单位的地理区位、建筑结构、危险源等情况更为熟悉；开发区、工业园区、港区、风景区等由于生产经营单位聚集，人员、物资密集，事故隐患较多等原因，一直是安全生产监督管理的重点区域。要求这些重点区域制定相应的生产安全事故应急救援预案，并纳入县级以上地方各级人民政府应急救援体系具有重要意义。

其三，为了强化生产经营单位在安全生产工作方面的主体责任，保证生产安全事故应急救援预案与生产经营单位的具体生产经营活动相结合，提高预案的针对性和可操作性，《安全生产法》规定，"生产经营单位应当制定生产安全事故应急救援预案"。生产经营单位应当根据有关法律、法规和国家其他有关规定，结合本单位的危险源状况、危险性分析情况和可能发生的事故特点，制定相应的应急救援预案。

96. 生产经营单位需要进行哪些应急救援准备工作？

答案 （1）生产经营单位应当制定本单位生产安全事故应急救援预案

生产经营单位发生生产安全事故后,从事故应急救援角度来说,事故发生单位通常处于最重要、最直接的地位,负责人员应在第一时间迅速组织事故抢救。为保证事故应急救援紧张有序地展开,客观上需要生产经营单位制定生产安全事故应急救援预案。生产经营单位应当针对本单位可能发生的生产安全事故的特点和危害进行风险辨识与评估,制定相应的生产安全事故应急救援预案,并向本单位从业人员公布。

制定生产安全事故应急救援预案应符合下列基本要求:①符合有关法律、法规、规章、标准和安全技术规范的规定;②结合本单位生产经营活动的特点和安全生产实际情况;③结合本单位的危险性分析情况,针对本单位的风险隐患特点;④应急组织和人员的职责分工明确,并有具体的落实措施;⑤有明确、具体的事故预防措施和应急程序,并与其应急能力相适应;⑥有明确的应急保障措施,并能满足本单位的应急工作要求;⑦预案基本要素齐全、完整,预案附件提供的信息准确;⑧预案内容与相关应急救援预案相互衔接。

生产经营单位应急预案分为综合应急预案、专项应急预案和现场处置方案。其中,生产经营单位根据风险种类、可能发生事故的类型,应当组织编制本单位的综合应急预案。对于某一种类的风险,生产经营单位应当根据存在的重大危险源和可能发生的事故类型,制定相应的专项应急预案。对于危险性较大的重点岗位,生产经营单位应当制定重点工作岗位的现场处置方案。生产经营单位主要负责人负责组织编制和实施本单位的应急预案,并对应急预案的真实性和实用性负责;各分管负责人应当按照职责分工落实应急预案规定的职责。

(2) 生产经营单位制定的预案应当与政府组织制定的预案相衔接

地方各级人民政府应急管理部门和其他负有安全生产监督管理职责的部门应当根据法律、行政法规、部门规章和同级人民政府以及上一级人民政府应急管理部门和其他负有安全生产监督管理职责的部门的应急预案,结合工作实际,组织编制相应的部门应急预案。部门应急预案应当根据本地区、本部门的实际情况,明确信息报告、响应分级、指挥权移交、警戒疏散等内容。负有安全生产监督管理职责的部门要加强对生产经营单位应急救援预案编制工作的指导协调。

按照《国家公共突发事件总体应急预案》"应急预案体系"的规定，企事业单位根据有关法律、法规制定的应急预案是应急预案体系的一部分，各预案之间应当协调一致，充分发挥其整体作用。县级以上地方人民政府组织制定的生产安全事故应急救援预案是综合性的，适用于本地区所有生产经营单位。生产经营单位制定的本单位事故应急救援预案应与综合性应急救援预案相衔接，确保协调一致、互相配套，一旦启动能够顺畅运行，以便提高事故应急救援工作的效率。

(3) 生产经营单位应当对应急救援预案定期组织演练

生产安全事故应急救援预案只是为救援实战提供了一个方案，只是停留在纸面上，要真正转化成实际的应急救援能力，确保发生事故后应急救援预案能够迅速启动并高效、协调地运行，达到防止事故扩大、减少事故损失的目的，生产经营单位必须对事故应急救援预案定期组织演练，使本单位主要负责人、有关管理人员和其他从业人员都能够身临其境地积累"实战"经验，熟悉、掌握应急救援预案的各项内容和要求，相互协作、配合。同时，通过组织演练，也能够进一步检验应急救援预案是否科学合理，发现存在的问题并及时调整完善。当企业关键、重点岗位从业人员及管理人员发生变动时，必须组织相关人员开展演练活动，并考虑增加演练频次，使相关人员尽快掌握岗位所需的应急知识，提高处置能力。

在实践中，存在一些生产经营单位制定了应急救援预案就万事大吉、束之高阁的突出问题，因此要明确规定定期组织生产安全事故应急救援预案演练是生产经营单位的一项法定义务。生产经营单位应当制订本单位的应急预案演练计划，根据本单位的事故风险特点，每年至少组织一次综合应急预案演练或者专项应急预案演练，每半年至少组织一次现场处置方案演练。同时，生产经营单位应当采取多种形式开展应急预案的宣传教育工作，普及生产安全事故预防、避险、自救和互救知识，提高从业人员的安全意识和应急处置技能。而且，生产经营单位应当组织开展本单位的应急预案培训活动，使有关人员了解应急预案的内容，熟悉应急职责、应急程序和应急处置方案，应急培训的时间、地点、内容、师资、参加人员和考核结果等情况应当如实记入本单位的安全生产教育和培训档案。

易燃易爆物品、危险化学品等危险物品的生产、经营、储存、运输单位，矿山、金属冶炼、城市轨道交通运营、建筑施工单位，以及宾馆、商场、娱乐场所、旅游景区等人员密集场所经营单位，应当至少每半年组织一次生产安全事故应急预案演练，并将演练情况报送所在地县级以上地方人民政府负有安全生产监督管理职责的部门。县级以上地方人民政府负有安全生产监督管理职责的部门应当对本行政区域内上述重点生产经营单位的生产安全事故应急救援预案演练进行抽查；发现演练不符合要求的，应当责令限期改正。

【示例】唐县宏悦机械配件制造有限公司生产安全事故应急救援类违法行政处罚决定书❶

唐县宏悦机械配件制造有限公司在制定应急救援预案后，并未定期组织应急预案演练。2019年10月10日，唐县安全生产监督管理局（现应急管理局）在查处上述情况后，以该公司违反2014年《安全生产法》第78条之规定为由，根据2014年《安全生产法》第94条第6项之规定对其处以1万元罚款。

【解析】长期以来，安全生产应急管理预案不受安全生产单位重视，许多企业存在应急预案备而不用的现象，制定应急管理预案计划后长期不组织本单位员工演练。此种情况亟须应急管理部门通过积极执法的方式介入，以行政处罚为手段促使安全生产单位定期进行安全事故应急救援预案演练。根据2014年《安全生产法》第94条第6项的规定，在单位"未按照规定制定生产安全事故应急救援预案或者未定期组织演练"的情况下，应急管理部门可以责令限期改正并处以罚款。因此，在本案中唐县应急管理局的处罚决定调查事实清楚，适用法律合理，起到了良好地促进安全生产的作用。

97. 高危行业如何履行应急救援义务？

【答案】当前，我国一些高危行业领域危险因素较多，事故易发多发，施救难度较大，因此需要建立事故应急救援体系，做好应急救援准备，以万全准备防万一发生，守住安全生产红线。高危行业应在两个方面做好应急救

---

❶ 唐县安全生产监督管理局（冀保唐）安监罚〔2019〕045号行政处罚决定书。

援准备，履行应急救援义务。

(1) 生产经营单位应急救援队伍建设

根据《安全生产法》第82条的规定，危险物品的生产、经营、储存单位以及矿山、金属冶炼、城市轨道交通运营、建筑施工单位应当建立应急救援组织。这里所说的应急救援组织，是生产经营单位内部专门从事应急救援工作的机构。危险物品的生产、经营、储存单位以及矿山、金属冶炼、城市轨道交通运营、建筑施工单位建立了应急救援组织后，一旦发生生产安全事故，应急救援组织就能够就近在第一时间迅速、有效地投入抢救工作，防止事故进一步扩大，最大限度地减少人员伤亡和财产损失。应急救援组织的规模、人员结构、专业技能要求等，应根据不同单位的实际情况和特点确定。为了保证应急救援组织能够适应救援工作需要，应急救援组织应当对应急救援人员进行必要的培训和演练，使其了解安全生产方针、政策、有关法律法规以及安全救护规程；熟悉本单位安全生产情况；熟悉应急救援组织的任务和职责，掌握救援行动的方法、技能和注意事项；掌握应急救援器材、设备和物资的性能、使用方法、常见故障处理和维护保养的要求。

然而，建立应急救援组织不宜"一刀切"，各生产经营单位的危险性和从业人员差别较大，规模小的如个体工商户，大的如国有大型企业，不宜对规模、性质、主营业务等不同的生产经营单位在生产安全事故应急救援队伍方面作出相同要求。一些规模较小的生产经营单位，建立应急救援组织存在实际困难，而且一般情况下其发生事故时应急救援任务相对较轻，并不一定都需要建立应急救援组织。所以，规定"生产经营规模较小的，可以不建立应急救援组织，但应当指定兼职的应急救援人员"。《生产安全事故应急条例》进一步扩大了这一范围，易燃易爆物品、危险化学品等危险物品的生产、经营、储存、运输单位，矿山、金属冶炼、城市轨道交通运营、建筑施工单位，以及宾馆、商场、娱乐场所、旅游景区等人员密集场所经营单位，应当建立应急救援队伍。其中，小型企业或者微型企业等规模较小的生产经营单位，可以不建立应急救援队伍，但应当指定兼职的应急救援人员，并且可以与邻近的应急救援队伍签订应急救援协议。需要指出的是，兼职应急救援人员应该具有与专业应急救援人员相同的素质和能力，在发生生产安全事故时能够有效担当起应急救援任务。工业园区、开发区等产业聚集区域内的生产经营单位，可以联合建立应急救援队伍。对于高危行业或者人员密集场所经营单位，应当建立应急救援队伍。

（2）生产安全事故应急救援物资的准备

必要的应急救援器材、设备和物资，是进行事故应急救援不可缺少的工具和手段。在有关场所配备必要的应急救援器材、设备、物资，可以在发生生产安全事故时，利用预先配备的应急救援器材、设备和物资展开自救和他救工作，以便更有效地应对和处置生产安全事故，避免事故情况进一步恶化。所以，易燃易爆物品、危险化学品等危险物品的生产、经营、储存、运输单位，矿山、金属冶炼、城市轨道交通运营、建筑施工单位，以及宾馆、商场、娱乐场所、旅游景区等人员密集场所经营单位，应当根据本单位的规模、生产经营活动的性质以及可能发生的生产安全事故的特点和危害，有针对性、有选择地配备足够、必要的灭火、排水、通风以及危险物品稀释、掩埋、收集等应急救援器材、设备和物资，并进行经常性维护、保养，保证正常运转。

98. 生产经营单位发生生产安全事故后如何处理？

答案 （1）事故现场有关人员立即向单位负责人报告

生产经营单位一旦发生生产安全事故，事故现场有关人员，包括有关管理人员以及从业人员等，应当立即向本单位负责人报告，不得拖延，更不能试图隐瞒和不报告，及时汇报有利于本单位负责人及时组织抢救，并向有关部门报告。《安全生产法》要求的关键在于要"立即报告"，即第一时间毫不延迟地报告，这是事故现场有关人员不可推卸的责任。

所谓"事故现场"，是指事故具体发生地点及事故能够影响和波及的区域，以及该区域内的物品、痕迹所处的状态。所谓"有关人员"，主要是指事故发生单位在事故现场的有关工作人员，既可以是事故的负伤者，也可以是在事故现场的其他工作人员；在发生人员死亡和重伤无法报告且事故现场又没有其他工作人员时，任何首先发现事故的人都属于有关人员，负有立即报告事故的义务。"立即报告"是指在事故发生后的第一时间用最快捷的报告方式进行报告，不拘于报告形式。"单位负责人"可以是事故发生单位的主要负责人，也可以是事故发生单位主要负责人以外的其他分管安全生产工作的副职领导或其他负责人。由于事故报告的紧迫性，现场有关人员只要将事故报告到事故单位的指挥中心（如调度室、监控室），由指挥中心启动应急程序，也可视为向本单位负责人报告。

（2）生产经营单位负责人的报告义务

单位负责人接到报告后，应当于1小时内向事故发生地县级以上人民政府应急管理部门和负有安全生产监督管理职责的有关部门报告。情况紧急时，事故现场有关人员可以直接向事故发生地县级以上人民政府应急管理部门和负有安全生产监督管理职责的有关部门报告，以利于积极组织、调度事故救援力量。

报告事故应包括下列内容：①事故发生单位概况；②事故发生的时间、地点以及事故现场情况；③事故的简要经过；④事故已经造成或者可能造成的伤亡人数（包括下落不明的人数）和初步估计的直接经济损失；⑤已经采取的措施；⑥其他应当报告的情况。

单位负责人应当将这些内容全面、如实上报，不得隐瞒不报、谎报或者迟报，以免影响及时组织更有力的抢救工作。事故报告后出现新情况的，应当及时补报。

（3）生产经营单位负责人应当迅速采取措施组织抢救

生产安全事故发生后，单位负责人应当迅速采取有效措施组织抢救，防止事故扩大，减少人员伤亡和财产损失。生产安全事故发生后，组织抢救是生产经营单位的首要任务，包括组织救护、组织抢救和从业人员自救。在专业救护队没有到达之前，辅助救护队应迅速引导和积极救助遇难人员脱离灾区。专业救护队到达后，辅助救护队应积极协助专业救护队完成抢险任务。组织从业人员自救，对防止事故扩大、减少人员伤亡和财产损失有很大作用。

应急救援措施可采取以下一项或多项：①迅速控制危险源，组织抢救遇险人员；②根据事故危害程度，组织现场人员撤离或者采取可能的应急措施后撤离；③及时通知可能受到事故影响的单位和人员；④采取必要措施，防止事故危害扩大和次生、衍生灾害发生；⑤根据需要请求邻近的应急救援队伍参加救援，并向参加救援的应急救援队伍提供相关技术资料、信息和处置方法；⑥维护事故现场秩序，保护事故现场和相关证据；⑦法律、法规规定的其他应急救援措施。

事故发生后，生产经营单位应当立即启动相关应急预案，采取有效处置措施，开展先期应急工作，控制事态发展，并按规定向有关部门报告。

此外，根据原安全监管总局等部门发布的《关于加强企业应急管理工作意见的通知》，对溢流、井喷、危险化学品泄漏、放射源失控等可能对周边群众和环境产生危害的事故，生产经营单位应在向地方政府和有关部门报告的同时，及时向可能受到影响的单位、职工、群众发出预警信息，标明危险区域，组织、协助应急救援队伍和工作人员救助受害人员，疏散、撤离、安置受到威胁的人员，并采取必要措施防止发生次生、衍生事故。

（4）不得故意破坏事故现场、毁灭有关证据

事故现场和有关证据是调查事故原因、查明事故性质和责任的重要方面，对于安全事故信息的统计、应急救援体系的完善以及安全事故防范措施的制定有着重大意义。事故发生后，有关单位和人员应当妥善保护事故现场以及相关证据，任何单位和个人不得破坏事故现场、毁灭相关证据。事故现场保护的主要任务就是在现场勘查之前，维持现场的原始状态，既不使它减少任何痕迹、物品，也不使它增加任何痕迹、物品。在事故调查组未进入事故现场前，企业应派专人看护现场，保护事故现场，必须根据事故现场的具体情况和周围环境，划定保护区的范围、布置警戒，必要时，应将事故现场封锁起来，禁止一切人员进入保护区，即使是保护现场的人员，也不能无故出入，更不能擅自进行勘查，禁止随意触摸或者移动事故现场的任何物品。因抢救人员、防止事故扩大以及疏通交通等原因，需要移动事故现场物件的，应当作出标志，绘制现场简图并作出书面记录，妥善保存现场重要痕迹、物证，并应当尽量使现场少受破坏。同时，移动物件必须经过事故单位负责人或者组织事故调查的应急管理部门和负有安全生产监督管理职责的有关部门的同意。

示例 马鞍山市应急管理局网站就"发生生产安全事故后，生产经营单位应当采取哪些措施？"的答复❶

"发生生产安全事故后，生产经营单位应当立即启动预案，采取相应的应急救援措施，并按照规定报告事故情况。应急救援措施包括：迅速控制危险

---

❶ 马鞍山市应急管理局. 发生生产安全事故后，生产经营单位应当采取哪些措施？[EB/OL]. (2021-09-07) [2022-04-26]. http://safety.mas.gov.cn/hdjl/dwzsk/2001038561.html.

源，组织抢救遇险人员；根据事故危害程度，组织现场人员撤离或者采取可能的应急措施后撤离；及时通知可能受到事故影响的单位和人员；采取必要措施，防止事故危害扩大和次生、衍生灾害发生；根据需要请求邻近的应急救援队伍参加救援，并向参加救援的应急救援队伍提供相关技术资料、信息和处置方法；维护事故现场秩序，保护事故现场和相关证据以及法律、法规规定的其他应急救援措施。"

【解析】 马鞍山市应急管理局直接明了地答复了生产经营单位关于如何采取措施处置安全生产事故的问题。生产经营单位在安全生产事故发生后应当及时、迅速地采取以下措施：其一，在安全生产事故发生后迅速报告。事故现场人员应迅速将情况汇报单位负责人，单位负责人接到报告后，应当于1小时内向事故发生地县级以上人民政府应急管理部门和负有安全生产监督管理职责的有关部门报告。其二，按照生产经营单位编制的应急救援预案组织现场抢救，迅速控制危险源，防止事故危害扩大。其三，安全生产事故发生后，生产经营单位应当负责维持现场秩序，及时保存事故相关证据，不得故意毁坏事故现场。其四，生产经营单位除向应急管理部门报告外，还可以请求邻近的社会应急救援队伍参加救援。

99. 行政机关接到事故报告后如何处理？

答：（1）行政机关应依法报告事故

应急管理部门和负有安全生产监督管理职责的有关部门在接到当地的安全事故报告后，应当依照下列规定及时上报事故情况，并通知公安机关、劳动保障行政部门、工会和人民检察院，以便上级政府和有关部门全面掌握事故信息，准确调度调配救援人员、物资，及时开展应急救援和事故调查。

事故报告应遵循"两条线报告"制度，即向上级应急管理部门和负有安全生产监督管理职责的有关部门同时报告，具体方案如下：①特别重大事故、重大事故逐级上报至国务院应急管理部门和负有安全生产监督管理职责的有关部门；②较大事故逐级上报至省（自治区、直辖市）人民政府应急管理部门和负有安全生产监督管理职责的有关部门；③一般事故上报至设区的市级人民政府应急管理部门和负有安全生产监督管理职责的有关部门。

报告事故应当包括下列内容：①事故发生单位概况；②事故发生的时间、地点以及事故现场情况；③事故的简要经过；④事故已经造成或者可能造成的伤亡人数（包括下落不明的人数）和初步估计的直接经济损失；⑤已经采取的措施；⑥其他应当报告的情况；⑦事故报告后出现新情况的，应当及时补报。

报告时限要求如下：①事故发生后，事故现场有关人员应当立即向本单位负责人报告；②单位负责人接到报告后，应当于1小时内向事故发生地县级以上人民政府应急管理部门和负有安全生产监督管理职责的有关部门报告；③应急管理部门和负有安全生产监督管理职责的有关部门逐级上报事故情况，每级上报的时间不得超过2小时。以特别重大事故的报告为例，从事故发生单位负责人报告县级主管部门，再由县级主管部门报告市级主管部门、市级主管部门报告省级主管部门、省级主管部门报告国务院主管部门，最后报至国务院，所需最长时限为9小时。

（2）行政机关报告事故时对事故情况不得隐瞒不报、谎报或者迟报

由于部分不良行政机关人员存在"侥幸"心理，妄图钻法律空子，想让"大事化小，小事化了"，导致报告生产安全事故时出现迟报、漏报、谎报或瞒报的情况，对相关部门及时准确掌握相关信息、组织事故救援力量调度、控制事态发展、保护人民和财产安全产生了严重影响，有较大的危害性。

因此《安全生产法》规定，有关地方人民政府、负有安全生产监督管理职责的部门，对生产安全事故隐瞒不报、谎报或者迟报的，对直接负责的主管人员和其他直接责任人员依法给予处分；构成犯罪的，依照刑法有关规定追究刑事责任。

就如实性来看，包括几个方面：一是客观上报。下级部门或政府向上级报告事故情况，必须客观真实，对事故发生的真实情况，包括事故发生的时间、地点、规模、伤亡人数、救援情况等，既不能夸大，也不能缩小，不能谎报，更不能虚报、假报事故信息。二是全部上报。必须将事故发生的情况整体上报，不得部分上报、部分不报，并应具体说明相关细节情况。

此外，对于迟报、漏报、谎报和瞒报，依照下列情形认定：①报告事故的时间超过规定时限的，属于迟报；②因过失对应当上报的事故或者事故发

生的时间、地点、类别、伤亡人数、直接经济损失等内容遗漏未报的，属于漏报；③故意不如实报告事故发生的时间、地点、初步原因、性质、伤亡人数和涉险人数、直接经济损失等有关内容的，属于谎报；④隐瞒已经发生的事故，超过规定时限未向安全监管监察部门和有关部门报告，经查证属实的，属于瞒报。

100. 事故抢救过程中有哪些注意事项？

答 安全生产事故犹如洪水猛兽，往往来势汹汹、势不可当，轻则造成人民财产损失，重则导致人员伤亡、社会秩序紊乱，给人民的生命财产和国家财产安全造成极大的威胁，严重影响各方从业人员的工作热情和信心，属于严重的社会不安定因素。发生生产安全事故时，情况紧急，需要与时间赛跑，时间就是生命、就是财产，因此事故抢救工作需要即刻开展，既要有速度、争分夺秒，又要有筹划、协调一致、有条不紊，还要有意识、压实责任、拧紧链条。因此，为了确保生产安全事故及时、高效地进行，最大限度地减少事故造成的人员伤亡和财产损失，需要提前制定事故抢救中的各项要求和安排，并深入贯彻落实到各个单位、部门，使参与救援的部门、单位和个人形成相互协作的体系，在发生事故时能够按照组织体系有条不紊地进行救援，做到"防患于未然"，为人民的生命财产和国家财产安全保驾护航。

事故抢救需要从四个方面做出规定：

（1）有关地方人民政府和负有安全生产监督管理职责的部门负责人的救援职责

接到生产安全事故报告后，有关地方人民政府和负有安全生产监督管理职责的部门负责人应当立即启动相应的生产安全事故应急救援预案，按照应急救援预案的要求立即赶到事故现场，启动相应的应急预案程序，并按照应急救援预案的规定采取下列一项或者多项应急救援措施：①组织抢救遇险人员，救治受伤人员，研判事故发展趋势以及可能造成的危害；②通知可能受到事故影响的单位和人员，隔离事故现场，划定警戒区域，疏散受到威胁的人员，实施交通管制；③采取必要措施，防止事故危害扩大和次生、衍生灾害发生，避免或者减少事故对环境造成的危害；④依法发布调用和征用应急资源的决定；⑤依法向应急救援队伍下达救援命令；⑥维护事故现场秩序，组织安抚遇险人员和遇险遇难人员亲属；⑦依法发布有关事故情况和应急救援工作的信息；⑧法律、法规规定的其他应急救援措施。

这是有关地方政府和负有安全生产监督管理职责的部门负责人的一项法定义务，不得以任何理由推诿不去或者延迟前往。否则，应当按照失职、渎职行为给予处分，构成犯罪的应依法追究刑事责任。

(2) 对参与事故抢救的部门和单位的要求

参与事故抢救的部门和单位的要求应当服从统一指挥，并采取有效的应急救援措施。生产安全事故现场抢救是事故应对的一个关键环节，涉及控制现场、消除危害、抢救伤员、保护财产等一系列工作，也涉及多个部门协同作战工作，紧急性和复杂性强。因此，参与事故抢救的部门和单位应当服从统一指挥，加强协同联动，采取有效的应急救援措施，并根据事故救援的需要采取警戒、疏散等措施，防止事故扩大和次生灾害的发生，减少人员伤亡和财产损失。

此外，发生生产安全事故后，有关人民政府认为有必要的，可以设立由本级人民政府及其有关部门负责人、应急救援专家、应急救援队伍负责人、事故发生单位负责人等人员组成的应急救援现场指挥部，并指定现场指挥部总指挥。总指挥的职责有两项：第一，根据本级人民政府的授权，组织制定并实施生产安全事故现场应急救援方案；第二，协调、指挥有关单位和个人参加现场应急救援。

(3) 避免或者减少事故对环境造成的危害

发生生产安全事故时，通常伴随毒害、腐蚀甚至放射性物质的泄漏或扩散，直接威胁生态环境；此外，在抢救人员和财产的过程中，可能由于采取措施不当，对事故现场周边的环境造成危害，这些做法不符合科学救援和成本效益的基本要求。因此，事故抢救应在最大限度地减少事故人员伤亡和财产损失的情况下，根据事故应急预案和事故现场周边的实际情况，采取必要的措施，避免或者减少因事故抢救对周边环境造成的危害，包括对事故源采取及时、有效的控制、转移措施等。

(4) 任何单位和个人都应当支持、配合事故抢救，并提供一切便利条件

中华民族历来就有在艰难困苦面前不屈不挠、团结奋斗的光荣传统。团

结就是力量,这是中国人民战胜各种灾难的坚定信念。灾害无情人有情,"一方有难,八方支援",虽然灾难带来了难以计量的损失,但是社会各界的相互支持、配合可以与灾害抗衡,把损失降到最小,最大程度上降低事故带来的损害。因此,每个单位和个人都要从保护人民生命财产安全、维护社会公众利益、国家利益的高度来认识生产事故的抢救问题,对事故抢救要积极支持、配合,提供一切可能的便利条件。

【示例】福建省泉州市欣佳酒店"3·7"重大坍塌事故救援[1]

2020年3月7日19时14分,福建省泉州市鲤城区欣佳酒店所在建筑物发生坍塌,造成71人被困。事故发生后,应急管理部立即启动应急响应,会同住房和城乡建设部等部门派出工作组连夜赶赴现场指导协助应急处置工作。福建省、泉州市迅速组织力量开展救援。国家综合性消防救援队伍、国家安全生产专业救援队伍、中交集团、地方专业队伍、社会救援力量等共计118支队伍、5176人参与抢险救援。福建省消防救援总队迅速调派10个支队的重、轻型救援队的1086名指战员,携带生命探测仪、搜救犬以及特种救援装备到场处置。救援人员采取多种方式反复侦查,确定被困人员方位,按照"由表及里、先易后难"的顺序,合理使用破拆、撑顶、剪切等方式破拆建筑构件,多点作业、逐步推进,全力搜寻营救被困人员。卫健部门调派56名专家赶赴泉州市支援伤员救治,并在事故现场设立医疗救治点,调配125名医务人员、20部救护车驻守现场,及时开展现场医疗处置、救治和疫情防控工作。经过112小时的艰苦奋战,成功将71名被困人员全部救出,其中42人生还。

【解析】本案例系应急管理部公布的2020年全国应急救援十大典型案例之一,通过本案可以更为直观地看到《安全生产法》第85条关于安全生产事故抢救规定的操作流程。事故发生后,应急管理部迅速联合有关部门启动应急预案,并派出工作组到事故发生地点指导泉州市政府及应急管理局等部门协同合作,按照生产安全事故应急救援预案的要求展开救援。除各政府部门协同救援以外,本次事故救援的成功还得益于国

---

[1] 应急管理部. 2020年全国应急救援和生产安全事故十大典型案例[EB/OL]. (2021-01-04)[2022-04-26]. https://www.mem.gov.cn/xw/bndt/202101/t20210104_376384.shtml.

企、地方专业队伍、医务人员以及其他社会救援力量的参与，全民救援的方式也体现了《安全生产法》第85条第4款的设置初衷。

101. 如何进行事故调查处理？

答案 生产安全事故的调查处理包括以下几个方面：

(1) 事故调查处理应当遵循的原则

事故调查处理是一项非常复杂的工作，既涉及方方面面的关系，又有很强的技术性要求。如果想搞好事故调查工作，必须有正确的原则做指导。因此，《安全生产法》规定了事故调查处理的原则：科学严谨、依法依规、实事求是、注重实效。该原则是在多年事故救援、调查工作实践中总结出来的，符合事故调查的基本规律，对事故调查处理工作起到了重要的指导作用。

①科学严谨。调查处理生产安全事故需要做很多技术上的分析和研究，要科学调查、严谨分析，特别是要充分发挥专家和技术人员的作用，把对事故原因的查明，事故责任的分析、认定建立在科学分析的基础上，力求客观、公正。

②依法依规。事故调查处理要严格按照《安全生产法》和《生产安全事故报告和调查处理条例》等法律法规规定的原则、程序进行，做到客观公正、恪尽职守、严守纪律。事故责任认定要以事实为依据，以法律为准绳，严格按照法律法规的规定，严肃追究相关责任人的责任。

③实事求是。对生产安全事故进行调查处理，必须从实际出发，在深入调查的基础上，客观、真实地查清事故真相，明确事故责任，提出处理意见。不得从主观出发、凭空想象，不得感情用事，不得夸大事实或缩小事实，不得弄虚作假。

④注重实效。事故调查处理要提高效率，尽快完成。同时，除了要严肃认真地彻底查清事故原因和责任，还要通过事故调查加强警示教育，提出防范措施，用事故教训推动安全生产工作，不能对用鲜血换来的教训，再次用鲜血去验证。

(2) 事故调查处理的任务和主要内容

生产安全事故调查处理的主要任务和内容包括以下几个方面：①及时、

准确地查清事故发生原因,是事故调查处理的首要任务和内容,也是进行下一步工作的基础;②查明事故性质和责任,事故性质是指事故是人为事故还是自然事故,是责任事故还是意外事故,如果是人为事故和责任事故,就应当查明对事故负有责任的人员,确定其责任程度;③评估应急处置工作;④总结经验教训,提出整改措施,这对于防止事故再次发生具有重要意义;⑤对事故责任单位和人员提出处理建议,这是为了使有关责任者受到合理的处理,要结合对责任的认定,提出处理建议,包括给予处分或者追究刑事责任等。

(3) 事故调查报告应当及时向社会公布

事故调查报告应实行依法公开原则。事故调查报告是事故调查组根据调查情况编写的事故调查处理情况的报告,它是事故调查组工作成果的集中体现,也是事故处理的直接依据。事故调查报告的内容包括事故发生单位概况、事故发生经过和事故救援情况、事故造成的人员伤亡和直接经济损失、事故发生的原因和事故性质、事故责任的认定以及对事故责任者的处理建议、事故防范和整改措施。事故调查报告应当附具有关证据材料,调查组成员应当在报告上签名。

事故调查报告是关于生产安全事故最权威、最系统的信息收集和研判,与社会公共利益密切相关,应当向全社会公开,这样做有以下几方面的意义:一是尊重群众的知情权;二是有利于充分发挥社会各方面对安全生产工作的监督作用;三是可以用以鲜血换来的教训警示类似企业,促进其吸取教训,采取措施防止类似事故再次发生;四是可以进一步提高全社会的安全生产意识。需要注意的是,事故调查报告中依法应当保密的内容,不向社会公布。

(4) 事故调查处理的具体办法的制定

《安全生产法》只是对事故调查处理的有关问题作了原则性规定,然而事故调查和处理的具体办法包括很多方面的内容,其操作性也比较强,《安全生产法》作为一部综合性的基本法难以对此作出明确、具体的规定。因此,《安全生产法》授权国务院制定事故调查和处理的具体办法,是符合实际情况的,也是可行的。国务院于2007年发布的《生产安全事故报告和调查处理条例》,是目前对安全生产事故进行调查处理的主要法律依据,是一部全面、系统地规范安全生产事故报告和调查处理的行政法规,对事故的报告、调查、处理等作出了明确规定。

(5) 事故发生后单位及时全面落实整改措施,相关部门加强监督检查

事故调查的重要目的是杜绝类似事故的再次发生,因此事故发生单位应当及时全面落实整改措施。事故发生单位应当认真吸取事故教训,落实防范和整改措施,查找安全生产管理方面的隐患,切实提高安全生产水平,防止类似事故再次发生。对事故发生单位来说,落实整改措施,一是要及时,能立即整改的,立即整改;难以立即整改的,要提出限期整改的明确计划,并积极创造整改条件。二是要全面,对每一项整改措施都要认真落实,不能搞"选择性落实",同时要对各项整改措施统筹考虑,注重整体协同效果。

防范和整改措施的落实情况应当接受工会和职工的监督。应急管理部门和负有安全生产监督管理职责的有关部门应当对事故发生单位落实防范和整改措施的情况进行监督检查,逐项检查整改措施是否及时落实到位。对于拒不落实整改措施的事故发生单位及相关人员,应当依法给予处罚。

另外,事故整改和防范措施落实情况关系事故调查报告是否得到落实,关系事故隐患是否得到彻底整改,关系防范措施是否到位,也关系事故责任单位和人员是否得到依法处理。因此,负责事故调查处理的国务院有关部门和地方人民政府应当在批复事故调查报告后一年内,组织有关部门对事故整改和防范措施落实情况进行评估,并及时向社会公开评估结果;对不履行职责导致事故整改和防范措施没有落实的有关单位和人员,应当按照有关规定追究责任。

102. 如何对生产经营单位和有关行政部门的生产安全事故责任进行追责?

答 一旦发生安全生产事故,人民生命财产和国家财产将会受到严重的威胁,不但影响社会安定和谐,还会降低各行从业人员的工作热情和信心,带来的后果非常严重。因此,事故救援结束后,对事故原因的调查、责任的追究,应积极提上日程,根据责任认定进行相应的处理处罚。

生产经营单位发生安全生产事故后,要依法进行事故调查处理。事故调查处理的重要任务之一就是查明事故的性质,即是否属于责任事故。一旦确

定为责任事故，就必须对有关责任人予以追究。责任事故是指由生产经营单位在安全生产管理方面的问题造成的事故，如安全生产管理制度不健全，不及时处理事故隐患，不对从业人员进行安全生产教育和培训，违章指挥、强令冒险作业等造成的事故；或者是由于对安全生产的有关事项负有审查批准和监督职责的行政部门的失职、渎职行为造成的事故。

发生生产安全事故被定性为责任事故的，除了要依法追究对事故负有责任的单位的责任，还要依法追究负有审批和监督职责的行政部门的责任，对有失职、渎职行为的，依照相关规定追究法律责任，即对安全生产的有关事项负有审查批准和监督职责的部门有失职、渎职行为的，对其工作人员依法给予降级或者撤职的行政处分；构成犯罪的，依照刑法有关规定追究刑事责任。

依法严肃追究生产安全事故有关责任人员的法律责任，对于惩罚和教育责任者本人、促使有关人员提高责任心，保证有关安全生产的法律、法规得到遵守，保障安全生产，具有十分重大的意义。在追究事故责任时，必须贯彻"责任面前人人平等"的精神。为了切实落实对生产安全事故的责任追究，使所有对事故负责的人员都依法受到应有的追究，首先要查明发生事故的生产经营单位的责任并依法予以追究。这就是说，要查明生产经营单位在安全生产管理方面是否存在问题，这些问题是否导致了事故的发生以及在多大程度上导致了事故的发生。在确定了生产经营单位对事故发生负有责任后，要依法追究有关负责人、主管人员以及其他直接责任人员的法律责任，其中，不构成犯罪的，给予相应的行政处分或者行政处罚；构成犯罪的，依照刑法关于重大劳动安全事故罪，重大责任事故罪，强令、组织他人违章冒险作业罪，危险作业罪或者其他罪的规定依法追究刑事责任。同时，还应查明对安全生产的有关事项负有审查批准和监督职责的有关行政部门的责任，主要是查明其是否有失职、渎职行为，包括对不符合法定安全生产条件的涉及安全生产的事项予以批准或者验收通过的；发现未依法取得批准、验收的单位擅自从事有关活动或者接到举报后不予取缔或者不依法予以处理的；对已经依法取得批准的单位不履行监督管理职责，发现其不再具备安全生产条件而不撤销原批准或者发现安全生产违法行为不予查处的；在监督检查中发现重大事故隐患，不依法及时处理的。有上述行为之一的，对上述有关行政部门的工作人员将给予降级或者撤职的处分；构成犯罪的，依照刑法有关规定追究刑事责任。

> **示例** 福建省贯彻落实《福建省泉州市欣佳酒店"3·7"坍塌事故调查报告》整改方案❶

2020年3月7日19时14分,福建省泉州市鲤城区欣佳酒店所在建筑物发生坍塌,造成29人死亡、42人受伤,直接经济损失5794万元。后续的安全生产事故调查报告指出,福建省泉州市欣佳酒店"3·7"坍塌事故是一起主要因违法违规建设、改建和加固施工导致建筑物坍塌的重大生产安全责任事故。福建省应急管理厅根据《安全生产法》的相关规定,对涉案行政机关、生产经营单位、中介服务机构、建设单位作出如下处理:

第一,对于违法的行政机关公职人员的处理。经福建省委批准、中央纪委国家监委同意,福建省纪委监委已对事故中涉嫌违纪、职务违法、职务犯罪的49名公职人员严肃追责问责。对于公职人员中涉嫌刑事犯罪的,由纪委移交司法机关以渎职罪等罪名起诉处理。

第二,对于生产经营单位(泉州市欣佳酒店)的追责。依据《行政许可法》第69条、《建设工程消防监督管理规定》第36条,由泉州市市场监督管理局、公安局等部门对欣佳酒店作出吊销工商营业执照、《特种行业许可证》《公众聚集场所投入使用、营业前消防安全检查合格证》《卫生许可证》的处罚,并且撤销消防设计备案、消防竣工验收备案。

第三,对于中介服务机构的追责。对于提供安全生产评价的福建省建筑工程质量检测中心有限公司等4家中介服务机构,视各中介机构违法具体情况作出包括罚款、吊销公司建设工程质量检测机构综合类资质证书、列入建筑市场主体"黑名单"等多项处罚。

第四,对于泉州市欣佳酒店的消防设施建设单位的处理。事故发生后,公安机关已对涉案消防设施建设单位泉州新星机电工贸公司法定代表人杨某锵、泉州广鑫建设工程公司法定代表人蔡某辉等23名相关责任人员,以涉嫌重大责任事故罪、伪造国家机关证件罪、提供虚假证明文件罪等依法立案侦查并采取刑事强制措施。此外,还对泉州市新星机电工贸有限公司作出行政

---

❶ 福建省应急管理厅闽安委〔2020〕9号。

罚款，并吊销其工商营业执照。

【解析】 安全生产事故的追责不仅包括生产经营单位，亦包括违法行政机关及中介服务机构等多个主体，追责的维度主要包括行政责任和刑事责任两个方面，具体追责则主要依据政府部门出具的《安全生产事故调查报告》。在实际案件追责过程中，还应当具体问题具体分析，而非一味地将生产经营单位作为主要责任主体。如在本案中，虽然泉州市欣佳酒店是生产经营单位，但实际导致消防设施存在问题，应当负主要责任的是欣佳酒店消防设施建设单位泉州市新星机电工贸有限公司。因此，在最终责任承担中，泉州市欣佳酒店的行政责任明显轻于泉州市新星机电工贸有限公司，且并未承担刑事责任。

103. 单位和个人阻挠或干涉对事故依法调查处理的，如何处置？

答 生产安全事故严重威胁人民的生命财产安全和国家财产安全，关乎国家社会稳定、人民幸福安康。生产安全事故发生后，应尽快查明事故原因，进行事故责任分析，积极落实防范和整改措施，给广大人民群众一个满意的答案，这是严格执法、贯彻落实生产工作安全政策的重要方面。因此，有关人民政府或者有关部门和单位应当依法及时进行调查处理。

除了法律、行政法规或者国务院另有规定的以外，事故发生后，一般应当组成事故调查组进行调查。事故调查组的主要职责：查明事故发生的经过、原因、人员伤亡情况及直接经济损失；认定事故的性质和事故责任；提出对事故责任者的处理建议；总结事故教训，提出防范和整改措施；提交事故调查报告。事故调查终结后，负责组织事故调查的有关人民政府应当及时作出批复，妥善处理事故。

可见，依法进行事故调查处理，对于查明事故原因、明确事故责任、处理事故责任人员、完善事故防范措施、防止事故再次发生等，都具有十分重要的意义，是安全生产工作中一个不可或缺的环节。

然而，由于生产经营活动牵涉利益复杂，有的背后还存在权钱交易等不法行为，事故调查工作难免触碰有关利益，尤其是在追究相关人员责任时，会面临来自各方面的阻力。实践中，有的生产经营单位，甚至是个别负有安全生产监管职责的部门，为了单位或者地方的利益，故意不配合事故调查组开展调查，有的组织或者参与破坏事故现场、出具伪证，或者隐匿、转移、篡改、毁灭有关证据；有的以各种理由拒不接受调查取证、提供有关情况和资料；有的地方发生重大安全责任事故后不及时向检察机关通报，致使检察机关不能第一时间掌握情况、开展调查；还有的在事故发生后，违法违规生产经营主体和负有安全生产监管职责的有关部门相互推卸责任，影响调查工作顺利进行。

事故调查组代表政府依法执行公务，为了保证事故调查处理工作顺利进行，必须从制度上排除一切干扰和阻力。在进行现场调查取证时，有权向有关单位和有关人员了解有关情况，任何单位和个人不得拒绝、隐瞒或提供虚假证据或资料。

因此，《安全生产法》第88条规定，任何单位和个人不得阻挠和干涉对事故的依法调查处理。据此，生产经营单位及其有关人员、地方人民政府、政府有关部门及其工作人员以及其他任何单位和个人，都应当对事故调查处理予以支持和配合，而不得阻挠和干涉。

示例 柳州市锦路川运输有限公司涉湛江市"3·29"道路交通事故拒不配合事故调查行政处罚案❶

柳州市锦路川运输有限公司存在下述违法情形并导致对湛江市"3·29"道路交通事故发生负有责任：①在发现案涉货车GPS掉线后未采取有效措施消除隐患，仍然允许该车从事道路运输经营活动；②未及时排查并消除案涉货车部分零件不符合技术标准的安全隐患；③以挂靠经营形式与车辆实际控制人签订车辆管理合同书，以本公司名义登记上牌并从事经营活动，但疏于管理。湛江市应急管理局介入该安全生产事故调查后，柳州市锦路川运输有限公司又存在拒绝行政执法人员进行案件调查的行为。湛江市应急管理局依据2014年《安全生产法》第109条第1款和《安全生产违法行为行政处罚办法》第55条第4款之规定，对该公司作出罚款30万元的行政处罚决定（由于存在拒绝配合事故调查的情形，对其从重处罚）。

---

❶ 湛江市应急管理局（湛）应急罚〔2021〕执法17号行政处罚决定书。

【解析】《安全生产法》第88条明确规定，任何单位、个人不得妨碍执法机关对安全生产事故进行调查，但现行《安全生产法》第六章并未规定违反该义务的行政责任。实务中，对于违反该条的责任，可以参考湛江市应急管理局的认定思路，即拒绝配合、阻扰行政执法机关进行事故调查的行为，可能会成为行政机关"从重处罚"的酌定依据，从而承担更为严厉的行政处罚。

104. 对于本行政区域内发生生产安全事故的情况应当进行统计和公布吗？

答案

（1）定期开展事故统计分析

"没有调查，就没有发言权"。要解决安全生产实际问题，光靠责任追究不行，必须进行全面深入的调查研究，定期开展事故统计分析。这能够为及时、准确、全面掌握本地区生产安全事故的发生情况，排查确定事故多发行业、区域、时段，全面分析存在的风险点和安全隐患，进而对风险态势及事故发展趋势作出预测提供有力支撑，同时也为政府制定安全生产宏观决策以及企业制定安全预防措施提供了依据，并为下一步有针对性地采取安全预防措施，进一步改进安全管理工作指明了方向。此外，定期统计分析全国的生产安全事故情况，对及时、全面地掌握全国生产安全事故情况，深入分析全国安全生产形势，科学预测全国安全生产发展趋势，为安全生产监管工作提供可靠的信息支持和科学的决策依据等，具有重要意义。《国务院办公厅关于加强安全生产监管执法的通知》明确要求，加强调查研究，准确把握和研判安全生产形势、特点和规律，认真调查分析每一起生产安全事故，深入剖析事故发生的技术原因和管理原因，有针对性地健全和完善相关规章制度。对于事故调查反映出相关法规规章有漏洞和缺陷的，要在事故结案后立即启动修订工作。

做好安全事故的统计工作，最基本的要求就是统计的有关数据要全面、准确，没有漏报、错报。为此，安全生产监督管理部门要建立、健全有关事故统计的规章制度，并严格照章办事。同时，要和其他有关部门以及有关生产经营单位密切配合，加强监督检查，防止个别生产经营单位瞒报或者谎报事故。在统计方法上，可以按照行业、地域以及死亡人数等不同标准，分门别类地予以统计。

在全面、准确地对事故进行统计的基础上，需要认真地对事故进行分析，即对事故的种类、原因、特点以及造成的伤亡、损失等进行研究、分析、归纳，总结事故经验教训，为制定有关安全生产决策提供依据。

（2）定期向社会公布事故统计分析情况

首先，定期将生产安全事故的有关情况向社会公布是公众知情权的体现和要求；其次，有利于提高群众的安全生产意识，而且有利于发挥社会各界对安全生产工作的监督作用，使社会各界及时了解、掌握本地区的安全生产状况，可以更有效地进行监督；最后，还能促使应急管理部门和有关生产经营单位，特别是发生事故的单位，进一步增强责任心，认真依法履行安全生产监督管理职责，吸取事故教训，加强安全生产工作。

生产经营单位可以通过公布的生产安全事故情况，了解安全生产的形势，结合自身的行业特点采取必要的防范事故的具体措施，不断提高安全生产水平。社会公众也可以通过媒体的公布，对一定时期内发生生产安全事故的情况有所了解，便于其监督生产经营单位和政府有关部门的安全生产工作，有利于全社会安全生产意识的提高。需要注意的是，事故调查报告公布制度与生产安全事故统计分析情况向社会公布是有区别的。前者是针对具体的事故调查报告，涉及某一个事故的起因、后果、事故责任和调查处理情况等内容；后者主要是从统计分析的角度，对某一地区一段时间内生产安全事故的数量、类别、死伤人数、财产损失等综合情况的公布。两者不宜混淆，不能以公布生产安全事故的总体情况替代对于具体事故调查报告的公布。此外，负责事故调查处理的国务院有关部门和地方人民政府应当在批复事故调查报告后一年内，组织有关部门对事故整改和防范措施落实情况进行评估，并及时向社会公开评估结果。

实践中，应急管理部制定了《生产安全事故统计管理办法》，规范生产安全事故统计工作。生产安全事故由县级应急管理部门归口统计、联网直报。跨县级行政区域的特殊行业领域生产安全事故统计信息按照应急管理部门和有关行业领域主管部门确定的生产安全事故统计信息通报形式，实行上级应急管理部门归口直报。县级以上（含本级）应急管理部门负责接收本行政区域内生产经营单位报告和同级负有安全生产监督管理职责的部门通报的生产安全事故信息，并真实、准确、完整、及时地进行统计。县级以上应急管理部门应按规定时限在"安全生产综合统计信息直报系统"中填报生产安全事故信息，并按照《生产安全事故统计报表制度》的有关规定进行统计分析。

统计分析的内容主要包括事故发生单位的基本情况、事故造成的死亡人数（包括下落不明人数）和受伤人数（包括急性工业中毒人数）、直接经济损失、事故具体情况等。没有造成人员伤亡且直接经济损失小于100万元（不含）的生产安全事故，暂不纳入统计。

另外，如果事故调查报告中包含依法应当保密的内容，包括依据《保守国家秘密法》等的规定属于国家秘密的信息，也包括依据其他有关法律、行政法规规定，应当保密的企业商业秘密等，向社会公布事故调查报告时，不应当公布依法应当保密的内容。但这并不意味着有关地方人民政府和部门能以事故调查报告中某一部分需要保密为由，不予公布事故调查报告，而是应当在对事故调查报告的保密部分作适当处理后，依法予以公布。

示例 2021年1—12月份福州市安全生产情况统计分析[1]

在2021年度安全生产情况统计分析中，福州市应急管理局分五个安全生产领域统计本年度安全生产事故信息，内容包括安全生产事故数量、同比增长率、伤亡人数等。

2021年，全市发生生产安全事故127起，同比减少5起，下降3.8%；死亡73人，同比减少4人，下降5.2%；受伤126人，同比减少8人，下降6.0%。发生2起较大事故，同比增加1起。

道路运输业方面。全市发生事故97起，同比减少5起，下降4.9%；死亡33人，同比减少11人，下降25.0%；受伤108人，同比减少21人，下降16.3%。

农林牧渔业方面。全市发生渔业生产事故0起，同比减少1起；死亡0人，同比减少1人。

采矿业方面。全市发生采矿业事故0起，同比减少1起；死亡0人，同比减少1人。

---

[1] 福州市应急管理局. 2021年1-12月份福州市安全生产情况统计分析[EB/OL]. (2022-01-10)[2022-04-26]. https://www.fuzhou.gov.cn/zwgk/zdlyxxgk/aqsc/sgdcjzj/202201/t20220119_4294825.htm.

商贸制造业方面。全市发生事故 11 起,同比减少 1 起,下降 8.3%;死亡 20 人,同比增加 7 人,上升 53.8%;受伤 16 人,同比增加 16 人。其中:轻工 1 起,死亡 1 人;冶金 1 起,死亡 1 人;机械 1 起,死亡 1 人;纺织 1 起,死亡 6 人;商贸 1 起,死亡 1 人;工商贸其他 6 起,死亡 10 人。

建筑业方面。全市发生事故 19 起,同比增加 3 起,上升 18.8%;死亡 20 人,同比增加 2 人,上升 11.1%;受伤 2 人,同比减少 3 人,下降 150%。其中:房屋建筑业 4 起,死亡 4 人;土木工程建筑业 3 起(管道工程 2 起,水利工程 1 起),死亡 3 人;建筑安装业 7 起(管道和设备安装 6 起),死亡 8 人;建筑装饰和其他建筑业 5 起,死亡 5 人。

除公开安全生产事故数据外,公布内容亦包含安全生产状况分析,明确了 2021 年度安全事故发生的主要原因。在此基础上,福州市应急管理局对于下一步安全生产工作提出以下建议:一是年底生产建设活动频繁,诸多生产单位存在抢工期、赶进度等情况,对此应重点抓好岁末年初安全防范工作;二是由福州市政府组织各单位配合做好全市安全生产和消防目标责任落实情况年度调研评定工作;三是要严格落实"三项清单"(检查清单、隐患清单、整改清单)制度,认真梳理本年度各类专项行动、督查检查以及日常执法检查发现的安全隐患,并集中力量尽快整改尚存的安全生产隐患。

【解析】 现行《安全生产法》第 89 条对安全生产事故的定期统计与公布作了原则性规定。在该规定的执行层面:其一,县级以上地方各级政府应急管理部门应当在政府部门网站上设立专门的安全生产法定公开查询模块,以便社会各界及时、准确、直观地获取本地安全生产事故信息;其二,在公布内容中,应当在明确各生产领域事故统计信息的基础上,增加"安全生产情况分析"以及"下一步工作建议"等内容,做到以问题为导向,举一反三,在管理理念、责任落实、风险防控、隐患排查等各方面再加力,切实提升本行政领域内的安全生产事故防控水平。

第六章　法律责任

105. 安全生产管理领域是否确立了尽职免责制度？

答案 "尽职免责"制度已于2008年首先在金融领域内确立和实行，以确保尽职者得以免责、失职者被问责。2019年9月6日，国务院印发《关于加强和规范事中事后监管的指导意见》，其中明确提出"法定职责必须为、法无授权不可为、尽职免责失职问责"的要求，强调应加快完善各监管执法领域的尽职免责办法，明确履职标准和评判界限。2021年3月13日，全国人民代表大会发布的《国民经济和社会发展第十四个五年规划和2035年远景目标纲要》要求，应构建适应高质量发展要求的内生激励机制，健全激励导向的绩效评价考核机制和尽职免责机制，调动广大干部特别是基层干部的积极性、主动性、创造性。目前，安全生产执法领域也在进一步强化责任意识，强调尽职免责、失职问责，各地应急管理局公布了部分尽职免责的典型案例，对安全生产事故问责制度的有效落实和安全生产事故风险的预防起到了推动作用。

安全生产领域中尽职免责制度的对象包含有关地方人民政府和负有安全生产监督管理职责的部门及其工作人员，生产经营单位及其决策机构的主要负责人、个人经营的投资人，直接负责的主管人员、其他负责人和安全生产管理人员，承担安全评价、认证、检测、检验职责的机构及其责任人员，生产经营单位的从业人员等。尽职免责制度的有效实施依赖于准确清晰的责任清单的制定和落实、严格到位的履职行为和履职证据的留存。该项制度对于准确认定各生产经营主体的安全生产责任意义重大，对于促进和督促企业依法落实安全生产责任制度具有积极意义，为有效防范安全生产事故风险提供了行动指南。

示例1 鄂州市葛店经济技术开发区城市综合体项目"12·8"较大起重伤害事故案❶

2021年12月8日12时15分左右,鄂州市葛店经济技术开发区城市综合体C地块项目C1#楼4#塔式起重机在顶升作业过程中,发生一起较大起重伤害事故,造成3人死亡、1人受伤,直接经济损失364.8万元。在湖北省鄂州市应急管理局公布的调查报告中,建议对依法履行了安全生产主体责任的工程建设单位免于处罚,该案成为安全生产领域"尽职免责"的典型案例。

事故调查组在分析和认定工程建设单位润置公司是否依法履行了安全生产主体责任时,从以下几个方面进行了梳理:

一是润置公司在工程开工前,依法申请领取了《建设工程规划许可书》《建设工程施工许可书》,将建筑工程发包给了具备相应建筑施工资质和安全生产条件的华建公司。双方签订了安全生产协议,其中写明因承包人原因所产生的生产安全事故,由承包人负责。

二是该公司成立了城市综合体项目部,配备了项目总经理、项目经理、机电经理、土建经理等负责对本项目开发进行统筹管理,配备了1名持有注册安全工程师资格证的专职安全生产监督人员,机构设置和人员配备符合要求。

三是项目部、施工总包单位、监理单位成立的三方安全工作协调小组,负责对项目进行统一协调、管理。2021年2月至11月共召开了10次协调会议,3月至11月共开展了9次月度安全检查,并开展了大型机械设备专项排查治理。

四是该公司安措费支付符合法定要求,组织施工总包单位编制了《生产安全事故综合应急预案》,并督促开展了7次应急救援演练和消防应急演练。

综合上述安全生产履职行为,认为该公司依法履行了安全生产主体责任。

【解析】 该案中,因工程施工单位已通过完整有效的事前手续、签订

---

❶ 鄂州市应急管理局. 鄂州市葛店经济技术开发区城市综合体项目"12·8"较大起重伤害事故调查报告 [EB/OL]. (2022-01-30) [2022-05-03]. http://yjj.ezhou.gov.cn/xwzx/sgs/202201/t20220131_455169.html.

安全生产协议、设定安全生产管理成员组并定期开会排查安全事故隐患、编制应急预案、开展事故演练等有效的安全生产管理制度尽职履行了安全生产管理职责，因此在后续的责任认定中被予以免责。

示例2 深圳市正大建业建筑工程有限公司"2·8"机械伤害死亡事故案[1]

2021年2月8日10时4分，深圳市龙岗区坪地街道高中园在建项目工地发生一起机械伤害事故，造成1人死亡。事故调查组在进行责任认定时，认为：

第一，中建科工集团有限公司落实了企业安全生产的主体责任，建立健全了安全生产责任制和各项安全生产规章管理制度及操作规程；设置了安全管理机构并配备了专职的安全管理人员；保证了安全生产资金的投入使用；定期组织了安全教育培训和安全检查；与深圳市正大建业建筑工程有限公司签订了《安全生产管理协议》，明确了各自的安全生产管理职责，督促专业分包单位落实安全管理职责；按照《施工方案》要求施工单位落实旋挖钻机的防护措施，已履行了总包单位的安全管理职责，建议不予处罚。

第二，深圳市正大建业建筑工程有限公司建立健全了安全生产责任制，组织制定并落实了各项安全生产规章制度和操作规程；项目管理人员具有相关执业资格；定期开展了施工现场安全检查和隐患排查；按要求对作业人员进行了安全技术交底和班前安全教育；旋挖钻机作业现场安全管理措施符合要求，已履行了安全管理职责，建议不予处罚。

第三，深圳市合创建设工程顾问有限公司制定了项目监理部安全管理岗位职责，监理人员具有相关执业资格；制定了监理规划、监理实施细则，并严格按照监理实施细则的要求进行旁站和检查；建立了监理例会、监理周报制度；定期组织现场安全周检查，并组织安全总结会；按照《施工方案》要求施工单位落实旋挖钻机的防护措施，已履行了监理安全管理职责，建议不予处罚。

---

[1] 深圳市龙岗区人民政府. 深圳市正大建业建筑工程有限公司"2·8"机械伤害死亡事故调查报告［EB/OL］.（2021-04-27）［2022-05-03］. http://www.lg.gov.cn/xxgk/zwgk/zdlyxxgk/scaq/sgd-cbg/content/post_8729195.html.

【解析】本案中，中建科工集团有限公司、深圳市正大建业建筑工程有限公司、深圳市合创建设工程顾问有限公司均建立健全了安全生产责任制度，明确实施了应承担的安全生产管理职责，总包单位、实施单位、监理公司各司其职，依法履行了相应安全生产管理职责，因此在事故责任认定中均不予处罚。

106. 安全生产领域内的刑事犯罪有哪些？

答案 安全生产领域内关于刑事责任承担的法律规范主要包括《安全生产法》《刑法》《最高人民法院、最高人民检察院关于办理危害生产安全刑事案件适用法律若干问题的解释》等。2020年12月发布的《中华人民共和国刑法修正案（十一）》，对《刑法》第134条、第229条进行了修改，因此目前《刑法》中涉及的安全生产领域犯罪罪名增加至11种，具体包括重大飞行事故罪、铁路运营安全事故罪、交通肇事罪、重大责任事故罪、强令违章冒险作业罪、重大劳动安全事故罪、大型群众性活动重大安全事故罪、工程重大安全事故罪、教育设施重大安全事故罪、消防责任事故罪、提供虚假证明文件罪。除此之外，某些生产单位进行生产经营的过程中还可能触犯妨害公务罪，负有安全生产监督管理职责的部门的工作人员还可能触犯玩忽职守罪、滥用职权罪。

107. 新《安全生产法》对违法行为处罚力度是如何加强的？

答案 2021年新修改的《安全生产法》的一大亮点就是进一步加强了相关责任主体的法律责任，如提升了罚款金额，将事故罚款由修改前规定的20万~2000万元，提高至30万~1亿元；对单位主要负责人的事故罚款数额由其年收入的30%~80%，提高至40%~100%；对特别重大事故的罚款，最高可以达到1亿元。

除此以外，在计算罚款的方式上也有了一些创新，如《安全生产法》第112条借鉴《中华人民共和国环境保护法》第59条中的按日计罚机制，即"生产经营单位违反本法规定，被责令改正且受到罚款处罚，拒不改正的，负有安全生产监督管理职责的部门可以自作出责令改正之日的次日起，按照原处罚数额按日连续处罚"；《安全生产法》第113条对违法情形的描述借鉴了《中华人民共和国食品安全法》中的累加处罚机制，即"存在重大事故隐患，一百八十日内三次或者一年内四次受到本法规定的行政处罚的"。❶ 在惩戒力度上，还规定了可采取联合惩戒方式，可以采用限制行业或者职业禁入等联合惩戒措施。通过对以上法律责任部分的强化，能够有效打击震慑违法企业，守护安全生产环境。

108. 安全生产监管部门工作人员批准或验收通过了不符合法定安全生产条件的事项，应当承担什么法律责任？

答： 根据《安全生产法》第90条的规定，安全生产监管部门工作人员可能因为违法批准或验收行为承担行政责任和刑事责任。负有安全生产监督管理职责的部门工作人员对不符合法定安全生产条件的事项予以批准或者验收通过的，应当给予降级或者撤职的行政处分；构成犯罪的，应当依照刑法有关规定追究刑事责任。实践中，安全生产监管部门工作人员存在滥用职权、玩忽职守情形的，可能触犯刑法中滥用职权罪、玩忽职守罪、受贿罪等相关规定，应依法追究相应的刑事责任。

实际上，不仅安全生产监管部门工作人员可能因违法行为被处分，党政领导干部如果在落实安全生产工作责任时出现履行职责不到位或对安全生产事故负有领导责任的情况，都应当予以问责。《地方党政领导干部安全生产责任制规定》对党政领导干部安全生产问责制度进行了明确规定，如第18条规定："地方党政领导干部在落实安全生产工作责任中存在下列情形之一的，应当按照有关规定进行问责：（一）履行本规定第二章所规定职责不到位的；（二）阻挠、干涉安全生产监管执法或者生产安全事故调查处理工作的；（三）对迟报、漏报、谎报或者瞒报生产安全事故负有领导责任的；（四）对发生生产安全事故负有领导责任的；（五）有其他应当问责情形的。"具体到问责形式而言，一般可采取通报、诫勉、停职检查、调整职

---

❶ 闪淳昌，林鸿潮. 安全生产执法实务与案例［M］. 北京：中国法制出版社，2021：8-9.

务、责令辞职、降职、免职或处分等方式进行问责。如果涉及职务犯罪，应由监察机关依法调查处置。

[示例] 检例第 97 号：夏某某等人重大责任事故案❶

2012 年 3 月，在左某某的召集下，4 艘平板拖船的股东夏某某、刘某某、段某某、伍某某等十余人经协商签订了联营协议，左某某负责日常经营管理及财务工作，并与段某某共同负责船只调度；夏某某、夏英某、刘某某负责"X 号"平板拖船的具体经营。在未依法取得船舶检验合格证书、船舶登记证书、水路运输许可证、船舶营业运输证等经营资质的情况下，上述 4 艘平板拖船即在湖南省安化县资江河段部分水域进行货运车辆的运输业务。

2012 年 12 月 8 日 24 时许，按照段某某的调度安排，夏某某、刘某某驾驶的"X 号"在安化县烟溪镇十八渡码头搭载四台货运车，经资江水域柘溪水库航道前往安化县平口镇。因"X 号"无车辆固定装置，夏某某、刘某某仅在车辆左后轮处塞上长方形木条、三角木防止其滑动，并且未要求驾乘人员离开驾驶室实行"人车分离"。次日凌晨 3 时许，"X 号"行驶至平口镇安平村河段时，因刘某某操作不当，船体发生侧倾，致使所搭载的 4 台货运车辆滑入柘溪水库，沉入水中。该事故造成 10 名司乘人员随车落水，其中 9 人当场溺亡，直接经济损失 100 万元。

【解析】 处理结果：2015 年 8 月 20 日，安化县人民法院以交通肇事罪分别判处夏某某、刘某某有期徒刑 4 年 6 个月。安化县人民检察院抗诉后，益阳市中级人民法院于 2015 年 12 月 21 日以重大责任事故罪分别判处夏某某、刘某某有期徒刑 4 年 6 个月。2017 年 5 月 25 日，安化县人民法院以重大责任事故罪判处左某某有期徒刑 3 年，左某某提起上诉，二审发回重审，该院作出相同判决，左某某再次上诉后，二审法院裁定维持原判。2018 年 9 月 19 日，安化县人民法院以重大责任事故罪分别判处段某某、夏英某有期徒刑 3 年，缓刑 5 年。二人未上诉，判决已生效。

---

❶ 湖南省安化县人民法院（2018）湘 0923 刑初 330 号刑事判决书。

事故发生后，负有监管责任的相关国家工作人员被依法问责。安化县地方海事处原副主任刘雄某、航道股股长姜某某等 6 人，因负有直接安全监管责任，未认真履行职责，或在发现重大安全隐患后没有采取积极、有效的监管措施，被追究玩忽职守罪的刑事责任。安化县交通运输局原党组成员、工会主席余某某等 9 人分别被给予警告、严重警告、记过、撤职等党政纪处分。

109. 安全生产监管部门工作人员不依法履行或拖延履行法定职责，应如何处理？

答案 安全生产监管部门工作人员可能存在批准、验收不符合法定安全生产条件的生产活动事项，或履行职责过程中出现应依法取缔或查处拖延执法或不予查处等违法行为，可能构成滥用职权、玩忽职守、徇私舞弊违法行为，应根据其行为性质予以追究相应的法律责任。对于一般违法行为，应给予工作人员降级或撤职的行政处分；如果触犯《刑法》第 397 条中的滥用职权罪、玩忽职守罪，应依法追究刑事责任。此外，安全生产监管部门不依法履行法定职责的，还可能被依法提起行政诉讼。

安全生产监管部门负有相关监管职责，但在履行职责过程中出现不履行或拖延履行等情形的，构成行政机关不履行法定职责，即行政不作为。目前，《行政诉讼法》中已将行政不作为纳入人民法院的受案范围，因此具有行政诉讼原告资格的当事人可以向有管辖权的人民法院提起行政诉讼，起诉该不履行法定职责的安全生产监管部门，以行政诉讼的方式督促有关机关依法履行法定职责。此外，《安全生产法》第 74 条也明确规定，"因安全生产违法行为造成重大事故隐患或者导致重大事故，致使国家利益或者社会公共利益受到侵害的，人民检察院可以根据民事诉讼法、行政诉讼法的相关规定分别提起公益诉讼"。因此，生产经营单位可能被针对性地提起民事公益诉讼，相关安全生产监管部门可能被提起行政公益诉讼。这都是有效保证安全生产监管工作顺利推进的重要制度基础。

示例 浙江省衢州市衢江区人民检察院督促整治自备储油加油设施安

全隐患行政公益诉讼案❶

浙江省衢州市衢江区伟龙矿业等9家工矿企业、物流客运公司未经审批，擅自建设自备储油加油设施，且油罐设置管理随意，消防设施配备不齐全，无防雷电防静电设施，用油操作不规范，日常安全管理制度严重缺失，安全生产隐患问题突出。同时，部分企业还存在违法占地、污染环境等违法行为。

2019年3月，浙江省衢州市衢江区人民检察院（以下简称衢江区院）在走访摸排中发现该线索并立案。通过查勘现场、问卷调查及向属地乡镇和经信、应急管理等部门核实，查明伟龙矿业等9家企业擅自建设的自备储油加油设施不符合安全生产、消防、环保、规划、国土、气象等领域法律法规的规定，并未经属地经信部门登记备案，存在安全生产等隐患，相关部门未能形成监管合力。同年4月28日，衢江区院向依法负有监管职责的属地乡镇政府和衢江区经信局、应急管理局、消防救援大队、气象局5家单位发出诉前检察建议，督促其依法履行各自监管职责，联合对企业自备储油加油站点的用地规划、环境保护、消防安全、气象灾害防御、油品来源与质量等方面隐患开展综合治理，联动开展调查处置，同时做好全面排查整治。

各相关单位收到检察建议后高度重视，主动加强与检察机关的对接协商，共同研究制定整改方案。2019年5月，区经信局牵头组织相关单位对上述9家企业自备储油加油站点进行现场调查，后专门召开联席会议，根据存在的问题和行业监管要求，提出分类处理意见。责令4家未批先建、违法占地的企业关停、限期拆除相关设施，5家储油加油设施设置不规范、存在安全隐患的企业进行整改提升。经检察机关跟进监督，该5家企业已完成用地规划、环评的审批、完善消防设施、防雷设施的设计建设与验收，并就油品来源与正规的批发企业签订供销合同，保障油品质量。2019年9月，区经信局牵头组织开展全区企业自备储油罐排查和整治专项行动，按照分类处置原则，推进行业整改和规范提升。同时，考虑企业用油的刚性需求，出台加强成品油市场管理规定，规范联合审查审定程序，明确申报流程、规划建设标准、落实联合监管措施，形成长效监管机制。

---

❶ 最高人民检察院. 安全生产领域公益诉讼典型案例［EB/OL］.（2021-03-23）［2022-04-30］. https://www.spp.gov.cn/spp/xwfbh/wsfbt/202103/t20210323_513617.shtml#2.

办案过程中，衢州市人民检察院加强跟踪指导，并在全市部署开展企业自备成品油领域专项监督，共排查出存在安全隐患的企业 130 余家，共发出检察建议 33 件。对专项活动梳理形成调研报告报市政府并引起高度重视，促成市商务局牵头开展全市企业自备储油罐安全生产隐患排查和整治工作专项行动，进一步规范企业自备储油加油设施安全管理，健全安全风险防控机制。

【解析】在安全生产领域引入行政公益诉讼制度具有重要意义，对于充分发挥人民检察院的法律监督功能、优化地方安全生产治理格局、发挥事前监督检查督促职能等有积极的促进作用。❶ 本案中，检察机关在调查立案后及时向有关安全生产监督检查部门发出诉前检察建议，督促其履行各自的监管职责。各监督检查部门及时推进工作，进行现场检查并采取相应督促措施，及时将存在安全生产事故隐患的企业予以整改提升。该制度充分发挥了国家检察工作机关的法律监督功能和部门协作的制度优势，并及时有效地推进了安全生产执法工作，健全了风险防控机制。

110. 安全生产监管部门工作人员存在滥用职权、玩忽职守、徇私舞弊行为构成犯罪的，承担什么刑事责任？

答案 2019 年 11 月，习近平总书记在中央政治局第十九次集体学习时强调，"各级党委和政府要切实担负起'促一方发展、保一方平安'的政治责任，严格落实责任制"。安全生产监督管理部门作为国家安全生产工作的核心工作部门，应牢固树立安全生产意识，切实担负起安全生产重于泰山的政治责任，通过严格落实工作责任制和健全安全生产检查和执法制度，将安全生产监督管理工作做细、做实。对于某些为了谋取不正当利益而存在出现受贿、违规审批验收等犯罪行为的国家工作人员，应当依法追究其刑事责任。《安全生产法》第 90 条也规定安全生产监管部门工作人员存在滥用职权、玩忽职守、徇私舞弊行为触犯刑法的，应当依照刑法有关规定追究其刑事责任。

根据《刑法》第 397 条的规定，"国家机关工作人员滥用职权或者玩忽职守，致使公共财产、国家和人民利益遭受重大损失的，处三年以下有期徒刑

---

❶ 闪淳昌，林鸿潮. 安全生产执法实务与案例［M］. 北京：中国法制出版社，2021：205.

或拘役;情节特别严重的,处三年以上七年以下有期徒刑。国家机关工作人员徇私舞弊,犯前款罪的,处五年以下有期徒刑或者拘役;情节特别严重的,处五年以上十年以下有期徒刑"。

示例1 程某、王某、谷某、王某玩忽职守案❶

某煤矿引进国外机组设备后,直接将其堆放在车间院内,未加防火标志和安全防范设施。因工人在机组设备上吸烟、打牌,遗留的火种引燃箱底地面上的锯末,造成特大火灾,大部分机组设备被烧毁,造成直接经济损失260多万元。尽管设备引进时,该单位负责人程某、王某均已经通过各项安全培训,但仍未督促采取安全防范措施,造成特大火灾惨剧发生。本案应如何确定该煤矿负责人的法律责任?

【解析】由于该单位负责人前期已接受相关安全培训,明知国外进口设备应采取安全防范措施而不予重视,以致酿成机组大部分设备被烧毁的特大火灾事故,使国家财产遭受重大损失,其行为已构成玩忽职守罪。本案中,副矿长程某被判处有期徒刑4年,矿党总支书记王某被判处有期徒刑2年,煤炭管理局副局长谷某、该区主管工业的副区长王某被判处有期徒刑1年。

示例2 柯某健、林某辉玩忽职守罪、滥用职权罪刑事申诉案❷

林某辉于2013年1月至2015年7月期间担任陆丰市国土资源局党组成员、执法监察大队大队长,负责执法监察大队全面工作,分管矿产资源地质勘查与环境股。在其任职期间,对船凹山石场越界开采的矿产品和违法所得未依法予以没收,未对船凹石场受处罚后是否停止越界开采进行监督跟踪,对船凹山石场越界、越层开采的行为未依法查处。此外,船凹山石场直至2014年1月20日才取得《安全生产许可证》,陆丰市国土资源局对该违规行为没有依法进行监督、管理。陆丰市国土资源局执法监察大队大队长林某辉对此负有不可推卸的责任。

---

❶ 《最高人民法院公报》1986年第4期(总:8号)[EB/OL].[2022-05-01]. https://portal.sdupsl.edu.cn/https/77726476706e697374468656265737421e7e056d2373b7d5c7f1fc7af9758/pfnl/a25051f3312b07f3af6d0a4318373643ba246e7d33184c8dbdfb.html.

❷ 广东省汕尾市中级人民法院(2021)粤15刑申29号驳回申诉通知书。

2015年9月，林某辉在明知船凹石场存在非法越界、越层开采等行为的情况下，仍以陆丰市国土资源局的名义向汕尾市国土资源局发出《关于"福建溪石股份有限公司陆丰石材公司"二年未年检的情况说明》签批同意，以请求汕尾市国土资源局给予申报2014年度采矿证年检，存在向上级隐瞒船凹山石场非法越界、越层开采情况的违法犯罪行为。

【解析】因林某辉任职履职期间存在有法不依、执法不严、违反规定处理公务的渎职行为，造成对船凹山石场开采活动的失管、失监和查处不力，致使船凹山石场开采活动长期处于违规、违法状态，其渎职行为与船凹山石场的非法开采活动致使国家矿产资源遭受重大损失存在因果关系，故人民法院最终判处林某辉犯滥用职权罪。对于柯某健，因其在担任陆丰市国土资源局八万国土资源所负责人期间，辖区内的船凹山石场存在未取得《安全生产许可证》而从事生产活动以及越界、越层开采等违规、违法行为，柯某健存在管理落实不到位、监管不力、不正确履行自己工作职责的渎职行为，符合玩忽职守罪的犯罪构成，判处其玩忽职守罪。

111. 安全生产监管部门要求生产经营企业购买其指定的安全设备或违规收取审查费用的，应如何处理？

答案 根据目前安全生产监管部门的工作要求，安全生产监管部门不得在安全生产监管和执法工作中向生产经营单位指定安全生产设备、器材或其他产品，不得收取安全生产事项的审查、验收费用。否则，不仅违反了《反垄断法》《安全生产法》的相关规定，也形成了对国家机关执法形象的破坏，是涉嫌滥用行政权力和牟取不正当利益的违法行为，应当依法接受有关生产经营单位的监督。根据《安全生产法》第91条的规定，安全生产监管部门如果要求生产经营企业购买其指定的安全设备或在对安全生产事项的审查验收中违规收取费用，应认定为违法行为，由上级机关或监察机关责令改正，责令退还非法收取的费用；情节严重的，对直接负责的主管人员和其他直接责任人员依法给予处分。因此，对于安全生产监管部门在行政执法过程中的违法收费、摊派费用等违法行为，应严格接受有关部门的监督管理。如果生产经营单位认为安全生产监管部门工作人员存在违法指定特定产品或者违规收取审查费用等行为，可以积极向其上级部门进行举报，有关部门将依法追究其相应的法律责任。

112. 安全检评机构出具了失实报告，应当如何处理？

答： 2021年5月15日，应急管理部办公厅印发《安全评价机构执业行为专项整治方案》，整治实践中频发的安全评价机构弄虚作假、生产经营单位以虚假报告获取相关许可（"两虚假"），安全评价机构出租出借资质、评价人员出租出借资格证书（"两出借"）问题，并提出了专项治理方案。[1] 2021年修改的《安全生产法》也进一步强化了第三方中介机构可能因为出具虚假工作报告而承担的法律责任。《安全生产法》第92条规定："承担安全评价、认证、检测、检验职责的机构出具失实报告的，责令停业整顿，并处三万元以上十万元以下的罚款；给他人造成损害的，依法承担赔偿责任。承担安全评价、认证、检测、检验职责的机构租借资质、挂靠、出具虚假报告的，没收违法所得；违法所得在十万元以上的，并处违法所得二倍以上五倍以下的罚款，没有违法所得或者违法所得不足十万元的，单处或并处十万元以上二十万元以下的罚款；对其直接负责的主管人员和其他直接责任人员处五万元以上十万元以下的罚款；给他人造成损害的，与生产经营单位承担连带赔偿责任；构成犯罪的，依照刑法有关规定追究刑事责任。"

《刑法》第229条规定了提供虚假证明文件罪，在涉及"公共安全的重大工程、项目中提供虚假的安全评价、环境影响评价等证明文件，致使公共财产、国家和人民利益遭受特别重大损失的应处五年以上十年以下有期徒刑，并处罚金"。如果存在前述行为，同时索取他人财物或非法收受他人财物构成犯罪的，依照处罚较重的规定定罪处罚。因此，安全生产中介机构向生产经营企业出具失实报告、提供虚假证明的，可能面临承担上述行政责任、民事责任，甚至刑事责任的后果。

---

[1] 应急管理部. 安全评价机构执业行为专项整治方案［EB/OL］.（2021-05-20）［2022-04-28］. https://www.mem.gov.cn/gk/zfxxgkpt/fdzdgknr/202105/t20210520_385592.shtml.

示例 王某甲等非法占用农用地、合同诈骗、非法采矿、滥用职权、提供虚假证明文件、出具证明文件重大失实案[1]

王某甲担任辽宁省矿产勘查院一分院院长期间,接受辽宁积兴矿业发展有限公司马家店铁矿委托,在履行勘察、勘查、测绘职责过程中,平移坐标拐点,使马家店铁矿详查报告区域范围图平移200米,故意提供虚假工程地质勘察报告等证明文件,导致辽宁积兴矿业发展有限公司马家店铁矿储量虚假增至186.82万吨,以达到马家店铁矿办理采矿证之目的,情节严重。法院认为,王某甲作为地质工程勘查院的负责人,在履行勘察、勘查、测绘职责过程中,故意提供虚假工程地质勘察报告等证明文件,情节严重,其行为已构成提供虚假证明文件罪。上诉人王某甲主动投案,到案后如实供述其犯罪事实,系自首,依法可以从轻处罚。

【解析】 安全生产领域行政许可是守住企业生产安全的重点环节,是否符合行业标准的检验验收、检测认证报告的申请等构成了企业安全生产经营的重点前置环节,也督促和监督生产经营企业投入安全生产资金、预防和处理安全生产隐患。安全检评机构等中介部门应牢固树立安全生产的观念,不能有丝毫疏漏,工作过程中应当以对人民极端负责的精神做好每一次检验和审查,避免出现工作失误。如果存在本案中为了牟取不正当利益违法违规为某些生产经营单位出具不实报告、违法批准行政许可申请等情形的,应依法追究相关责任人员的法律责任和纪律责任;触犯《刑法》中提供虚假证明文件罪等相关规定的,应依法追究其刑事责任。

113. 安全检评机构出现租借资质、挂靠、出具失实报告等违法行为的,是否可对相关人员实行终身职业禁入?

答案 可以。2021年修改的《安全生产法》强化了对于第三方中介机构出具虚假报告的法律责任,对于有法定违法行为的机构和直接责任人员可以吊销其相应资质和资格,五年内不得从事安全评价、认证、检测、检验

---

[1] 辽宁省抚顺市中级人民法院(2017)辽04刑终300号刑事判决书。

等工作；情节严重的，实行终身行业和职业禁入。

《安全生产法》第92条第3款规定，安全检评机构出现租借资质、挂靠、出具失实报告等违法行为的，应对机构和直接责任人员进行处罚，"吊销其相应资质和资格，五年内不得从事安全评价、认证、检测、检验等工作；情节严重的，实行终身行业和职业禁入"。2021年修改的《行政处罚法》明确将限制从业作为行政处罚的法定种类。《安全生产法》中的行政处罚实施和责任条款均严格落实《行政处罚法》的相关规定，体现了安全生产监管领域内遵循依法行政原则的工作要求。

某些地方立法中也明确可采用比上位法更加严格的职业禁入标准，如《深圳经济特区安全生产监督管理条例（草案）》中明确，生产经营单位主要负责人因对较大生产安全事故负有责任受刑事处罚或者撤职处分的，除按照《安全生产法》实行职业禁入之外，终身不得在特区范围内担任本行业生产经营单位主要负责人。生产经营单位主要负责人因对重大、特别重大生产安全事故负有责任的，终身不得在特区范围内担任任何生产经营单位的主要负责人。

114. 生产经营单位不按规定投入安全生产资金怎么办？

答 生产经营单位从事生产经营活动要具备安全生产条件，必须有一定的资金保证，用于安全设施的建设、安全设备的购置、为从业人员配备劳动防护用品、对安全设备进行检测维护等。因此，《安全生产法》第23条规定，"生产经营单位应当具备的安全生产条件所必需的资金投入，由生产经营单位的决策机构、主要负责人或者个人经营的投资人予以保证，并对由于安全生产所必需的资金投入不足导致的后果承担责任"。如果有关生产经营单位未能依据有关法律法规规定投入安全生产资金，应当依据《安全生产法》第93条的规定，责令限期改正、要求其提供必需的资金，逾期仍不改正的，可责令其停产停业整顿。《建设工程安全生产管理条例》第54条也对建设单位未提供建设工程安全生产作业环境及安全施工措施所需费用情形的法律责任进行了规定，如有未依法投入安全生产资金的情形，应责令限期改正，如果逾期仍不改正，可责令其停止施工。有关工作人员或公民发现生产经营单位存在上述情形的,可积极向安全生产监管部门进行举报,督促生产经营单位及时投入资金,以保证企业符合法定的安全生产条件,避免安全生产事故惨剧的发生。

115. 生产经营单位不按规定投入安全生产资金,导致发生生产安全事故,应如何处理?

答案 根据《安全生产法》第 93 条第 2 款的规定,生产经营单位不按规定投入安全生产资金,"导致发生生产安全事故的,对生产经营单位的主要负责人给予撤职处分,对个人经营的投资人处于二万元以上二十万元以下的罚款;构成犯罪的,依照刑法有关规定追究刑事责任"。根据《刑法》第 135 条的规定,"安全生产设施或者安全生产条件不符合国家规定,因而发生重大伤亡事故或者造成其他严重后果的,对直接负责的主管人员和其他直接责任人员,处三年以下有期徒刑或者拘役;情节特别恶劣的,处三年以上七年以下有期徒刑"。因此,若因生产经营单位不按规定投入安全生产资金导致发生重大伤亡事故,该单位主要负责人可能因触犯重大劳动安全事故罪被依法追究刑事责任。

示例1 贺州谢某安违法作业受行政处罚案❶

2018 年 2 月 6 日,贺州市平桂区黄田镇下排村仙姑塘村道旁的一大理石荒料堆放场所发生一起车辆伤害事故,造成 1 人重伤。事故发生后,贺州市平桂区人民政府成立了黄田镇下排村仙姑塘群众举报"2·6"事故调查处理工作领导小组,对事故进行调查。原贺州市平桂区安全生产监督管理局(现平桂区应急管理局,以下简称平桂区安监局)在立案并调查取证后认为,谢某安作为该起事故中大理石石块装运项目承包者,在没有安全生产资金投入和不具备安全生产条件的情况下,组织人员违法作业,其行为违反了《中华人民共和国安全生产法》第 20 条之规定。之后,平桂区安监局对谢某安可能受到行政处罚的情况依法予以告知,并告知其享有陈述、申辩以及听证的权利。2018 年 11 月 26 日,平桂区安监局作出(平)安监管罚〔2018〕51 号

---

❶ 案例来源于北大法宝数据库。

《行政处罚决定书》（以下简称 51 号处罚决定），依据《中华人民共和国安全生产法》第 90 条第 2 款之规定，决定对谢某安处以罚款 2 万元的行政处罚。

【解析】本案中，由于大理石石块装运项目承包者谢某安在没有安全生产资金投入和不具备安全生产条件的情况下组织人员违法作业，违反了《安全生产法》中生产经营单位应当投入安全生产所必需的资金的要求，应当依法承担法律责任。该安监局依照法定程序向其告知违法事实，并告知其依法享有陈述权、申辩权和听证权，依法作出罚款 2 万元的行政处罚，事实清楚、证据确凿，适用法律正确，程序合法。

示例2 陈某甲、蒋某重大劳动安全事故罪案[1]

丹阳市访仙镇春方车辆附件厂系被告人陈某甲、蒋某共同投资开办。两被告人于 2010 年共同办厂后，未履行消防主体职责，在该厂门卫室西侧违章搭建了"打磨车间"作为生产、储存部位，未制定消防安全管理制度，未配备任何消防设施，未开展消防安全管理及自查，也未对员工进行任何消防安全知识培训。2013 年 2 月 2 日 0 时许，该"打磨车间"因电气线路故障引燃周围大量可燃汽车塑料保险杠而发生火灾。

法院认为，丹阳市访仙镇春方车辆附件厂安全生产设施和安全生产条件不符合国家规定，因而发生重大伤亡事故，致 4 人死亡，陈某甲、蒋某作为该厂的经营者，已构成重大劳动安全事故罪，且情节特别恶劣。二上诉人犯罪后主动到公安机关投案，并如实供述自己的犯罪事实，系自首，鉴于二上诉人已赔偿了被害人近亲属全部损失，依法可减轻处罚，均判处有期徒刑 2 年 6 个月。

【解析】重大劳动安全事故罪强调劳动场所的硬件设施或者为劳动者提供的安全生产防护用品和防护措施不符合国家规定，而对于事故发生的时间则未作要求。本案上诉人陈某甲、蒋某违章搭建了"打磨车间"，未申报消防审核验收，也未配备任何消防设施，因而发生重大伤亡事故，符合重大劳动安全事故罪的构成要件。

---

[1] 江苏省镇江市中级人民法院（2014）镇刑终字第 48 号刑事判决书。

116. 单位主要负责人未履行安全生产管理职责应如何处理？

答案 根据《安全生产法》第 94 条的规定，生产经营单位主要负责人未履行安全生产管理职责的，应责令限期改正，并处以相应的罚款；逾期未改正的，增处罚款并可责令生产经营单位停产停业整顿。生产经营单位的主要负责人不履行安全生产管理职责导致发生生产安全事故的，应给予撤职处分；构成犯罪的，应依法追究刑事责任，生产经营单位主要负责人可能触犯《刑法》第 135 条规定的重大劳动安全事故罪："安全生产设施或者安全生产条件不符合国家规定，因而发生重大伤亡事故或者造成其他严重后果的，对直接负责的主管人员和其他直接责任人员，处三年以下有期徒刑或者拘役；情节特别恶劣的，处三年以上七年以下有期徒刑。"

需要注意的是，单位主要负责人除了要接受撤职处分或相应刑罚，还受到一定期限行业禁入的限制。单位主要负责人自刑罚执行完毕或受处分之日起五年内不得再担任任何生产经营单位的主要负责人，如果对重大、特别重大生产安全事故负有责任，则终身不得再次担任本行业生产经营单位主要负责人。

示例1 陈某堂重大劳动安全事故罪案[1]

2010 年 3 月 1 日，吴某将其位于东莞市的厂房一、二层租给被告人陈某堂用于经营制衣厂。2015 年 6 月 1 日，陈某堂将该厂房的第二层北侧转租给被害人罗某（男，殁年 37 岁，湖北丹江口人）用于服装加工，罗某对该场地进行场地、电路等改制。2015 年 8 月 26 日 3 时 50 分，该厂房二楼北侧因罗某作坊内的西南侧针车长时间通电，针车马达发热引燃内部积聚的棉絮，引起相邻牛仔布等可燃物起火而发生火灾，造成罗某、罗某瑞（男，殁年 9 岁，湖北丹江口人）、罗某蓣（男，殁年 3 岁，湖北丹江口人）死亡，周某云受伤的重大事故。事故发生后，吴某、陈某堂分别赔偿 14 万元、26 万元给罗某家属，三方达成谅解。2017 年 9 月 18 日 9 时许，陈某堂自行到东莞市公安局投案。

---

[1] 广东省东莞市中级人民法院（2019）粤 19 刑终 837 号刑事判决书。

【解析】法院认为，陈某堂无视国法，作为涉案厂房的二手房东，系对安全生产条件负有管理、维护职责的人员，明知道涉案厂房经使用人改造后不符合安全生产条件，仍放任厂房使用人继续在厂房内进行劳动作业，继而引发火灾，造成3人死亡、1人受伤的重大伤亡事故，构成重大劳动安全事故罪，依法应予惩处。

示例2 黄某平重大劳动安全事故罪案❶

黄某平在任职志海公司柘荣县××新城××期项目经理期间，负责二期项目工程的安全生产工作，但没有正确履行安全生产工作职责，违反了中华人民共和国住房和城乡建设部第1205号《关于建筑施工高处作业安全技术规范》公告4.2.1的强制性规定，且在志海公司通知整改门窗洞口等安全隐患的情况下拒不整改，并向志海公司谎报整改完毕。2019年6月9日上午9时许，柘荣县××新城××期项目水电工人吴某独自在××号楼××室内进行水电作业时，连人带梯从未设安全防护设施的790mm×1480mm的厨房门窗洞口外坠身亡。案发后，被告人黄某平于2021年5月19日经柘荣县公安局民警电话通知到案，志海公司与被害人家属达成赔偿协议。

【解析】法院认为，被告人黄某平作为项目经理，在企业劳动安全生产条件不符合国家规定的情况下，对事故隐患不采取有效措施，继而发生一人死亡的重大伤亡事故，负有直接责任，其行为已构成重大劳动安全事故罪。鉴于其案发后经公安机关电话通知主动到案，能如实供述所犯罪行，属自首，自愿认罪认罚，其所在单位已赔偿被害人亲属相关经济损失，对其予以从轻处罚；犯罪情节较轻，有悔罪表现，没有再犯罪的危险，对其宣告缓刑对其所居住社区没有重大不良影响，依法可以对被告人黄某平宣告缓刑。据此，依照《刑法》《最高人民法院　最高人民检察院关于办理危害生产安全刑事案件适用法律若干问题的解释》的相关规定，判决被告人黄某平犯重大劳动安全事故罪，判处有期徒刑1年，缓刑1年3个月。

---

❶ 福建省柘荣县人民法院（2021）闽0926刑初75号刑事判决书。

117. 单位主要负责人未履行安全生产管理职责导致生产安全事故发生的，应急管理部门根据什么标准进行罚款？

答案 根据《安全生产法》第94条的规定，"生产经营单位的主要负责人未履行本法规定的安全生产管理职责的，责令限期改正，处二万元以上五万元以下的罚款；逾期未改正的，处五万元以上十万元以下的罚款，责令生产经营单位停产停业整顿"。第95条规定："生产经营单位主要负责人未履行本法规定的安全生产管理职责，导致生产安全事故发生的，由应急管理部门依照下列规定处以罚款：（一）发生一般事故的，处上一年年收入百分之四十的罚款；（二）发生较大事故的，处上一年年收入百分之六十的罚款；（三）发生重大事故的，处上一年年收入百分之八十的罚款；（四）发生特别重大事故的，处上一年年收入百分之一百的罚款。"

《生产安全事故报告和调查处理条例》第3条规定，"根据生产安全事故（以下简称事故）造成的人员伤亡或者直接经济损失，事故一般分为以下等级：（一）特别重大事故，是指造成30人以上死亡，或者100人以上重伤（包括急性工业中毒，下同），或者1亿元以上直接经济损失的事故；（二）重大事故，是指造成10人以上30人以下死亡，或者50人以上100人以下重伤，或者5000万元以上1亿元以下直接经济损失的事故；（三）较大事故，是指造成3人以上10人以下死亡，或者10人以上50人以下重伤，或者1000万元以上5000万元以下直接经济损失的事故；（四）一般事故，是指造成3人以下死亡，或者10人以下重伤，或者1000万元以下直接经济损失的事故"。

因此，当生产经营单位主要负责人不履行安全生产管理职责，导致安全生产事故发生时，应根据事故造成的人员伤亡以及经济损失情况予以定级，并适用不同的罚款计算标准予以行政处罚。

示例 广东某电梯安装公司等诉佛山顺德安监局行政处罚纠纷案[1]
——施工单位及管理人未尽安全管理职责，应予以行政处罚

1. 基本案情

2017年1月7日上午，广东某电梯安装公司（以下简称电梯公司）施工

---

[1] 广东省高级人民法院．广东法院涉高空抛物、坠物十大典型案例［EB/OL］．（2020-05-14）[2022-04-30]．https://mp.weixin.qq.com/s/dlATLnVxc65ighJj_gf8TA．

人员邓某在万科金域滨江广场13号楼负一层井道内进行电梯安装施工。当邓某准备安装轿厢壁时，被从高空坠落的水泥预制件砸中头部流血而倒地，经抢救无效当场死亡。2018年1月19日，佛山顺德安监局（以下简称安监局）认定电梯公司作为生产经营单位，未尽到安全管理责任，违反了《安全生产法》第41条的规定，对电梯公司作出罚款21万元的行政处罚；同时，认定电梯公司区域经理张某某未尽到主要负责人的安全管理职责，违反了《安全生产法》第18条第3项、第5项的规定，对张某某作出罚款1万元的行政处罚。电梯公司、张某某均不服，诉至法院。

2. 裁判结果

佛山市顺德区人民法院审理认为，安监局针对电梯公司及张某某作出的《行政处罚决定书》所认定的事实清楚、证据充分、程序合法，适用法律正确、处罚恰当，应予支持；电梯公司、张某某请求撤销各自的《行政处罚决定书》没有事实和法律依据，不予支持，应予驳回。2018年7月6日，佛山市顺德区人民法院分别判决驳回电梯公司、张某某的诉讼请求。佛山市中级人民法院在二审中维持原判。

3. 典型意义

本案中，电梯公司在事故中存在落实安全生产措施不到位、事前未对施工人员进行足够的安全教育培训、现场未指导和督促施工人员按照正确的施工步骤进行安装前的隐患排查等过失，因此，电梯公司及主要负责人张某某均应对施工人员因高空坠落的水泥预制件而死亡的安全事故承担相应的法律责任。本案法院支持行政机关对相关单位存在的防范高空抛物、坠物的工作疏漏和风险隐患依法行使处罚职权，彰显了人民法院积极督促和推动有关单位完善防范高空抛物、坠物工作举措的鲜明态度。

118. 企业的安全生产管理人员未履行安全生产管理职责应如何处理？

答案 根据《安全生产法》第25条的规定，生产经营单位的安全生产管理人员的工作职责主要包括"（一）组织或者参与拟订本单位安全生产规章制度、操作规程和生产安全事故应急救援预案；（二）组织或者参与本单位安全生产教育和培训，如实记录安全生产教育和培训情况；（三）组织开展危险源辨识和评估，督促落实本单位重大危险源的安全管理措施；（四）组织或者参与本单位应急救援演练；（五）检查本单位的安全生产状况，及时排查生产安全事故隐患，提出改进安全生产管理的建议；（六）制止和纠正违章指挥、强令冒险作业、违反操作规程的行为；（七）督促落实本单位安全生产整改措施"。如果生产经营单位的安全生产管理人员和其他负责人未能依照工作管理职责履行管理义务，应根据《安全生产法》第96条的规定处理，"责令其限期改正，处一万元以上三万元以下的罚款；导致发生生产安全事故的，暂停或者吊销其与安全生产有关的资格，并处上一年年收入百分之二十以上百分之五十以下的罚款；构成犯罪的，依照刑法有关规定追究刑事责任"。

示例 谭某良等重大责任事故案❶

2019年9月22日7时许，欧某洪（已判决）驾驶湘A×××××自卸低速货车到衡山聚龙物流有限责任公司购买砂石，被告人文某作为公司过磅员，在作业过程中未核验车辆行驶证，未按照车辆行驶证核定载质量给车辆过磅和进行出厂登记，致使湘A×××××自卸低速货车严重超载上路行驶。当日8时42分，该货车行驶至湘潭县花石镇日华村下坡地段时，车辆制动失效无法控制，沿道路向坡下冲去，先后碰撞日华街道路上赶集行人及相对方向徐某明驾驶的小型轿车，造成10人死亡、16人受伤的重大道路交通事故。

湘潭县公安局交通警察大队出具的交通事故认定书认定：驾驶人欧某洪忽视交通安全，驾驶载物严重超过核定载质量，且车辆机件不符合技术标准的具有安全隐患的机动车上道路行驶，途经人流密集的集市地段时，制动突然失效是造成此次道路交通事故的根本原因。此外，按照交通运输部《超限运输车辆行驶公路管理规定》，衡山聚龙物流有限责任公司作为货运源头单位，应负有车辆超限超载治理的责任。被告人谭某良作为公司的法定代表人，被告人谭某斌作为公司安全生产责任人，未履行安全生产主体责任，公司安全生产管理制度和操作规程流于形式，证件核对、车辆过磅、超载认定、出厂登记全由过磅员一人完成，长期违反《超限运输车辆行驶公路管理规定》

---

❶ 湖南省湘潭市中级人民法院湘03刑终531号刑事裁定书。

中限超限载的安全管理规定,为货车超载装载货物,致使车辆长期处于重大安全隐患当中。

  法院判决,被告人谭某良作为货运源头单位法定代表人,在生产、作业中,违反有关安全管理规定,因而发生重大安全事故,情节特别恶劣;被告人谭某斌作为货运源头单位安全生产责任人,被告人文某在生产、作业中,违反有关安全管理规定,因而发生重大安全事故。三被告人的行为均已经构成重大责任事故罪,被告人谭某良、谭某斌被判处有期徒刑4年,文某被判处有期徒刑3年6个月。

  【解析】本案中,公司法定代表人谭某良、公司安全生产责任人谭某斌在生产、作业中,违反有关安全管理规定,因而发生重大安全事故,触犯了刑法中重大责任事故罪的规定,依法予以追究刑事责任。在安全生产重于泰山的大背景下,各生产经营单位的安全生产管理人员应当对此案引以为戒,做到在其位,谋其职,社会生产中的每一位参与者都应当严格规范按照安全生产要求开展工作,避免给人民群众的生命财产安全造成威胁,形成一个安全、稳定、高效的生产经营环境。

119. 生产经营单位未按规定设置安全生产管理人员并对其进行考核、教育、培训的,应承担什么法律责任?

  答: 生产经营单位的安全生产管理人员的考核、教育和培训是本单位安全生产管理的制度基础和首要工作。安全生产管理人员作为本单位安全生产监督管理工作的管理者,必须具备充足、扎实的安全生产知识和管理能力,能够熟练运用本单位经营范围内的行业安全知识,从而及时排查和处理相关安全隐患。《安全生产法》第24条规定了"矿山、金属冶炼、建筑施工、运输单位和危险物品的生产、经营、储存、装卸单位,应当设置安全生产管理机构或配备专职安全生产管理人员"。同时,《安全生产法》也对其他不属于上述范围的生产经营单位的安全生产管理机构和安全生产管理人员的设置义务作出了规定,"从业人员超过一百人的,应当设置安全生产管理机构或者配备专职安全生产管理人员;从业人员在一百人以下的,应当配备专职或兼职的安全生产管理人员"。

根据《安全生产法》第 97 条的规定："生产经营单位有下列行为之一的，责令限期改正，处十万元以下的罚款；逾期未改正的，责令停产停业整顿，并处十万元以上二十万元以下的罚款，对其直接负责的主管人员和其他直接责任人员处二万元以上五万元以下的罚款：（一）未按照规定设置安全生产管理机构或者配备安全生产管理人员、注册安全工程师的；（二）危险物品的生产、经营、储存、装卸单位以及矿山、金属冶炼、建筑施工、运输单位的主要负责人和安全生产管理人员未按照规定经考核合格的；（三）未按照规定对从业人员、被派遣劳动者、实习学生进行安全生产教育和培训，或者未按照规定如实告知有关的安全生产事项的；（四）未如实记录安全生产教育和培训情况的；（五）未将事故隐患排查治理情况如实记录或者未向从业人员通报的；（六）未按照规定制定生产安全事故应急救援预案或者未定期组织演练的；（七）特种作业人员未按照规定经专门的安全作业培训并取得相应资格，上岗作业的。"

示例1 深圳市龙华区应急管理局发现某体育设备公司存在以下违法行为：未在有较大危险因素的生产经营场所和有关设施、设备上设置明显的安全警示标志（电源盒开关1处）；未对安全设备进行经常性维护、保养（氩气瓶压力表1套）；未如实记录安全生产教育和培训的时间、内容、参加人员及考核结果等情况（从业人员54人，均未如实记录安全生产教育和培训的时间、内容、参加人员及考核结果等情况）。龙华区应急管理局作出对该公司处以人民币5万元罚款的行政处罚决定。

示例2 2021年6月30日，深圳市光明区应急管理局在对某科技有限公司进行执法检查时发现，该公司特种作业人员未按照规定经专门的安全作业培训并取得相应资格而直接上岗作业。针对上述违法行为，责令该公司限期整改。2021年7月26日，该区应急管理局对该公司作出给予人民币2万元罚款的行政处罚决定。

示例3 深圳市交通运输局因深圳市天嘉物流有限公司在2022年1月21日10时在圣庭苑酒店世纪楼930实施了生产经营单位未按照规定制定生产安全事故应急救援预案或者未定期组织演练的违法行为，依据《安全生产法》

第97条第6项的规定，对其作出罚款2万元的行政处罚决定。此外，因该公司的主要负责人、安全生产管理人员未按规定经考核合格即在岗工作，依据《安全生产法》第97条第2项的规定，对其作出罚款2万元的行政处罚决定。❶

示例4 宽城满族自治县应急管理局在执法过程中发现承德安宇精选有限公司存在未将事故隐患排查治理情况通过信息公示栏等方式向从业人员通报的违法行为。尽管该公司于2022年1月3日组织相关人员对选矿厂进行了安全生产检查，发现一般事故隐患4条，并建立了隐患治理信息台账，但并未将事故隐患排查治理情况通过信息公示栏等方式向从业人员通报。2022年2月8日，宽城满族自治县应急管理局依据《安全生产法》第97条第5项的规定，对该单位作出罚款人民币2.5万元的行政处罚决定。❷

示例5 深圳市龙岗区应急管理局在执法调查中发现，深圳市某集装箱服务有限公司存在特种作业人员1人未按照规定经专门的安全作业培训并取得相应资格即上岗作业的违法行为。该单位员工刘某正在进行熔化焊接与热切割作业，经调查，刘某的焊工证已过期。主要证据有《现场检查记录》[（深龙岗）应急现记〔2021〕6129号]、《调查询问笔录》2份、现场检查视频等。该区应急管理局依据《安全生产法》第97条第7项的规定，对该公司作出给予人民币2万元罚款的行政处罚。❸

120. 在矿山、金属冶炼建设项目或用于生产、储存、装卸危险物品的高危建设项目实施过程中未按规定开展安全评价或违规施工的，应如何处理？

答 从事矿山、金属冶炼和危险物品生产、储存、装卸等作业活动，危险因素较多、危险性较大，是事故多发的领域，相关行业、领域发生生产安全事故，通常会给本单位从业人员的生命安全及财产造成重大损害，还可能殃及周围群众的生命和财产安全。因此，《安全生产法》第32条规定：

---

❶ 深圳市交通运输局深交罚决第〔2022〕ZD03211号行政处罚决定书。
❷ 宽城满族自治县应急管理局（冀承宽）应急罚〔2022〕尾矿3号行政处罚决定书。
❸ 深圳市龙岗区应急管理局（深龙岗）应急罚〔2022〕51号行政处罚决定书。

"矿山、金属冶炼建设项目和用于生产、储存、装卸危险物品的建设项目，应当按照国家有关规定进行安全评价。"安全评价一般由生产经营单位委托取得相应资质的为安全生产提供技术服务的机构承担。根据《安全生产法》第98条的规定，在矿山、金属冶炼建设项目或用于生产、储存、装卸危险物品的高危建设项目实施过程中未按规定开展安全评价或违规施工的，"责令停止建设或者停产停业整顿，限期改正，并处十万元以上五十万元以下的罚款，对其直接负责的主管人员和其他直接责任人员处二万元以上五万元以下的罚款；逾期未改正的，处五十万元以上一百万元以下的罚款，对其直接负责的主管人员和其他直接责任人员处五万元以上十万元以下的罚款；构成犯罪的，依照刑法有关规定追究刑事责任"。

此外，高危建设项目还应依法进行安全设施设计并报有关部门审查同意，如果存在未经有关管理部门审查批准的或审查后未按照批准安全设施设计施工的，执法部门应当责令停止建设或者停产停业整顿，限期改正，并处罚款。

121. 生产经营单位未在有较大危险要素的生产经营场所和设施上设置安全警示标志应如何处理？

答案 对于一些有较大危险要素的生产经营场所，为了保证来往人员的安全，应当以图形、文字等醒目的安全警示标志予以标明和提示。《安全生产法》第35条对此作出了规定，"生产经营单位应当在有较大危险因素的生产经营场所和有关设施、设备上，设置明显的安全警示标志"。其他法律法规也对安全警示标志的设置作出了规定，如《未成年人保护法》《特种设备安全法》《危险化学品安全管理条例》《工贸企业有限空间作业安全管理与监督暂行规定》《安全标志及其适用导则》等。关于安全警示标志的设置标准，国家发布了相关国家标准与行业标准，如《安全标志及其使用导则》（GB 2894—2008）、《矿山安全标志》（GB 14161—2008）、《危险货物包装标志》（GB 190—2009）、《消防安全标志 第1部分：标志》（GB 13495.1—2015），形成了比较完备、严格的规范制度。因此，对于未依法设置相关安全标志或者安全警示标志设置不符合国家标准和行业标准的单位，应依法责令其整改并给予处罚。

根据《安全生产法》第 99 条的规定，生产经营单位"未在有较大危险因素的生产经营场所和有关设施、设备上设置明显的安全警示标志的"，应当"责令限期改正，处五万元以下的罚款；逾期未改正的，处五万元以上二十万元以下的罚款，对其直接负责的主管人员和其他直接责任人员处一万元以上二万元以下的罚款；情节严重的，责令停产停业整顿；构成犯罪的，依照刑法有关规定追究刑事责任"。

【示例】某公司未设置安全警示标志行政处罚案[1]

深圳市龙岗区应急管理局发现某公司未在一楼车间 01 号工作台配电箱上设置"当心触电"的安全警示标志，不符合（GB 2894—2008）《安全标志及其使用导则》第 4.2.3 条表 2 中编号 2-7 的规定。因该公司未在设备上设置安全警示标志，属于未在有较大危险因素的设备上设置明显的安全警示标志的行为，违反了《安全生产法》第 35 条"生产经营单位应当在有较大危险因素的生产经营场所和有关设施、设备上，设置明显的安全警示标志"的规定，依据《安全生产法》第 99 条第 1 项的规定，依法对其作出（深龙岗）应急罚〔2022〕48 号行政处罚决定书，处以人民币 1 万元的罚款。

【解析】该公司未依照《安全标志及其使用导则》的规定在工作台配电箱上设置"当心触电"的安全警示标志，属于未在有较大危险因素的设备上设置明显的安全警示标志的行为，该区应急管理部门依据《安全生产法》第 35 条、第 99 条的规定，对其作出罚款 1 万元的行政处罚。

122. 生产经营单位未按规定安装、使用和维护安全设备的，应如何处理？

【答案】未经依法批准，擅自生产、经营、运输、储存、使用危险物品或者处置废弃危险物品的，依照有关危险物品安全管理的法律、行政法规的规定予以处罚；构成犯罪的，依照刑法有关规定追究刑事责任。目前，我国对危险物品生产、经营、运输、储存等步骤和环节都制定了相关法律制度，如《危险化学品安全管理条例》《中华人民共和国放射性污染防治法》《中华人民共和国特种设备安全法》《建设工程安全生产管理条例》等。

---

[1] 深圳市龙岗区应急管理局（深龙岗）应急罚〔2022〕48 号行政处罚决定书。

《刑法》第 136 条规定了危险物品肇事罪的犯罪构成："违反爆炸性、易燃性、放射性、毒害性、腐蚀性物品的管理规定，在生产、储存、运输、使用中发生重大事故，造成严重后果的，处三年以下有期徒刑或者拘役；后果特别严重的，处三年以上七年以下有期徒刑。"《刑法》第 134 条之一规定了危险作业罪的犯罪构成："在生产、作业中违反有关安全管理的规定，有下列情形之一，具有发生重大伤亡事故或者其他严重后果的现实危险的，处一年以下有期徒刑、拘役或者管制：

（一）关闭、破坏直接关系生产安全的监控、报警、防护、救生设备、设施，或者篡改、隐瞒、销毁其相关数据、信息的；

（二）因存在重大事故隐患被依法责令停产停业、停止施工、停止使用有关设备、设施、场所或者立即采取排除危险的整改措施，而拒不执行的；

（三）涉及安全生产的事项未经依法批准或者许可，擅自从事矿山开采、金属冶炼、建筑施工，以及危险物品生产、经营、储存等高度危险的生产作业活动的。"

示例 潘某某危险作业案——涉公共安全典型案例[1]

2020 年 5 月至 2021 年 4 月，潘某某在未经有关部门依法批准、未取得危险化学品经营许可证的情况下，利用自行改装的装有塑料油桶的苏 F×××××和苏 E×××××金杯面包车以及装有不锈钢油桶的苏 F×××××东风汽车，采用外置电瓶搭电驱动油泵的方式为他人汽车加油，共计销售汽油 6000 余升。2021 年 4 月 14 日，潘某某被公安机关抓获，次日被取保候审。取保候审期间，潘某某于同月 22 日将储存有汽油的苏 E×××××改装金杯面包车停放至路边，经联系后于同月 27 日 15 时许从该车中取出装有十余升汽油的塑料油桶为他人驾驶的汽车加油，加完油后再次进行加油作业的过程中，违规用电瓶为油泵搭电，导致苏 E×××××金杯面包车起火，因消防救援人员及时赶到未酿成严重后果。火灾造成潘某某双下肢烧伤，现场附近三辆汽车和一辆电动自行车受损，邻近住户的两台空调外机受损。经消防机关调查认定，此次火灾的起火原因为苏 E×××××金杯面包车改造的加油车厢内汽油蒸气遇电火花爆燃。经鉴定，

---

[1] 最高人民法院. 最高法发布平安中国建设第一批典型案例［EB/OL］.（2021-12-31）［2022-04-31］. https://mp.weixin.qq.com/s/XwsccXtxec6qenIf8Qja9g.

潘某某销售的油品符合汽油指标特征，为汽油类产品，但硫含量不合格；被毁坏的三辆汽车损失共计价值26734元。

一审法院判决：潘某某未经国家有关部门许可，擅自从事危险化学品汽油经营、储存活动导致发生火灾，起火后因消防救援人员及时赶到才未造成严重后果，其行为具有发生重大伤亡事故或者其他严重后果的现实危险。潘某某到案后如实供述自己的罪行，愿意接受处罚，可以从宽处理。以危险作业罪判处潘某某有期徒刑六个月，缓刑一年。一审宣判后，检察机关未抗诉，潘某某未上诉，判决已发生法律效力。

【解析】根据《刑法》第134条之一第3项的规定，在生产、作业中违反有关安全管理的规定，涉及安全生产的事项未经依法批准或者许可，擅自从事矿山开采、金属冶炼、建筑施工，以及危险物品生产、经营、储存等高度危险的生产作业活动，具有发生重大伤亡事故或者其他严重后果的现实危险的，处一年以下有期徒刑、拘役或者管制。

本案中，潘某某未依法取得从事汽油经营、储存的合法资质和经营许可，在不具备合法资质和相应生产、作业条件的情况下，违法采用改装车辆为他人汽车进行加油作业，属于《刑法》第134条之一第3项规定的擅自从事危险物品经营、储存等高度危险的生产作业活动。潘某某在加油作业过程中违反有关安全管理的规定，导致其用于加油的改装面包车起火，只是因为消防救援人员及时赶到才未酿成重大火灾，充分表明其违法生产、作业行为存在重大安全隐患，具有发生重大伤亡事故或者其他严重后果的现实危险，符合《刑法》第134条之一规定的危险作业罪的构成要件。故人民法院依法以危险作业罪对潘某某判处刑罚。

安全生产理论和实践证明，只有坚持风险预控、关口前移，强化隐患排查治理，才能更为有效地防范重特大生产安全事故的发生。刑法的打击对象不能仅限于实际引发重大事故的违反安全规定的行为，还应将导致事故隐患的严重非法违法生产、作业行为纳入调整范围，这样才能起到防患于未然的积极效果。《中共中央　国务院关于推进安全生产领域改革发展的意见》明确提出，研究修改刑法有关条款，将生产经营过程中极易导致重大生产安全事故的违法行为列入刑法调整范围。2021年3月1日起施行的《刑法修正案（十一）》增设《刑法》第134条之一，将三种类型的严重非法违法生产、作业行为规定为犯罪。生产经营单位和有关个人要严格依法依规从事生产、作业活动，切实消除侥幸心理，否则可能受到刑事处罚。

123. 生产经营单位未为从业人员提供符合国家标准或行业标准的劳动防护用品的，应承担什么法律责任？

答案 从事生产经营工作时，依照相关国家标准或行业标准配备劳动防护用品是劳动者的一项基本工作权利。《安全生产法》第 28 条规定，生产经营单位应当对从业人员进行安全生产教育和培训，必须为从业人员提供符合国家标准或者行业标准的劳动防护用品。这对于提高从业人员的安全知识水平和安全操作技能，防止或者减轻从业人员在生产过程中遭受事故伤害，保证从业人员的劳动安全等具有重要意义。为了保证这些制度的实施，生产经营单位应当按照规定投入必要的经费用于配备劳动防护用品和进行安全生产培训。如果部分生产经营单位不能按照国家标准或者行业标准为劳动者提供从事生产经营活动所必备的劳动防护用品，劳动者可向有关监管部门提出投诉建议，有关部门应当依法予以查处、责令改正。根据《安全生产法》第 99 条的规定，生产经营单位未为从业人员提供符合国家标准或行业标准的劳动防护用品的，应当责令限期改正，处五万元以下的罚款；逾期未改正的，处五万元以上二十万元以下的罚款，对其直接负责的主管人员和其他直接责任人员处一万元以上二万元以下的罚款；情节严重的，责令停产停业整顿；构成犯罪的，依照刑法有关规定追究刑事责任。

生产经营单位直接负责的主管人员和其他直接责任人员违反《安全生产法》第 99 条规定的 8 种行为触犯刑法可能构成重大责任事故罪，重大劳动安全事故罪，大型群众性活动重大安全事故罪，危险物品肇事罪，工程重大安全事故罪，教育设施重大安全事故罪，消防责任事故罪，不报、谎报安全事故罪，危险作业罪。《安全生产法》第 99 条规定的 8 种行为为：未在有较大危险因素的生产经营场所和有关设施、设备上设置明显的安全警示标志的；安全设备的安装、使用、检测、改造和报废不符合国家标准或者行业标准的；未对安全设备进行经常性维护、保养和定期检测的；关闭、破坏直接关系生产安全的监控、报警、防护、救生设备、设施，或者篡改、隐瞒、销毁其相关数据、信息的；未为从业人员提供符合国家标准或者行业标准的劳动防护用品的；危险物品的容器、运输工具，以及涉及人身安全、危险性较大的海洋石油开采特种设备和矿山井下特种设备未经具有专业资质的机构检测、检验合格，取得安全使用证或者安全标志，投入使用的；使用应当淘汰的危及生产安全的工艺、设备的；餐饮等行业的生产经营单位使用燃气未安装可燃气体报警装置的。

示例 刘某春重大责任事故案[1]

2018年9月9日，哈尔滨新艺建筑节能环保材料开发有限公司法定代表人刘某春与黑龙江省方正秋然米业有限公司签订了该公司的富硒大米生产线及恒温库项目工程的内外墙涂料施工合同。哈尔滨新艺建筑节能环保材料开发有限公司在不具备安全生产条件，安全负责人、安全管理人员均无上岗资质，且未对从业人员进行过严格的安全教育和培训，未为从业人员提供符合国家标准或行业标准的劳动防护用品的情况下，又将工程分包给个人。2018年9月21日10时许，墙体粉刷工人翟某（男，49岁）从施工现场二楼预留洞口（无防护）跌落到一楼地面致头部受伤，翟某经方正县人民医院抢救无效死亡。经法医鉴定：翟某系颅脑损伤死亡。案发后，刘某春赔偿被害人家属人民币55万元。被告人刘某春于2018年12月24日在方正县方某家中被依法传唤至公安机关。被告人刘某春对指控的犯罪事实和证据没有异议，并自愿认罪认罚。

【解析】 法院认为，被告人刘某春作为公司的法定代表人，在生产作业过程中违反安全管理规定，致使发生事故致一人死亡，其行为构成重大责任事故罪，公诉机关指控的罪名成立，应依法予以惩处。案发后，刘某春与被害人家属自行达成和解，积极赔偿被害人家属的经济损失，并自愿认罪、主动接受法律处罚，综合上述情节，决定对其予以从轻处罚。根据刘某春在本案中的具体犯罪情节和悔罪表现，对其适用缓刑无再犯危险，对其所在社区亦无重大不良影响，故对其可宣告缓刑。依照

---

[1] 黑龙江省方正县人民法院（2019）黑0124刑初84号刑事判决书。

《中华人民共和国刑法》《中华人民共和国刑事诉讼法》相关规定，判决被告人刘某春犯重大责任事故罪，判处有期徒刑7个月，缓刑1年。

124. 未经批准擅自生产、经营、运输、使用和处置危险物品的，应如何处理？

答： 生产经营单位在生产、经营、运输、储存、使用危险物品或处置废弃危险物品时，应履行如下义务：①执行有关法律、法规和国家标准或者行业标准；②建立专门的安全管理制度；③采取可靠的安全措施；④定期检查，主动接受相关部门依法实施的监督。因此，对于危险物品的处置应当根据有关法律法规的规定进行，避免出现违规生产、经营、运输、使用、处置等行为，将安全事故隐患扼杀在摇篮中。如果出现违反上述规定的行为，根据《安全生产法》第100条的规定进行处罚："未经依法批准，擅自生产、经营、运输、储存、使用危险物品或者处置废弃危险物品的，依照有关危险物品安全管理的法律、行政法规的规定予以处罚；构成犯罪的，依照刑法有关规定追究刑事责任。"

示例 深圳市某公司储存危险物品行政处罚案❶

深圳市龙华区应急管理局在执法过程中发现，深圳市诺赛德精密科技有限公司储存危险物品（环己酮约为13kg、龙宝通用强力稀释剂15kg）且未建立专门的安全管理制度、未采取可靠的安全措施。证据有：《现场检查记录》1份、《责令整改指令书》1份、《整改复查意见书》1份、视听资料2份、社保缴纳清单1份、调查询问笔录2份、营业执照复印件1份、法定代表人身份证复印件1份、任命书1份、抽样取样凭证1份、鉴定结果告知书1份、化学品危险性鉴定分类报告3份等。深圳市龙华区应急管理局依据《安全生产法》第39条、第101条第1项的规定，对该公司作出罚款1万元的行政处罚决定。

【解析】 因该公司非法储存上述危险化学品，且未建立专门的安全管理制度和采取可靠的安全措施，有关应急管理部门针对其违法行为，作

---

❶ 深圳市龙华区应急管理局（深龙华）应急罚〔2022〕41号行政处罚决定书。

出罚款1万元的行政处罚决定,事实清楚、证据确凿、适用法律法规正确、程序合法。

125. 生产经营单位未依法对危险物品、危险源和危险作业活动的应急处理采取管控措施的,应如何处理?

答: 生产经营单位生产、经营、运输、储存、使用危险物品或者处置废弃危险物品,应当建立专门的安全管理制度、采取可靠的安全措施;对重大危险源应当依法登记建档,定期检测、评估、监控,制定应急预案,告知应急措施。在进行爆破、吊装、动火、临时用电以及国务院应急管理部门会同国务院有关部门规定的其他危险作业时,应当安排专门人员进行现场安全管理;此外,还应建立安全风险分级管控制度和事故隐患排查治理制度,并依法予以报告。根据《安全生产法》第40~43条的规定,生产经营单位应依法建立重大危险源登记建档机制、安全风险分级管控制度、安全事故隐患排查治理制度和危险作业安全管理制度,对生产经营活动中涉及的危险物品、危险源和危险作业活动采取管控措施,确保安全生产措施得以落实。

如果生产经营单位在生产、经营、运输、储存、使用危险物品或者处置废弃危险物品过程中未建立专门的安全管理制度、未采取可靠的安全措施,应当适用《安全生产法》第101条的规定,"责令限期改正,处十万元以下的罚款;逾期未改正的,责令停产停业整顿,并处十万元以上二十万元以下的罚款,对其直接负责的主管人员和其他直接责任人员处二万元以上五万元以下的罚款;构成犯罪的,依照刑法有关规定追究刑事责任"。

示例 深圳市某餐饮公司未建立事故隐患排查治理制度行政处罚案❶

深圳市福田区应急管理局在执法调查中发现深圳市某餐饮策划管理有限公司存在以下违法行为:①生产经营单位未在有较大危险因素的生产经营场所和有关设施、设备上设置明显的安全警示标志(共计2处:收银台旁开关闸盒未张贴安全警示标志,厨房内开关闸盒未张贴安全警示标志);②生产经营单位未建立事故隐患排查治理制度。因此,深圳市福田区应急管理局依据

---

❶ 深圳市福田区应急管理局(深福)应急罚〔2022〕24号行政处罚决定书。

《安全生产法》第 99 条第 1 项、参照《深圳市应急管理行政处罚自由裁量权实施标准（2020 年版）》（调整补充）违法行为编号 1011 的规定，依据《安全生产法》第 101 条第 5 项、参照《深圳市应急管理行政处罚自由裁量权实施标准（2020 年版）》（调整补充）违法行为编号 1018 的规定，对该公司作出罚款人民币 10900 元的行政处罚。

126. 生产经营单位未建立安全风险分级管控制度的，应如何处理？

答案 这是 2021 年修改的《安全生产法》新增的内容。《安全生产法》第 41 条规定："生产经营单位应当建立安全风险分级管控制度，按照安全风险分级采取相应的管控措施。"本规定将建立企业安全风险分级管控制度设定为生产经营企业的法定义务，这也和近几年国家强化安全生产管控的制度背景相呼应。

各部门规章和地方政府规章已对安全生产风险管控制定出台了相关指导规定和意见，如风险点的排查、风险评价、风险等级和采取风险防控措施的相关规定。因此，各生产经营单位应建立安全风险分级管控制度，防患于未然，及时对安全生产风险进行科学动态管控，建立预防性机制，推动安全生产关口前移。本次修改《安全生产法》也强化了对未建立安全风险分级管控制度的责任规定，根据《安全生产法》第 101 条，生产经营单位存在未建立安全风险分级管控制度或者未按照安全风险分级采取相应管控措施的，应当责令限期改正，处十万元以下的罚款；逾期未改正的，责令停产停业整顿，并处十万元以上二十万元以下的罚款，对其直接负责的主管人员和其他直接责任人员处二万元以上五万元以下的罚款；构成犯罪的，依照刑法有关规定追究刑事责任。

示例 2022 年 2 月，深圳市龙岗区应急管理局因深圳市饰美珠宝有限公司未建立安全风险分级管控制度对其作出罚款 1 万元的行政处罚［（深龙岗）应急罚〔2022〕69 号行政处罚决定书］。

【解析】 该行政处罚的依据是《安全生产法》第 101 条第 4 项，生产经营单位存在未建立安全风险分级管控制度或者未按照安全风险分级采取相应管控措施的，应当责令限期改正，处十万元以下的罚款。该行政处罚决定事实清楚、证据确凿、适用法律正确、程序合法。这也警示其他生产经营单位，应当建立充分完备的安全风险分级管控制度，防患于未然。

127. 生产经营单位不采取措施消除事故隐患的，应如何处理？

答案 生产安全事故隐患是导致生产安全事故发生的主要根源。2019年11月，习近平总书记在中央政治局第十九次集体学习时强调："要健全风险防范化解机制，坚持从源头上防范化解重大安全风险，真正把问题解决在萌芽之时、成灾之前。"因此，安全事故隐患的排查和跟进处理工作同样重要，各生产经营单位除了日常安全生产风险管控和事故隐患排查工作之外，对于排查到的事故隐患应当及时跟进和处理，以避免生产安全事故发生。

2014年《安全生产法》修正时专门增加了关于事故隐患排除的规定，《安全生产法》第41条规定："生产经营单位应当建立安全风险分级管控制度，按照安全风险分级采取相应的管控措施。生产经营单位应当建立健全并落实生产安全事故隐患排查治理制度，采取技术、管理措施，及时发现并消除事故隐患。事故隐患排查治理情况应当如实记录，并通过职工大会或者职工代表大会、信息公示栏等方式向从业人员通报。其中，重大事故隐患排查治理情况应当及时向负有安全生产监督管理职责的部门和职工大会或者职工代表大会报告。县级以上地方各级人民政府负有安全生产监督管理职责的部门应当将重大事故隐患纳入相关信息系统，建立健全重大事故隐患治理督办制度，督促生产经营单位消除重大事故隐患。"因此，事故隐患排查治理制度的建立和落实是每一个生产经营单位应负的责任。如果出现事故隐患不能及时消除等情形，应依法承担责任。

此外，《安全生产事故隐患排查治理暂行规定》作为一个专门规范，对事故隐患排查责任主体、制度设计、治理方式、通报、法律责任等问题进行了明确。我国《安全生产法》第102条规定："生产经营单位未采取措施消除事故隐患的，责令立即消除或者限期消除，处五万元以下的罚款；生产经营单位拒不执行的，责令停产停业整顿，对其直接负责的主管人员和其他直接责任人员处五万元以上十万元以下的罚款；构成犯罪的，依照刑法有关规定追究刑事责任。"

示例 佛山市棕升纤维制品有限公司与佛山市高明区应急管理局案❶

2020年1月10日，佛山市高明区应急管理局执法工作人员去原告佛山市棕升纤维制品有限公司现场检查，发现存在诸多不符合行业标准的问题：①气流机除尘系统采用正压吹送粉尘，且未采取可靠的防范点燃源的措施；②打松机抽料管道电机不符合防爆要求；③生产车间作业现场积尘未及时规范清理；④气流机岗位、定型机楼梯未安装防护栏；⑤除尘系统锁气卸灰口未规范设置收集粉尘。因此依法作出《现场处理措施决定书》。后该公司对上述决定的作出不服并提起行政诉讼，法院对被告作出的《现场处理措施决定书》进行了合法性审查。

【解析】人民法院审查了本案被告的证据材料，执法人员在2020年1月10日去原告现场检查时向原告的法定代表人杨某春出示了执法人员的执法证，并告知了原告有陈述、申辩和要求执法人员回避的权利，原告在现场未提出陈述、申辩和要求回避。执法人员对原告进行现场检查，发现原告存在上述违法行为，原告的上述每项事故隐患均有拍照并在照片旁予以文字说明显示，原告的法定代表人在照片证据表上亦签名确认上述事实。同时，执法人员在检查当场作出了现场检查记录，记载了该次对原告的检查情况，并将上述5项情况书面记录，由杨某春签名确认。被告根据上述现场检查情况，对原告作出《现场处理措施决定书》，责令原告生产车间气流机、打松机停止使用，待重大事故隐患排除后，经审查同意，方可恢复生产使用。最终人民法院依法确认了被告佛山市高明区应急管理局作出《现场处理措施决定书》行为的合法性，认为其符合《安全生产法》第65条第1款第3项的规定。

128. 生产经营单位存在违法发包、出租，未进行安全生产管理的，应如何处理？

答 根据《安全生产法》第103条的规定："生产经营单位将生产

---

❶ 广东省佛山市顺德区人民法院（2020）粤0606行初828号行政判决书。

· 187 ·

经营项目、场所、设备发包或者出租给不具备安全生产条件或者相应资质的单位或者个人的,责令限期改正,没收违法所得;违法所得十万元以上的,并处违法所得二倍以上五倍以下的罚款;没有违法所得或者违法所得不足十万元的,单处或者并处十万元以上二十万元以下的罚款;对其直接负责的主管人员和其他直接责任人员处一万元以上二万元以下的罚款;导致发生生产安全事故给他人造成损害的,与承包方、承租方承担连带赔偿责任。

生产经营单位未与承包单位、承租单位签订专门的安全生产管理协议或者未在承包合同、租赁合同中明确各自的安全生产管理职责,或者未对承包单位、承租单位的安全生产统一协调、管理的,责令限期改正,处五万元以下的罚款,对其直接负责的主管人员和其他直接责任人员处一万元以下的罚款;逾期未改正的,责令停产停业整顿。"

129. 矿山、金属冶炼建设项目和用于生产、储存、装卸危险物品的建设项目的施工单位未依法对项目进行安全管理的,应如何处理?

答案 关于矿山、金属冶炼建设项目和用于生产、储存、装卸危险物品的建设项目的施工单位的项目安全管理责任问题,《安全生产法》第34条规定,"矿山、金属冶炼建设项目和用于生产、储存、装卸危险物品的建设项目的施工单位必须按照批准的安全设施设计施工,并对安全设施的工程质量负责"。因此,施工单位应当严把施工质量关,做好施工的各项质量控制与管理工作,严格按照批准的设计文件和技术标准进行施工。对于因施工原因造成的质量问题,施工单位应承担全部责任。如果相关施工单位未能依法对项目进行安全管理,适用《安全生产法》第103条第3款的规定:"矿山、金属冶炼建设项目和用于生产、储存、装卸危险物品的建设项目的施工单位未按照规定对施工项目进行安全管理的,责令限期改正,处十万元以下的罚款,对其直接负责的主管人员和其他直接责任人员处二万元以下的罚款;逾期未改正的,责令停产停业整顿。以上施工单位倒卖、出租、出借、挂靠或者以其他形式非法转让施工资质的,责令停产停业整顿,吊销资质证书,没收违法所得;违法所得十万元以上的,并处违法所得二倍以上五倍以下的罚款,没有违法所得或者违法所得不足十万元的,单处或者并处十万元以上二十万元以下的罚款；对其直接负责的主管人员和其他直接责任人员处五万元以上十万元以下的罚款；构成犯罪的，依照刑法有关规定追究刑事责任。"

130. 同一作业区域内两个以上生产经营单位进行可能危及对方的生产经营活动的，应如何处理？

答： 根据《安全生产法》第48的规定："两个以上生产经营单位在同一作业区域内进行生产经营活动，可能危及对方生产安全的，应当签订安全生产管理协议，明确各自的安全生产管理职责和应当采取的管控措施，并指定专职安全生产管理人员进行安全检查与协调。"如果双方未签订安全生产管理协议或者未指定专职安全生产管理人员进行安全检查与协调，应当适用《安全生产法》第104条的规定"责令限期改正，处五万元以下的罚款，对其直接负责的主管人员和其他直接责任人员处一万元以下的罚款；逾期未改正的，责令停产停业"。

示例 吉林寰球和创机械制造清洗有限公司（以下简称寰球公司）与吉林市龙潭区应急管理局行政处罚案❶

2018年12月13日，寰球公司与鸿泰公司订立货运合同，约定由鸿泰公司将两台塔器运至新疆。经双方事前沟通，2019年2月21日，鸿泰公司法定代表人马某组织工作人员前往寰球公司一分厂厂房装卸货物。吊载过程中，起重钢丝绳发生断裂，吊载物下落砸中下方重型低平板半挂车后侧翻，导致两名人员死亡、一名人员受伤。

2019年2月22日，吉林市龙潭区人民政府成立调查组进行事故调查，并形成《关于"2.21"起重伤害一般生产安全责任事故调查处理的报告》，认定事故发生的直接原因为吊钩下起重钢丝绳发生断裂，具体表现为吊具选择错误、吊具选择规格不一致、应力集中；事故发生的间接原因为鸿泰公司未履行安全生产主体责任、寰球公司未有效履行安全管理责任。

2019年7月3日，龙潭区应急管理局作出（吉龙）安监罚〔2019〕2-2号行政处罚决定，对寰球公司处以行政罚款36万元。

---

❶ 吉林省吉林市中级人民法院（2020）吉02行终36号行政判决书。

寰球公司对该处罚决定不服，提起行政诉讼，本案经一审、二审程序，最终法院认为：

一、本起事故发生在寰球公司生产经营场所内，吊车司机为寰球公司职工，故寰球公司属于《中华人民共和国安全生产法》规定的生产经营单位，应当依据《中华人民共和国安全生产法》第4条的规定，遵守《中华人民共和国安全生产法》和其他有关安全生产的法律、法规，加强安全生产管理，建立、健全安全生产责任制和安全生产规章制度，改善安全生产条件，推进安全生产标准化建设，提高安全生产水平，确保安全生产。

二、鸿泰公司在寰球公司的生产经营场所内从事生产经营活动，符合《中华人民共和国安全生产法》第45条规定的情形，双方应签订安全生产管理协议。鸿泰公司在寰球公司的生产经营场所内从事生产经营活动，寰球公司系明知。

三、被上诉人提供的证据能够证实寰球公司未履行安全生产主体责任，未有效履行安全管理责任。寰球公司未与鸿泰公司签订安全管理协议、未对现场人员进行有效安全教育、未为鸿泰公司办理作业许可证、施工作业时安全员不在现场、由不具备资质的人指挥起重作业、对未戴安全帽的鸿泰公司职工未予制止并清理现场、吊车上有悬浮物依然起吊。

四、参照《企业职工伤亡事故调查分析规则》（GB 6442—1986）的规定，属于下列情况者为直接原因：①机械、物质或环境的不安全状态；②人的不安全行为。属于下列情况者为间接原因：①技术和设计上有缺陷，工业构件、建筑物、机械设备、仪器仪表、工艺过程、操作方法、维修检验等的设计，施工和材料使用存在问题；②教育培训不够，未经培训，缺乏或不懂安全操作技术知识；③劳动组织不合理；④对现场工作缺乏检查或指导错误；⑤没有安全操作规程或安全操作规程不健全；⑥没有或不认真实施事故防范措施，对事故隐患整改不力；⑦其他。寰球公司未履行安全生产主体责任，未有效履行安全管理责任，属于事故发生的间接原因，间接原因亦属于事故发生的原因。

五、龙潭区应急管理局在作出行政处罚决定之前，依法告知当事人作出行政处罚决定的事实、理由及依据，并告知当事人依法享有的权利。听取了当事人的陈述和申辩，依法举行了听证，程序符合法律规定。龙潭区应急管理局作出（吉龙）安监罚〔2019〕2-2号行政处罚决定证据确凿，适用法律、法规正确，符合法定程序，依法应予维持。

【解析】本案中，由于鸿泰公司与寰球公司未签订安全生产管理协议，未能就现场工作人员活动进行有效的安全生产管理，导致安全生产事故的发生。该区应急管理局作出的行政处罚决定证据确凿，适用法律、法规正确，符合法定程序，人民法院依法维持该行政处罚决定。这也对其他生产经营单位起到警醒作用，两个以上生产经营单位进行项目合作时更应把安全生产工作放在首位，做到职责明确、分工合理，切不可相互推诿、掉以轻心。

131. 生产经营单位未依法对员工宿舍与生产经营场所合理布置或未设有紧急疏散通道的，应如何处理？

答 根据《安全生产法》第105条规定："生产经营单位有下列行为之一的，责令限期改正，处五万元以下的罚款，对其直接负责的主管人员和其他直接责任人员处一万元以下的罚款；逾期未改正的，责令停产停业整顿；构成犯罪的，依照刑法有关规定追究刑事责任：

（一）生产、经营、储存、使用危险物品的车间、商店、仓库与员工宿舍在同一座建筑内，或者与员工宿舍的距离不符合安全要求的；

（二）生产经营场所和员工宿舍未设有符合紧急疏散需要、标志明显、保持畅通的出口、疏散通道，或者占用、锁闭、封堵生产经营场所或者员工宿舍出口、疏散通道的。"

示例1 长乐市安全生产监督管理局与某水产有限公司申请承认与执行法院判决、仲裁裁决案件执行裁定书❶

长乐市安全生产监督管理局于2015年1月27日以某水产有限公司存在以下安全生产违法行为事实对其作出处罚：①公司主要负责人未履行督促、检查本单位安全生产工作，及时消除生产安全事故的职责，具体情况如下：a. 氨储罐四周设置的围堰的孔洞没有堵塞，未设置专门收集事故状态下的收集氨水的水

---

❶ 福建省长乐市人民法院（2015）长执审字第65号行政裁定书。

池即排液设施；b. 氨制冷系统的安全总泄压管出口未高于周围 50 米内最高建筑物（冷库除外）的屋脊 5 米；c. 冷库及制冷系统未请具备冷库工程设计、压力管道设计资质的设计单位设计；d. 氨机房储氨罐没有设置紧急泄氨器。②公司存氨机房与员工宿舍的间距只有 8 米，与氨机房距离最远处也只有 19 米，不符合 25 米以上的安全间距的规定。经限期责令改正，该公司逾期未改，因此作出责令停产停业整顿（在停产停业整顿期间，责令其限期 3 个月内落实对上述安全生产违法行为及事故隐患整改完毕）的行政处罚。

【解析】本案中，由于该公司未能及时改正上述违反安全生产标准的违法行为，安全生产监督管理局对其作出责令停产停业整顿的行政处罚决定，限期 3 个月内落实对上述违法行为和事故隐患的整改工作。与此同时，安全生产监督管理局依据《行政强制法》的相关规定，在法定期限内向人民法院申请强制执行，人民法院经审查依法准予强制执行。若该公司仍不能在上述期限内履行上述整改义务，人民法院可以依法采取强制措施。

示例2 深圳市龙岗区应急管理局因深圳市福田区秦唐食府面菜馆未设有符合紧急疏散需要、标志明显、保持畅通的出口（抽查发现该单位经营场所内后门一处出口未保持畅通）。依据《安全生产法》第 105 条第 2 项、《深圳市应急管理行政处罚自由裁量权实施标准（2020 年版）（调整补充）》违法行为编号第 1021 号、《行政处罚法》第 29 条的规定，决定给予该公司人民币 2 万元罚款的行政处罚；不再对单位经营者龚某林进行罚款。❶

【解析】本案中因为该餐饮店未设有符合紧急疏散需要、标志明显、保持畅通的出口，违反了《安全生产法》第 105 条的规定，因此相关执法部门对其作出了行政处罚决定。该行政处罚决定事实清楚、证据确凿、适用法律法规正确、程序合法。

132. 生产经营单位与员工签订的安全事故伤亡免责协议是否有效？

答案 生产经营单位与员工签订的安全事故伤亡免责协议是无效的。

---

❶ 深圳市福田区应急管理局（深福）应急罚〔2022〕19 号行政处罚决定书。

《安全生产法》《安全生产违法行为行政处罚办法》都明确对此作出了规定，用人单位和从业人员签订的免除或减轻用人单位对从业人员因生产安全事故伤亡依法应承担的责任的，协议无效。此外，还应对该生产经营单位的主要负责人或个人经营的投资人处以 2 万元以上 10 万元以下的罚款。在协议中减轻因生产安全事故伤亡对从业人员依法应承担的责任的，处 2 万元以上 5 万元以下的罚款；在协议中免除因生产安全事故伤亡对从业人员依法应承担的责任的，处 5 万元以上 10 万元以下的罚款。

生产经营单位与员工之间签订的劳动合同都是平等主体之间订立的民事合同，应当遵守宪法和法律的规定。所谓安全事故伤亡免责协议，也是民间所称的"生死合同"，其订立违反了宪法和法律的强制性规定，因此属于无效协议，对双方当事人均不产生任何法律效力。

133. 生产经营单位违法与员工签订安全事故伤亡免责协议应承担什么法律责任？

答案 《安全生产法》第 106 条规定："生产经营单位与从业人员订立协议，免除或者减轻其对从业人员因生产安全事故伤亡依法应承担的责任的，该协议无效；对生产经营单位的主要负责人、个人经营的投资人处二万元以上十万元以下的罚款。"

134. 从业人员违反安全生产规章制度进行操作的，应如何处理？

答案 根据《安全生产法》第 107 条的规定："生产经营单位的从业人员不落实岗位安全责任，不服从管理，违反安全生产规章制度或者操作规程的，由生产经营单位给予批评教育，依照有关规章制度给予处分；构成犯罪的，依照刑法有关规定追究刑事责任。"与此同时，《中华人民共和国劳动合同法》中也明确规定，"用人单位应当将直接涉及劳动者切身利益的规章制度和重大事项决定公示，或者告知劳动者"。如果劳动者存在严重违反用人单位规章制度的情形，用人单位可以解除劳动合同。因此，如果生产经营单位从业人员不依照相关规章制度从事生产工作，不服从管理，违反安全生产规章制度，用人单位可给予批评教育、处分，情节严重时可以依法予以开除。

安全生产教育培训工作是每个生产经营单位都应定期开展的重要工作任务，尤其是新员工入职培训时都会着重强调安全生产问题，一般也会按照相关工作部署将用人单位的重要规章制度予以公示并明确告知劳动者。如果发现劳动者本身存在不服从管理、不遵守用人单位安全生产相关规章制度的情形，用人单位应尽到督促整改的义务，相关安全生产管理人员应及时给予其批评、监督其整改，以避免酿成安全生产事故。

135. 生产经营单位拒绝、阻碍安全生产监管部门依法实施检查的，应承担什么法律责任？

答案 安全生产监督检查是预防安全生产事故、落实安全生产责任的重要工作任务，可通过制订安全生产年度监督检查计划、多部门联合检查等执法方式进行监督检查，对于存在事故隐患的单位，应依法采取立即排除事故隐患、责令暂时停产停业、停止建设、停止施工等现场处理措施。❶ 有关生产经营单位应当依照相关监管部门的工作要求积极配合执法检查工作，对存在事故安全隐患的环节和设施进行排查和整改。如果有关生产经营单位拒绝或阻碍安全生产监管部门依法实施监督检查，应适用《安全生产法》第108条的规定"责令改正；拒不改正的，处二万元以上二十万元以下的罚款；对其直接负责的主管人员和其他直接责任人员处一万元以上二万元以下的罚款；构成犯罪的，依照刑法有关规定追究刑事责任"。

136. 生产经营单位拒绝、阻碍安全生产监管部门依法实施检查，可能承担刑事责任吗？

答案 生产经营单位拒绝、阻碍安全生产监管部门依法实施检查，根据其行为性质，触犯刑法的应当依法承担刑事责任。《刑法》第277条第1款规定，"以暴力、威胁方法阻碍国家机关工作人员依法执行职务的，处三年以下有期徒刑、拘役、管制或者罚金"；第4款规定，"故意阻碍国家安全机关、公安

---

❶ 闪淳昌，林鸿潮. 安全生产执法实务与案例［M］. 北京：中国法制出版社，2021：174.

机关依法执行国家安全工作任务，未使用暴力、威胁方法，造成严重后果的，依照第一款的规定处罚"。实践中，若生产经营单位同时存在行贿等犯罪行为，可能同时触犯刑法中行贿罪或单位行贿罪、妨害公务罪的规定，应当数罪并罚。

示例1 刘某平、刘某杰、楚某葵重大劳动安全事故、非法采矿、单位行贿案❶

2008年，刘某平、刘某杰、楚某葵共同承包了某煤矿的采矿权，采矿许可证有效期为一年。因安全生产许可证和煤炭生产许可证到期，当地煤矿安全监察局（简称煤监局）对该煤矿下达停产通知，2009年4月，国土资源局因该煤矿采矿许可证到期且存在越界开采行为责令其立即停产。但煤矿负责人刘某平、刘某杰、楚某葵多次采取封闭矿井、临时遣散工人等弄虚作假手段故意逃避有关部门的监督检查，拒不执行停产监管决定，长期以技改名义非法组织生产。2010年1月，该煤矿中间井发生因电缆短路引发的火灾事故，造成34人遇难，直接经济损失2962万元。后查清，刘某平、刘某杰、楚某葵为使该煤矿逃避有关部门的监督检查，牟取不正当利益，先后向当地煤监局和国土资源管理部门负责人行贿共计34万元。经法院宣判，被告人刘某平、刘某杰、楚某葵的行为构成非法采矿罪、重大劳动安全事故罪、单位行贿罪，分别被判处有期徒刑9年、7年、6年6个月，并分别处罚金300万元。

【解析】本案中，被告人存在以封闭矿井口等虚假手段逃避监管部门检查，并以行贿方法阻挠安全监管部门实施监督检查等行为，应从重处罚。未取得采矿许可证即擅自采矿，情节特别严重，其行为已构成非法采矿罪；在生产设施及安全生产条件不符合国家规定的情况下组织生产，因而发生重大伤亡事故，情节特别恶劣，其行为已构成重大劳动安全事故罪；为给自己控制的煤矿牟取不正当利益和逃避监管，向国家机关工作人员行贿，情节严重，其行为已构成单位行贿罪，应依法并罚。

示例2 王某林、喻某林妨害公务罪案❷

2015年12月8日，攀枝花市仁和区总发乡人民政府向攀枝花市仁和区安

---

❶ 最高人民法院. 最高法院12月15日发布危害生产安全犯罪典型案例［EB/OL］.（2015-12-15）［2022-05-01］. https://www.court.gov.cn/zixun-xiangqing-16324.html.
❷ 四川省攀枝花市中级人民法院（2018）川04刑终49号刑事裁定书。

全生产委员会办公室紧急报告,发现某酒厂仓库储存55度白酒约21.5吨,某植物油厂地窖内储存55度白酒约15吨,有重大危险。2015年12月11日,攀枝花市仁和区安全生产委员会办公室研究决定,由仁和区安监局、工商局、消防队等部门组成联合调查组,对该案进行调查核实,做好采取强制措施的准备,尽快对该楼非法储存的白酒实施搬离。执法过程中,调查组向两家工厂下达了《责令限期整改指令书》,责令其限期整改,消除安全隐患。

2015年12月16日,攀枝花市仁和区安监局等部门的工作人员到达总发乡立新村六组水果加工综合楼进行应急排险,通过高音喇叭喊话的方式表明了身份和目的,但被告人王某林、喻某林、杜某德等人通过高音喇叭喊话,拒绝让执法人员进入厂区。被告人采用扔啤酒瓶、砖头、液化气罐的方式对抗执法人员,被告人喻某林、杨某贵、杜某德则手持木棒、灭火器等物品在厂区围墙附近阻止执法人员进入厂区。随后,双方发生较为激烈的冲突,冲突过程中,造成多名联合执法人员受伤。攀枝花市仁和区安监局工作人员李某向公安机关报警称,该局和其余部门在攀枝花市仁和区总发乡某酒厂仓库、某植物油厂对安全隐患进行复查时,遭到仓库楼上的人员强行阻碍执法。公安民警接警后立即赶赴现场,经警告无效的情况下,强制将上述被告人杨某贵、喻某、谢某峰、谢某华、谢某华、杜某德、王某林、喻某平传唤至公安机关接受调查。

【解析】本案中,仁和区安监局作为仁和区负有安全生产监督管理职责的部门,在与其他部门联合执法过程中,在对被告人杜某德、王某林在总发乡立新村六组水果加工综合楼内经营的某酒厂、某植物油厂进行安全检查时,发现两家工厂存在重大安全隐患,遂责令两家工厂限期整改,并向两家工厂下达了《责令限期整改指令书》,同时依法向两家工厂送达了《现场检查记录》和《责令限期整改指令书》。整改期限到期后,仁和区安监局工作人员在表明了身份的情况下,再次联合多部门到两个工厂复查,程序符合法律规定。根据《安全生产法》的相关规定,两家工厂对负有安全生产监督管理职责的部门的监督检查人员依法履行监督检查职责,应当予以配合,不得拒绝、阻挠。被告人明知是仁和区安全生产监督管理局等部门联合执法检查,仍然采用暴力、威胁方式阻碍国家机关工作人员依法执行公务,并造成多名联合执法人员受伤,其行为构成妨害公务罪。

第六章 法律责任

137. 高危行业的生产经营单位未按照国家规定投保安全生产责任保险的，应如何处理？

答案 2016年12月18日，国务院发布了《中共中央 国务院关于推进安全生产领域改革发展的意见》，这是当前安全生产工作的纲领性文件。该文件中提出"建立健全安全生产责任保险制度，在矿山、危险化学品、烟花爆竹、交通运输、建筑施工、民用爆炸物品、金属冶炼、渔业生产等高危行业领域强制实施，切实发挥保险机构参与风险评估管控和事故预防功能"。

根据《安全生产法》第51条的规定，"属于国家规定的高危行业、领域内的生产经营单位，应当投保安全生产责任保险。具体范围和实施办法由国务院应急管理部门会同国务院财政部门、国务院保险监督管理机构和相关行业主管部门制定"。除此之外，原国家安全生产监督管理总局、原保监会、财政部于2017年联合发布的《安全生产责任保险实施办法》也对部分高危行业安全生产领域内强制购买安全生产责任保险进行了明确规定。就违法责任而言，《安全生产法》第109条规定："高危行业、领域的生产经营单位未按照国家规定投保安全生产责任保险的，责令限期改正，处五万元以上十万元以下的罚款；逾期未改正的，处十万元以上二十万元以下的罚款。"通过上述制度设计，立法已明确对安全生产责任保险缴纳的范围和责任，即鼓励所有生产经营单位投保安全生产责任保险，对高危行业、领域的生产经营单位则采取强制投保的制度。如果在安全生产执法检查中发现有未按照相关法律投保的情形，应当依法责令改正并处以罚款。

示例1 2022年3月11日，交城县应急管理局因山西华鑫煤焦化实业集团有限公司未按照国家规定投保安全责任保险，对其作出（交）应急罚〔2022〕危化1-01号行政处罚决定书。处罚依据为《安全生产法》第109条，"高危行业、领域的生产经营单位未按照国家规定投保安全生产责任保险的，责令限期改正，处五万元以上十万元以下的罚款"，结合其违法事实与证据，最终作出罚款7万元的行政处罚决定。❶

示例2 2022年4月14日，承德市应急管理局执法中检查到平泉丰

---

❶ 交城县应急管理局（交）应急罚〔2022〕危化1-01号行政处罚决定书。

盛化工有限公司存在投保安全生产责任保险的保障范围未覆盖全体从业人员的违法事实，属于安全生产资金投入类违法行为，违反了《安全生产法》第51条第2款、《安全生产责任保险实施办法》第6条和第12条的法律规定，根据《安全生产法》第109条对其作出罚款5万元的行政处罚决定。❶

【解析】上述案例均为2021年《安全生产法》生效后，对生产经营单位未对高危行业依法投保安全生产责任保险而进行行政处罚的案例。因此，各有关部门应切实落实好安全生产责任保险投保宣传工作，部分案例中，保险公司的及时赔付解决了事故后续处理的困难，达到了为安全生产领域事故预防和处理保驾护航的目的。但应注意，部分生产经营单位存在掉以轻心的态度，如本单位从事高危行业20人，仅对其中10人进行投保，对于此种行为也产生了很多行政执法处理结果，未覆盖全体工作人员仍属于投保工作不到位的情形，依法应当予以处罚。

138. 单位发生生产安全事故的，主要负责人不立即组织抢救或擅离职守、逃匿的，应如何处理？

答案 根据《安全生产法》第110条的规定，"生产经营单位的主要负责人在本单位发生生产安全事故时，不立即组织抢救或者在事故调查处理期间擅离职守或者逃匿的，给予降级、撤职的处分，并由应急管理部门处上一年年收入百分之六十至百分之一百的罚款；对逃匿的处十五日以下拘留；构成犯罪的，依照刑法有关规定追究刑事责任"。

《安全生产法》第5条规定，"生产经营单位的主要负责人是本单位安全生产第一责任人，对本单位的安全生产工作全面负责"。2021年《安全生产法》修改时着重强调了生产经营单位主要负责人的安全管理职责，进一步拓宽了其安全生产管理职责范围，并增强了对安全生产管理不力行为的处罚力度。生产经营单位的主要负责人是单位日常生产经营活动的最高负责人，也是经营业务的直接指挥者，作为高层决策者，其有责任也有能力领导本单位的生产经营业务在符合国家安全生产标准的框架下运行。《安全生产法》第

---

❶ 承德市应急管理局（冀承）应急罚〔2022〕危化1号行政处罚决定书。

21条也就单位主要负责人的安全生产管理职责进行了明确，主要包括："（一）建立健全并落实本单位全员安全生产责任制，加强安全生产标准化建设；（二）组织制定并实施本单位安全生产规章制度和操作规程；（三）组织制定并实施本单位安全生产教育和培训计划；（四）保证本单位安全生产投入的有效实施；（五）组织建立并落实安全风险分级管控和隐患排查治理双重预防工作机制，督促、检查本单位的安全生产工作，及时消除生产安全事故隐患；（六）组织制定并实施本单位的生产安全事故应急救援预案；（七）及时、如实报告生产安全事故"。

因此，生产经营单位主要负责人不仅肩负单位常态化安全生产制度措施的实施管理工作，同样，在发生生产安全事故时，应当如实向有关部门报告，积极组织抢救。如果不立即组织抢救或者在事故调查处理期间擅离职守或者逃匿的，应给予降级、撤职的处分，并处罚款，依法追究相应法律责任。

139. 单位发生生产安全事故，主要负责人隐瞒不报、谎报或迟报的，应如何处理？

答： 根据《安全生产法》第110条的规定，生产经营单位的主要负责人对生产安全事故隐瞒不报、谎报或者迟报的，应依法给予降级、撤职的处分，并由应急管理部门处上一年年收入60%至100%的罚款；对逃匿的处15日以下拘留；构成犯罪的，依照刑法有关规定追究刑事责任。根据《生产安全事故报告和调查处理条例》第35条，"事故发生单位主要负责人有下列行为之一的，处上一年年收入40%至80%的罚款；属于国家工作人员的，并依法给予处分；构成犯罪的，依法追究刑事责任：（一）不立即组织事故抢救的；（二）迟报或者漏报事故的；（三）在事故调查处理期间擅离职守的"。《生产安全事故报告和调查处理条例》第36条规定，"事故发生单位及其有关人员有下列行为之一的，对事故发生单位处100万元以上500万元以下的罚款；对主要负责人、直接负责的主管人员和其他直接责任人员处上一年年收入60%至100%的罚款；属于国家工作人员的，并依法给予处分；构成违反治安管理行为的，由公安机关依法给予治安管理处罚；构成犯罪的，依法追究刑事责任：（一）谎报或者瞒报事故的；（二）伪造或者故意破坏事故现场的；（三）转移、隐匿资金、财产，或者销毁有关证据、资料的；（四）拒绝接受调查或者拒绝提供有关情况和资料的；（五）在事故调查中作伪证或者指使他人作伪证的；（六）事故发生后逃匿的"。

除此之外，《刑法》第139条之一规定了不报、谎报安全事故罪的犯罪构成，"在安全事故发生后，负有报告职责的人员不报或者谎报事故情况，贻误事故抢救，情节严重的，处三年以下有期徒刑或者拘役；情节特别严重的，处三年以上七年以下有期徒刑"。

就具体事故报告的规则而言，《生产安全事故报告和调查处理条例》第9条规定了生产经营单位主要负责人的事故报告义务："事故发生后，事故现场有关人员应当立即向本单位负责人报告；单位负责人接到报告后，应当于1小时内向事故发生地县级以上人民政府安全生产监督管理部门和负有安全生产监督管理职责的有关部门报告。情况紧急时，事故现场有关人员可以直接向事故发生地县级以上人民政府安全生产监督管理部门和负有安全生产监督管理职责的有关部门报告。"

《生产安全事故报告和调查处理条例》第12条对事故报告的具体内容进行了明确："报告事故应当包括下列内容：（一）事故发生单位概况；（二）事故发生的时间、地点以及事故现场情况；（三）事故的简要经过；（四）事故已经造成或者可能造成的伤亡人数（包括下落不明的人数）和初步估计的直接经济损失；（五）已经采取的措施；（六）其他应当报告的情况。"

示例1 戴某运未履行法定责任案[1]

2021年5月21日19时04分左右，舟山普陀长宏船舶修造有限公司3#坞内"华江2"轮进行锚链下放作业时砸中船坞底正在进行冲洗作业的高空作业车伸缩臂，伸缩臂受到冲击后反弹，高空作业车内两名作业人员被甩出后坠地身亡，直接经济损失约320万元。

经调查，舟山普陀长宏船舶修造有限公司总经理戴某运作为公司主要负责人对公司安全生产工作督促检查不到位，公司生产一年多以来，没有对各类危险作业现场开展针对性安全生产检查，对危险作业审批管理存在的"未

---

[1] 浙江省舟山市应急管理局市应急局罚字〔2021〕第2000006号行政处罚决定书。

验先批""未批先做"等问题及交叉作业中存在的未指派专职安全管理人员开展检查、协调等问题未能发现并加以消除，最终造成本次事故发生。其行为违反了《安全生产法》第18条第5项的规定。同时，戴某运未能按照《安全生产事故调查和报告处理条例》的要求在规定时间内上报事故，超出规定时间1小时47分钟，该行为违反了《安全生产法》第80条第2款的规定。

浙江省舟山市应急管理局认为，其行为违反了下列法律规定：《安全生产法》第18条"生产经营单位的主要负责人对本单位安全生产工作负有下列职责：……督促、检查本单位的安全生产工作，及时消除生产安全事故隐患"；《安全生产法》第80条第2款"单位负责人接到事故报告后，应当迅速采取有效措施，组织抢救，防止事故扩大，减少人员伤亡和财产损失，并按照国家有关规定立即如实报告当地负有安全生产监督管理职责的部门，不得隐瞒不报、谎报或者迟报，不得故意破坏事故现场、毁灭有关证据"。

【解析】浙江省舟山市应急管理局依据《安全生产法》第95条"生产经营单位的主要负责人未履行本法规定的安全生产管理职责，导致发生生产安全事故的，由安全生产监督管理部门依照下列规定处以罚款：（一）发生一般事故的，处上一年年收入百分之三十的罚款。"以及《安全生产法》第110条"生产经营单位的主要负责人在本单位发生生产安全事故时，不立即组织抢救或者在事故调查处理期间擅离职守或者逃匿的，给予降级、撤职的处分，并由安全生产监督管理部门处上一年年收入百分之六十至百分之一百的罚款；对逃匿的处十五日以下拘留；构成犯罪的，依照刑法有关规定追究刑事责任。生产经营单位的主要负责人对生产安全事故隐瞒不报、谎报或者迟报的，依照前款规定处罚"的规定，最终决定给予其处18万元罚款的行政处罚。

示例2 闫某不报、谎报安全事故罪案❶

代县双羊矿业有限公司位于代县聂营镇康家沟羊蹄滩。该公司下设5个采区，王某1时任该公司二采区的总经理，负责二采区的所有事务，王某2为矿长，负责该矿的生产事务。金某承包了该矿区的生产，负责施工事宜；

---

❶ 山西省忻州市忻府区人民法院〔2020〕晋0902刑初61号刑事判决书。

易某受金某安排负责平硐的生产,平某从金某手中承包竖井的生产后,安排被告人闫某负责该竖井的生产及工人的日常管理。2014年,代县双羊矿业有限公司二采区有采矿许可证但无安全生产许可证,不具备生产条件。2014年9月13日中午,被告人闫某安排矿工闫某安、邱某艳、关某等工人进入竖井工作。9月13日13时30分左右,突发山体滑坡、矿洞坍塌,矿工段某喜、白某翼被困在平硐中,竖井中工作的关某等工人跑到洞外,闫某安、邱某艳被困在竖井中。被告人闫某得知闫某安、邱某艳被困竖井中,电话告知了平某,闫某带工友两次进矿洞寻找未果。

9月15日,被困矿工段某喜的家属从河南赶到代县了解事故情况后报警求助。同日,代县公安局将事故上报代县政府,代县政府开始组织救援并调查核实事故。10月29日,代县政府成立的事故调查组根据原平市矿山救护大队的救援报告以及事故技术组的事故救援情况说明认为人员被困已经40多天,生还的可能已基本没有,经代县政府同意后终止了救援。

在事故发生后以及调查组救援过程中,被告人闫某未将被困在井下的人员情况上报相关部门及事故调查组。

2015年11月26日,事故调查组出具的代县双羊矿业公司二采区"9.13"山体冒落自然灾害事故调查事报告显示,本次事故造成段某喜1人死亡,直接经济损失950万元。法院判决被告人闫某犯不报、谎报安全事故罪,判处有期徒刑1年2个月。

【解析】不报、谎报安全事故罪,是指负有报告职责的人员在安全事故发生后,不报或者谎报事故情况,贻误事故抢救时机,情节严重的行为。根据《最高人民法院、最高人民检察院关于办理危害生产安全刑事案件适用法律若干问题的解释》的规定,负有报告职责的人员,是指负有组织、指挥或者管理职责的负责人、管理人员、实际控制人、投资人以及其他负有报告职责的人员。本案中,被告人闫某受平某委托负责竖井的生产及工人的日常管理,事故发生时,被告人闫某电话告知其上级平某(另案处理)其弟闫某安、邱某艳被埋井中,并两次带领同事下井寻找未果。在事故调查组调查时,被告人闫某与负有报告职责的人员串通,没有如实汇报事故发生情况,情节严重,其行为构成不报、谎报安全事故罪,系共同犯罪,公诉机关的指控成立。被告人及辩护人关于平硐中另有他人负责，闫某只管理竖井，对平硐中发生事故没有报告义务的辩解及辩护意见，予以采纳。对辩护人关于被告人主动到案，如实供述自己的罪行，是自首的辩护意见予以采纳，对被告人可从轻处罚。综上，根据本案的犯罪事实，犯罪性质、情节，对其可从轻处罚。最终法院判决被告人闫某犯不报、谎报安全事故罪，判处有期徒刑1年2个月。

140. 政府部门对生产安全事故隐瞒不报、谎报或迟报的，应如何处理？

答案 生产安全事故发生后，事故现场有关人员应当立即报告单位主要负责人，由生产经营单位主要负责人向安全生产监管部门进行汇报。相关监管部门之间的层级上报也是安全生产事故调查处理中非常重要的工作环节。《安全生产法》第84条规定，"负有安全生产监督管理职责的部门接到事故报告后，应当立即按照国家有关规定上报事故情况"。

《生产安全事故报告和调查处理条例》第10条规定："安全生产监督管理部门和负有安全生产监督管理职责的有关部门接到事故报告后，应当依照下列规定上报事故情况，并通知公安机关、劳动保障行政部门、工会和人民检察院：

（一）特别重大事故、重大事故逐级上报至国务院安全生产监督管理部门和负有安全生产监督管理职责的有关部门；

（二）较大事故逐级上报至省、自治区、直辖市人民政府安全生产监督管理部门和负有安全生产监督管理职责的有关部门；

（三）一般事故上报至设区的市级人民政府安全生产监督管理部门和负有安全生产监督管理职责的有关部门。

安全生产监督管理部门和负有安全生产监督管理职责的有关部门依照前款规定上报事故情况，应当同时报告本级人民政府。国务院安全生产监督管理部门和负有安全生产监督管理职责的有关部门以及省级人民政府接到发生特别重大事故、重大事故的报告后，应当立即报告国务院。必要时，安全生产监督管理部门和负有安全生产监督管理职责的有关部门可以越级上报事故情况。"第11条规定："安全生产监督管理部门和负有安全生产监督管理职责的有关部门逐级上报事故情况，每级上报的时间不得超过2小时。"

如果有关地方人民政府、负有安全生产监督管理职责的部门对生产安全事故隐瞒不报、谎报或者迟报，应当适用《安全生产法》第 111 条的规定"对直接负责的主管人员和其他直接责任人员依法给予处分；构成犯罪的，依照刑法有关规定追究刑事责任"。《生产安全事故报告和调查处理条例》第 39 条也规定："有关地方人民政府、安全生产监督管理部门和负有安全生产监督管理职责的有关部门有下列行为之一的，对直接负责的主管人员和其他直接责任人员依法给予处分；构成犯罪的，依法追究刑事责任：（一）不立即组织事故抢救的；（二）迟报、漏报、谎报或者瞒报事故的；（三）阻碍、干涉事故调查工作的；（四）在事故调查中作伪证或者指使他人作伪证的。"

示例 赵某兰与榆中县人民政府行政不作为上诉案❶

2013 年 9 月 2 日 16 时左右，赵某兰的丈夫郭某虎在榆中分公司马坡统包点电线杆上作业时不慎坠落，经兰州大学第一医院抢救无效，于 2013 年 9 月 18 日死亡。2013 年 11 月 6 日，郭某虎亲属薛某云将郭某虎伤亡事故以电话方式向县安监局报告。县政府遂组成事故调查组进行调查。2014 年 1 月 3 日，事故调查组作出了具体事故调查报告。2014 年 1 月 6 日，县安监局向县政府上报了该调查报告。2014 年 1 月 10 日，县政府向县安监局作出榆政函〔2014〕6 号《批复》。

赵某兰对县政府作出的榆政函〔2014〕6 号《批复》不服，向兰州市中级人民法院提起行政诉讼，请求予以撤销该批复行为。后经一审、二审（上诉人撤诉）一系列曲折的过程，2014 年 9 月 3 日，赵某兰又向兰州市中级人民法院提起诉讼，请求确认县政府于 2013 年 9 月 2 日发生中国电信股份有限公司榆中分公司马坡统包点"9·02"高处坠落伤亡事故时不作为的行为违法。

二审法院认为，本案争议的焦点是被上诉人县政府在法定期限内是否履行了相应的法定职责，有无不履行法定职责的情形存在。《安全生产法》第 81 条规定："负有安全生产监督管理职责的部门接到事故报告后，应当立即按照国家有关规定上报事故情况。负有安全生产监督管理职责的部门和有关地方人民政府对事故情况不得隐瞒不报、谎报或者迟报。"《生产安全事故报

---

❶ 甘肃省高级人民法院（2015）甘行终字第 96 号行政判决书。

告和调查处理条例》第 5 条第 1 款规定:"县级以上人民政府应当依照本条例的规定,严格履行职责,及时、准确地完成事故调查处理工作。"第 32 条第 1 款规定:"重大事故、较大事故、一般事故,负责事故调查的人民政府应当自收到事故调查报告之日起 15 日内做出批复;特别重大事故,30 日内做出批复,特殊情况下,批复时间可以适当延长,但延长的时间最长不超过 30 日。"

本案中,榆中县安全生产监督管理局于 2013 年 11 月 6 日接到上诉人的委托代理人薛某云的事故电话报告后,立即上报县政府,县政府遂组成事故调查组对事故进行调查。2014 年 1 月 3 日,事故调查组作出《中国电信股份有限公司榆中分公司马坡统包点"9·02"高处坠落伤亡事故调查报告》。同年 1 月 6 日,县安监局向县政府上报了该事故调查报告。2014 年 1 月 10 日,县政府即向县安监局作出榆政函〔2014〕6 号《批复》。故县政府已依照上述法律、法规的规定组成事故调查组对此次坠亡事故进行了调查,并在法定期限内作出了批复,履行了相应的职责,不存在行政不作为的情形。故赵某兰诉县政府不作为违法的诉讼请求缺乏事实和法律依据,其诉讼请求不能成立,依法应予驳回。

【解析】本案是一个有关行政不作为的典型案例,当事人主张县政府未能在合理期限内履行事故调查义务,构成不依法履行行政职责。法院在调查过程中详细地对事故调查时间点进行了梳理,认为各有关部门在法定期限内完成了上述调查和事故的批复处理工作,不构成行政不作为。通过上述行政诉讼案例,可以提醒生产经营单位等行政相对人的是,如果有足够证据和理由对政府部门的工作职责履行状况存在违法性怀疑和判断,可通过行政诉讼的方式对有关部门的行政行为合法性进行司法审查,由人民法院判断其行为是否存在违法情形并作出相应处理。

141. 生产经营单位被有关部门责令改正,拒不改正违法行为的,应如何处理?

【答案】《安全生产法》第 112 条规定:"生产经营单位违反本法规定,被责令改正且受到罚款处罚,拒不改正的,负有安全生产监督管理职责的部门可以自作出责令改正之日的次日起,按照原处罚数额按日连续处罚。"对于此类屡禁不止的违法行为,《安全生产法》规定了按日连续处罚的加重处罚方式,以强有力的震慑手段督促生产经营企业及时整改违法违规行为,以符合行业标准和国家标准的设施或资质投入生产经营,避免安全生产事故隐患的发生和扩大。如果有关生产经营企业存在重大事故隐患,一百八十日内三次或者一年内四次受到本法规定的行政处罚的;经停产停业整顿,仍不具备法律、行政法规和国家标准或者行业标准规定的安全生产条件的;不具备法律、行政法规和国家标准或者行业标准规定的安全生产条件,导致发生重大、特别重大生产安全事故的;拒不执行负有安全生产监督管理职责的部门作出的停产停业整顿决定等严重违法行为,应当关闭、吊销违法生产经营单位的有关证照,并对生产经营企业相关负责人采取行业禁入的联合惩戒措施。

142. 什么情形下应当关闭、吊销违法生产经营单位的有关证照?

答案　《安全生产法》第113条规定:"生产经营单位存在下列情形之一的,负有安全生产监督管理职责的部门应当提请地方人民政府予以关闭,有关部门应当依法吊销其有关证照。生产经营单位主要负责人五年内不得担任任何生产经营单位的主要负责人;情节严重的,终身不得担任本行业生产经营单位的主要负责人:

(一)存在重大事故隐患,一百八十日内三次或者一年内四次受到本法规定的行政处罚的;

(二)经停产停业整顿,仍不具备法律、行政法规和国家标准或者行业标准规定的安全生产条件的;

(三)不具备法律、行政法规和国家标准或者行业标准规定的安全生产条件,导致发生重大、特别重大生产安全事故的;

(四)拒不执行负有安全生产监督管理职责的部门作出的停产停业整顿决定的。"

值得注意的是,本次修改的《安全生产法》在处罚力度方面有所增强,如本条"一百八十日内三次或者一年内四次受到本法行政处罚"的累加处罚机制,借鉴了《食品安全法》第134条的规定,有助于加大对多次违法、长期违法行为人的惩戒和威慑力度,但该制度的实施还需要配合以行政处罚裁

量基准制度，尤其是各地方执法时要注意灵活适用，以提高执法精准度，严格规范执法。❶

143. 应急管理部门对事故责任单位应当按照什么标准进行罚款？

答案 《安全生产法》第114条规定："发生生产安全事故，对负有责任的生产经营单位除要求其依法承担相应的赔偿等责任外，由应急管理部门依照下列规定处以罚款：

（一）发生一般事故的，处三十万元以上一百万元以下的罚款；

（二）发生较大事故的，处一百万元以上二百万元以下的罚款；

（三）发生重大事故的，处二百万元以上一千万元以下的罚款；

（四）发生特别重大事故的，处一千万元以上二千万元以下的罚款。

发生生产安全事故，情节特别严重、影响特别恶劣的，应急管理部门可以按照前款罚款数额的二倍以上五倍以下对负有责任的生产经营单位处以罚款。"

2021年修法过程中引入了加倍处罚机制，对于情节特别严重、影响特别恶劣的安全生产事故，可以在第1款规定处罚力度的2~5倍之间进行罚款。相对于修法之前最高两千万元的罚款额度，提升到最高5倍即一亿元的处罚力度，体现了我国安全生产管理领域的执法力度和从严规范的决心。

144. 生产安全领域相关行政处罚应由哪个政府部门作出决定？

答案 根据《安全生产法》第115条的规定，安全生产领域的行政处罚应当由应急管理部门和其他负有安全生产监督管理职责的部门按照职责分工决定。其中，根据《安全生产法》第95条、第110条、第114条的规定，应当给予民航、铁路、电力行业的生产经营单位及其主要负责人行政处罚的，也可以由主管的负有安全生产监督管理职责的部门进行处罚。予以关闭的行政处罚，由负有安全生产监督管理职责的部门报请县级以上人民政府按照国务院规定的权限决定；给予拘留的行政处罚，由公安机关依照治安管理处罚

---

❶ 闪淳昌，林鸿潮. 安全生产执法实务与案例［M］. 北京：中国法制出版社，2021：9.

的规定决定。

就具体执法程序而言,《安全生产执法程序规定》作为安全生产行政执法的专门性规定,就安全生产执法主体、管辖、行政许可程序、行政处罚程序、行政强制程序等具体问题作出了详细规定。例如,行政处罚实施程序包括简易程序和一般程序,就一般程序而言,应当包含立案、调查取证、案件审理、行政处罚告知、听证告知、听取当事人的陈述和申辩、行政处罚决定的作出和送达、行政处罚决定的执行、备案、结案等内容。《安全生产监管执法监督办法》对执法工作的综合监督、日常监督和专项监督等均进行了明确,通过建立健全一系列执法工作制度来实现对安全生产领域监管工作的制度监督。

145. 企业对监管部门作出的安全生产行政处罚决定不服的,有哪些监督救济途径?

答案 一般而言,生产经营企业违反安全生产法律法规,有关行政执法机关依法作出行政处罚决定后,行政相对人对行政处罚决定有异议的,可依法申请行政复议或行政诉讼,由行政复议机关或人民法院就原行为机关所作的行政处罚决定进行合法性审查。但在有些案件中,生产经营企业未提出行政复议和行政诉讼的申请,在行政非诉执行阶段向检察机关申请监督并提出合法正当诉求的,检察机关可以依法审查,立案开展进行非诉执行程序的检察监督。人民检察院可以通过对行政机关决定的合法性进行审查判断,避免因违法行政行为导致被执行人的合法权益受到侵害。如果人民检察院在督查过程中发现人民法院执行活动违反法律规定,行政机关违法行使职权或者不行使职权的,应当提出检察建议,以促进人民法院公正司法、行政机关依法行政,这也是目前法治国家、法治政府、法治社会一体建设的重要制度体现。

示例 检例第119号:山东省某包装公司及魏某安全生产违法行政非诉执行检察监督案[1]

山东省某包装有限公司(以下简称包装公司)是一家连续多年被评为纳

---

[1] 最高人民检察院. 山东省某包装公司及魏某安全生产违法行政非诉执行检察监督案[EB/OL]. (2021-10-18) [2022-05-01]. http://www.zgjcgw.com/html/case/judgement/2021/1018/8211.html.

税信用A级、残疾人职工人数占41.2%、获评为残疾人就业创业扶贫示范基地等荣誉称号的福利性民营企业。2018年7月，包装公司发生一般安全事故，经调解，累计向安全事故受害人赔偿100万元。2018年10月22日，山东省某县安全生产监督管理局（以下简称县安监局）认为该公司未全面落实安全生产主体责任导致发生安全事故，违反《安全生产法》第109条规定，对该公司作出罚款35万元的行政处罚决定；认为公司负责人魏某未履行安全生产管理职责，违反《安全生产法》第92条规定，对魏某作出罚款4.68万元的行政处罚决定。后经该公司及魏某申请，2018年11月8日县安监局出具《延期（分期）缴纳罚款批准书》，同意该公司及魏某延期至2019年3月30日前缴纳罚款。

2019年3月，公司及魏某因经济困难再次提出延期缴纳罚款请求。经公司驻地乡政府协调，2019年4月22日县应急管理局（机构改革后安全生产监管职能并入县应急管理局，以下简称县应急局）同意该公司及魏某延期至2019年7月31日前缴纳罚款，但未出具书面意见。2019年4月30日，在经营资金紧张情况下，包装公司缴纳10万元罚款。

2019年7月12日，县应急局认为包装公司未及时全额缴纳罚款，违反《中华人民共和国行政处罚法》第51条规定，对包装公司及魏某分别作出35万元、4.68万元加处罚款决定。

经催告，2019年8月5日，县应急局向县人民法院申请强制执行原处罚款剩余的25万元及魏某的4.68万元个人原处罚款，县人民法院分别作出准予强制执行裁定。2019年10月，魏某缴纳个人4.68万元原处罚款。2020年3月6日、10日，县应急局分别向县人民法院申请强制执行对包装公司及魏某的加处罚款决定，某县人民法院分别作出准予强制执行裁定。期间，包装公司及魏某对原行政处罚、加处罚款决定不服，向行政机关提出异议，并多次向市、县相关部门反映情况。

【解析】县人民检察院经调查核实、公开听证等程序，最终确定：第一，对魏某的原行政处罚符合法律规定，处罚适当；县人民法院裁定准予强制执行加处罚款，认定事实与客观事实不符。向县人民法院发出检察建议，建议依法纠正对包装公司及魏某准予强制执行加处罚款的行政裁定。第二，县应急局实际已同意包装公司和魏某延期缴纳罚款，其在延期缴纳罚款期间对包装公司及魏某作出加处罚款决定明显不当。向县应急局发出检察建议,建议重新审查对公司及魏某作出的加处罚款决定,规范执法行为,同时建议县应急局依法加强对企业的安全生产监管,推动企业规范发展。第三,建议包装公司进一步加强内部管理,规范企业经营,重视安全生产,提高风险防范能力。县人民法院收到检察建议后,撤销了对包装公司及魏某的准予强制执行加处罚款行政裁定书;县应急局撤销了对包装公司及魏某的加处罚款决定,表示今后将进一步规范执法行为。本案是行政相对人在行政非诉执行阶段向检察机关申请监督并提出合法正当诉求,检察机关依法审查进行检察监督的典型案例,最终也督促上述机关依法撤销了处罚明显不适当的决定,使行政相对人的合法权益得到维护。

146. 生产安全事故造成人员伤亡、他人财产损失的,应如何确定损害赔偿责任?

答案 根据《安全生产法》第116条的规定,"生产经营单位发生生产安全事故造成人员伤亡、他人财产损失的,应当依法承担赔偿责任;拒不承担或者其负责人逃匿的,由人民法院依法强制执行",发生生产安全事故造成人员伤亡、他人财产损失时,可直接请求该生产经营单位承担民事赔偿责任。

《安全生产法》第103条也规定了"生产经营单位将生产经营项目、场所、设备发包或者出租给不具备安全生产条件或者相应资质的单位或者个人的……导致发生生产安全事故给他人造成损害的,与承包方、承租方承担连带赔偿责任"。实践中,可能存在生产经营单位将项目层层转包等情形,此时判断责任承担时应根据具体案件情形进行分析。人民法院可根据生产经营单位是否属于安全生产责任过错方进行责任分配,如审查该生产经营单位是否存在明知对方没有相应施工资质仍予以发包等主观过错因素。

示例 范某兴、俞某萍、高某诉上海祥龙虞吉建设发展有限公司(以

下简称祥龙公司)、黄某兵提供劳务者受害责任纠纷案❶

范某昌受雇于黄某兵从事车间工作，工资为180元/天，2018年10月3日下午，其在江苏沃地生物科技有限公司位于启东市高新技术产业开发区海州路的办公楼、车间建设工程中工作时被坠落的方料砸到头部。10月6日，范某昌骑电瓶车发生单车交通事故，因抢救无效于次日死亡。经查明，黄某兵系自祥龙公司处承接此办公楼、车间工程的木工劳务，而黄某兵并无相应的施工资质条件。

启东市公安局交通警察大队事故调处中队委托苏州同济司法鉴定所对范某昌死亡原因进行法医学鉴定，该所出具的鉴定意见载明：范某昌的死因是重型颅脑外伤及胸部外伤，颅脑外伤是导致死亡的主要原因，胸部外伤为死亡发生的次要原因；在头颅和胸部已有外伤的基础上，身体摔跌致使面部、胸部受力完全能够加剧前述头颅和胸部已有的外伤，这可能正是范某昌发生单车事故后深度昏迷、自主呼吸弱等的病理学基础。

法院认为，本案争议焦点是祥龙公司是否应当与黄某兵承担连带赔偿责任。根据《最高人民法院关于审理人身损害赔偿案件适用法律若干问题的解释》第11条第2款的规定，雇员在从事雇佣活动中因安全生产事故遭受人身损害，发包人、分包人知道或者应当知道接受发包或者分包业务的雇主没有相应资质或者安全生产条件的，应当与雇主承担连带赔偿责任。被上诉人祥龙公司将工程分包给不具备施工资质的被上诉人黄某兵，受害人范某昌在施工过程中受伤后死亡，对该人身损害，祥龙公司应当与实际施工人黄某兵承担连带赔偿责任。

【解析】本案中，因祥龙公司明知实际施工人黄某兵缺乏施工资质和安全生产条件，仍将部分项目予以发包，存在主观上的过错。根据《安全生产法》《最高人民法院关于审理人身损害赔偿案件适用法律若干问题的解释》等相关规定，祥龙公司应当与实际施工人黄某兵承担连带赔偿责任。因此，对于生产安全事故造成的他人人身权、财产权损害，权利人可请求生产经营单位履行赔偿义务。发包人、分包人进行工程项目的

---

❶ 《最高人民法院公报》2021年第10期（总第300期）[EB/OL]. (2020-01-06) [2022-05-01]. https://law.wkinfo.com.cn/case-analysis/detail/MkExMDAwMjEzNjI%3D?module=&fromType=qr-code.

发包、分包时，应当充分考量评估项目接收方的施工资质和安全生产预防防控能力，发包人、分包人明知接受发包或分包业务的雇主没有相应资质或安全生产条件仍然予以项目发包或分包的，应与雇主承担连带赔偿责任。

147. 生产安全事故责任人未依法承担赔偿责任的，是否可申请人民法院强制执行？

答： 生产经营单位应当根据生效裁判文书依法履行民事赔偿责任，如果相关负责人拒不履行赔偿义务或出现转移财产、逃匿等行为，相关权利人可依法申请人民法院介入强制执行程序。申请人本人或律师可提交《强制执行申请书》至案件的第一审人民法院或与一审法院同级的被执行财产所在地人民法院，人民法院将依法审查是否符合执行程序立案标准。就申请人民法院执行程序的期间而言，根据《民事诉讼法》第246条的规定，"申请执行的期间为二年。申请执行时效的中止、中断，适用法律有关诉讼时效中止、中断的规定。前款规定的期间，从法律文书规定履行期间的最后一日起计算；法律文书规定分期履行的，从规定的每次履行期间的最后一日起计算；法律文书未规定履行期间的，从法律文书生效之日起计算"。经过人民法院的立案审查，符合条件的录入法院办案系统，公开案件执行信息，由法官操作网络查控系统，对被执行人名下财产进行全面查控，包括银行存款、网络银行账户、证券、股权、不动产、机动车辆、保险理财等有形或无形财产。法官将根据被执行人财产情况制定执行方案，如制作裁定书、协助执行通知书要求相关单位协助查封、扣押被执行人的不动产、机动车辆、证券等财产，并启动财产处置措施。如果经过法院审查，被执行人名下无法查询到房产、车辆、银行存款等财产，执行申请人可申请将被执行人纳入黑名单，对其进行贷款、乘坐交通工具、购买不动产等高消费活动的限制。

根据《安全生产法》第116条的规定："生产经营单位发生生产安全事故造成人员伤亡、他人财产损失的，应当依法承担赔偿责任；拒不承担或者其负责人逃匿的，由人民法院依法强制执行。生产安全事故的责任人未依法承担赔偿责任，经人民法院依法采取执行措施后，仍不能对受害人给予足额赔偿的，应当继续履行赔偿义务；受害人发现责任人有其他财产的，可以随时请求人民法院执行。"因此，对于生产安全事故引发的人身、财产权利损失，相关权利人可要求生产经营单位进行民事赔偿，如果有关单位拒不履行赔偿义务或出现逃匿等行为，权利人可依法申请人民法院强制执行。